U0958919

北京理工大学秦皇岛分校
预科10周年论文集

民族预科教育教学研究与实践

MINZU YUKE JIAOYU JIAOXUE YANJIU YU SHIJIAN

北京理工大学秦皇岛分校 ▶ 主编

北京理工大学出版社
BEIJING INSTITUTE OF TECHNOLOGY PRESS

图书在版编目（CIP）数据

民族预科教育教学研究与实践／北京理工大学秦皇岛分校主编．—北京：北京理工大学出版社，2014.5

ISBN 978－7－5640－9043－2

Ⅰ．①民… Ⅱ．①北… Ⅲ．①高等教育－少数民族教育－教学研究 Ⅳ．①G758.4

中国版本图书馆 CIP 数据核字（2014）第 059080 号

出版发行／北京理工大学出版社有限责任公司
社　　址／北京市海淀区中关村南大街 5 号
邮　　编／100081
电　　话／（010）68914775（总编室）
　　　　　82562903（教材售后服务热线）
　　　　　68948351（其他图书服务热线）
网　　址／http：//www.bitpress.com.cn
经　　销／全国各地新华书店
印　　刷／保定市中画美凯印刷有限公司
开　　本／710 毫米×1000 毫米　1/16
印　　张／18.75
彩　　插／4
字　　数／317 千字
版　　次／2014 年 5 月第 1 版　2014 年 5 月第 1 次印刷
定　　价／66.00 元

责任编辑／王俊洁
文案编辑／王俊洁
责任校对／孟祥敬
责任印制／王美丽

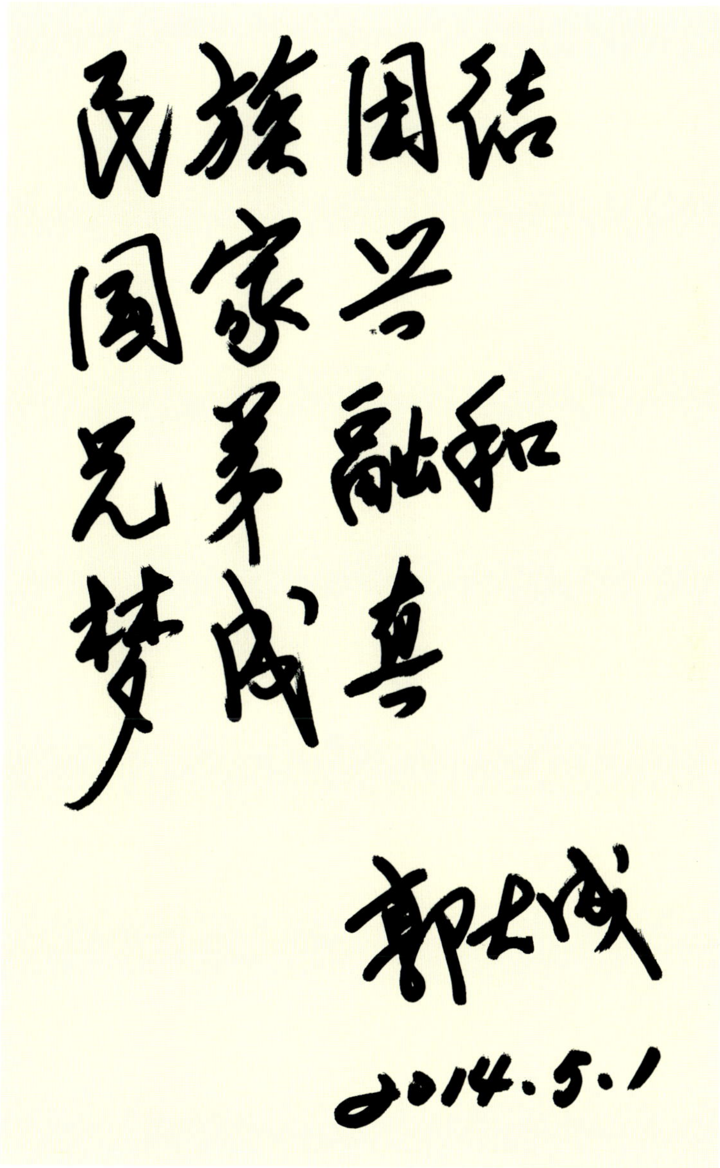

北京理工大学党委书记郭大成题词

进一步深化高校少数民族预科教育综合改革，为我国各民族团结进步作出更大贡献

阿布都

二零一四年五月

教育部民族教育司司长阿布都题词

搞好少数民族预科教育
研究工作，引导民族教
育科学发展！

夏铸

二〇一四年五月

教育部民族教育司原司长

中国少数民族教育学会副会长兼秘书长夏铸题词

前　言

民族预科教育，既是民族教育的重要组成部分，也是我国民族高等教育的重要组成部分。新中国成立特别是改革开放以来，民族预科教育已为少数民族地区经济社会发展培养了大批少数民族干部和各类专门人才，对于促进民族高等教育的健康发展、增强民族团结、促进民族地区共同繁荣与稳定、维护国家统一、实现民族复兴具有重要意义。

党的十八大对教育工作做出了重大战略部署，强调要“努力办好人民满意的教育”，要大力促进教育公平，合理配置教育资源，重点向农村、边远、贫困、民族地区倾斜。十八届三中全会关于深化教育领域综合改革做出顶层设计和重大部署，特别提出构建利用信息化手段扩大优质教育资源覆盖面的有效机制，逐步缩小区域、城乡、校际差距及统筹城乡义务教育资源均衡配置。这无疑为民族预科教育跨越式发展带来了重大的战略机遇期，有利于推动形成符合民族预科教育发展的方式和工作机制，让少数民族地区广大人民群众同步共享教育改革发展的伟大成果。在这样的大好形势下，北京理工大学秦皇岛分校迎来了建校 30 周年暨民族预科基地建立 10 周年。

北京理工大学是中国共产党创办的第一所理工科大学，首批进入国家“211 工程”和“985 工程”建设行列，也是被教育部首批确立的“全国高校民族预科教育基地”之一。北京理工大学秦皇岛分校在近 10 年承办预科教育发展的历程中，始终坚持以科学发展观为指导，以教学工作为中心，以学生管理工作为重点，以构建和谐校园为动力，全面实施民族预科学生综合素质教育，全程开展民族大团结教育，确保校园稳定安全和谐，取得了辉煌的成就：一是为少数民族地区培养了一大批少数民族干部和各类专门人才，为民族地区人才培养做出了突出贡献。在从 2004 年至今的 10 年中，已为 39 个民族、20 个省（自治区、直辖市）、16 所目标高校培养了 5 000 余名少数民族预科学生。经过在民族预科教育基地的学习，民族预科学生在政治思想觉悟、道德品质、文化水平等方面都有了很大的提高，为本科阶段的学习奠定了基础。二是积累了丰富的民族预科教育教学实践经验，教育教学成果丰硕。通过广泛的调查研究，不断借鉴兄弟院校先进的办学理念、教学模式和管理经验，锐意改革，激情进取，在民族预科教育中全面实施综合素质教育，坚持德育为先、能力为重、全面发展。三是注重民族预科教育理论研究工作，在实践中摸索、在改革中创新、在研讨中进步。自举办预科教育以来，共举办了九届民族预科教育教学研讨会，探索教育教学规律，把握民族预科教育特征，改革制约民族预科教育的诸多积弊，有效引领民族预科教育健康持续发展。同时，作为中国少数民族教育学会预科专业委员会副主任单位，积极参与学会组织的各项活动，在学术团体中发挥了举足轻重的作用。

为了总结北京理工大学秦皇岛分校民族预科教育办学经验，促进民族预科教育综合改革，同时向建校 30 周年、预科基地建立 10 周年献礼，北京理工大学秦皇岛分校教帅积极探索民族预科教育教学规律，结合自己的工作岗位，深入思考，探索实践，汇集出版《民族预科教育教学研究与实践》论文集。该论文集由万小利教授组织编写，由韩思奇、张立文同志统稿。该论文集以不同视角分别从教学研究、学生管理、综合素质教育、民族团结教育等方面深入思考，提出问题、分析问题、提供建议。在此，对在此书撰写过程中付出辛勤劳动与智慧的教师们表示感谢，并对在此书出版中给予大力支持的总校相关领导及北京理工大学出版社表示衷心感谢，也对长期以来关心、支持北京理工大学秦皇岛分校民族预科教育事业的各级领导、社会各界人士、校友一并表示感谢。由于时间比较仓促，加之作者水平有限，在论文撰写过程中难免有疏漏、不妥或者错误之处，望读者给予批评指正，以共同进步。同时，希冀此论文集的出版对民族预科教育同仁能够有借鉴作用和参考意义，对促进我国民族预科教育事业健康持续发展有所裨益。

民族预科教育任务艰巨，使命光荣。我们应进一步增强进取意识、机遇意识、责任意识，扎实推进民族预科教育教学研究与实践工作，落实立德树人的根本任务，努力办好人民满意的民族预科教育，助推中华民族伟大复兴梦想早日实现。

编　者

2014 年 5 月

目　录

民族预科教育教学目标探讨与实践

万小利

［摘　要］作为预科教育十年历程的阶段性总结，本文针对民族预科教育教学目标进行探讨，根据民族预科教育的特点提出教育教学的总体目标，对总体目标中的一些重要内容进行分析，对实现这些目标的一些基本保证条件进行论述，并对民族预科教育教学过程中的一些实践活动进行归纳总结。抛砖引玉，希望能够对民族预科教育教学今后的科学发展有所帮助。

［关键词］民族预科　教育教学　目标

一、概述

民族预科教育是党和国家为加快培养少数民族地区政治干部和专业技术人才、促进少数民族地区经济建设和社会发展而实施的一种特殊的高等教育形式，对促进民族地区稳定和可持续发展、增强民族团结、维护国家统一具有重要意义。民族预科教育是针对少数民族地区和边远地区，按照择优录取的原则，从参加普通高等学校招生全国统一考试的少数民族考生中适当降分录取考生，采取在民族预科班集中学习 1 ~ 2 年的模式，着重提高学生的文化基础知识，加强学生基本技能的训练，使学生在德、智、体、美等方面都能得到发展和提高，为进一步学习高等院校专业打下良好基础。民族预科结业成绩合格的学生将直接进入高等院校进行本科、专科专业学习。

新中国成立之后，党和国家非常重视民族预科教育工作，国内的民族院校先后开设了一些民族预科班，在其他的高等院校也相继举办了一些民族预科班。改革开放以来，随着少数民族地区经济建设和社会发展的需要，民族预科教育得到较快发展。为了加强民族预科教育工作，教育部、国家民委 1984 年下发了《关于加强领导和进一步办好高等院校少数民族班的意见》，对民族预科班的教学管理做了明确规定。进入 21 世纪，我国经济建设和社会发展进入快速发展阶段，民族预科教育也得到快速发展。为进一步加强普通高等学校少数民族预科班、民族班的管理工作，教育部 2005 年印发《普通高等学校少数民族预科班、民族班管理办法》，对民族预科班的规范化管理做了详细规定。纵观民族预科教育的发展历程，可以清楚地看到，民族预科教育对提高少数民族学生的文化水平，使更多的少数民族学生升入高等院校进行专业学习起了很大的作用，它已成为针对少数民族地区和边远地区少数民族学生举办的独具特色的办学形式，是民族教育的重要组成部分。民族预科教育的发展始终跟随着国家经济建设和社会发展的需要，提高民族预科教育教学质量和办学水平、培养少数民族合格人才、促进发展少数民族地区和边远地区的社会主义现代化建设，始终是民族预科教育的主题。

北京理工大学秦皇岛分校是教育部民族预科教育培养基地之一，于2004年开始承担民族预科教育任务，恰逢21世纪民族预科教育快速发展的时期。分校传承北京理工大学的延安精神，从小到大，艰苦奋斗，民族预科教育逐年发展，目前已达到集中化、规模化、规范化。在过去的民族预科教育教学十年历程中，我们不断探索和积累经验，充分吸取兄弟院校民族预科办学的经验教训，不断进行教育教学改革，提高教育教学质量和办学水平，努力办成高水平的民族预科教育基地，为我国的民族预科教育事业发展做出了应有的贡献。

作为预科教育十年历程的阶段性总结，本文针对民族预科教育教学目标进行探讨，根据民族预科教育特点提出教育教学总体目标，对总体目标中的一些重要内容进行分析，对实现这些目标的一些基本保证条件进行论述，并对民族预科教育教学过程中的一些实践活动进行归纳总结。抛砖引玉，希望能够对民族预科教育教学今后的科学发展有所帮助。

二、民族预科教育的生源状态分析

由于经济建设和社会发展的制约，我国教育发展程度存在比较大的不均衡现象，加上对民族预科学生采取集中和规模化办学模式统一管理，使得民族预科学生总体上存在基础知识相对欠缺、基本能力相对薄弱、社会阅历相对较窄的情况，民族预科学生之间的思想状态、经济基础、行为习惯、学业程度等方面都存在较大的基础性差异。

由于民族预科教育是针对少数民族地区和边远地区少数民族的特殊教育形式，民族预科学生大多来自偏远省市少数民族地区。根据我校2013年民族预科学生来源数据统计，边远少数民族地区生源达到72.3%，内地偏僻欠发达少数民族地区生源达到26.3%。这些地区经济建设和社会发展制约着当地民族教育的发展，在教育思想、教育观念和教学质量方面与经济建设和社会发展较好的地区存在明显差异，教学设施条件、教学方法和手段等差异也相对较大。有些地区甚至达不到普及九年义务教育所要求的标准，教育对经济建设和社会发展所起的作用未能得到充分发挥，经济建设和社会发展现状严重地阻碍了这些地区的教育发展。百年大计，教育为本，偏远省市少数民族地区教育发展是一个社会化的系统工程，效益周期长、见效慢，短期内不能得到根本性的、彻底的改变。在这种情况下，社会存在的各种思想状态、行为习惯、生活环境等就不同程度地影响着学生的日常思想行为，使民族预科学生基础知识和基本能力总体相对薄弱。

民族预科生是从当年参加普通高考的偏远地区少数民族考生中录取的。例如我校 2013 年民族预科生是来自 37 个不同的民族类别，由于民族传统逐渐形成的稳定特点和风格迥异的民族生活环境影响，不同民族的预科生在语言、文化、传统、习惯、风俗等方面具有天然差异，加之由于生源地之间的经济与文化发展不平衡，以及学生个体家庭经济收入与背景的不同，这就使民族预科生之间出现思想状态、经济基础、行为习惯、学业程度等方面的很大差异。从这些年的民族预科教育教学过程中可以看到，有些民族预科生逻辑思维较强，有些民族预科生认知判断能力较高，有些民族预科生心理健康情况优良，而有些民族预科生的音乐艺术才能较出色。不同地区，不同民族的学生在知识、能力、情感和个性方面有较显著的差别，这些差异要比一般高等院校学生之间的差异大很多。在当今经济社会高度发展的形势下，学生要在了解社会、与社会发生关系、进行社会活动、互相学习和传递各民族先进文化的过程中，不断全面提高自身能力。民族预科学生大多重视本民族的文化、传统、习惯和风俗，但部分民族预科学生对其他不同民族了解甚少，缺乏民族文化之间的交流。加之语言交流方式的差异，对其他民族预科学生的了解、关爱、接纳的程度不够。不愿接触异族、异域文化、语言，甚至科技、产品等重要元素，在某种程度上孤立了这些民族预科学生的思想状态、文化意识和社会活动需求，以致影响到他们的全面、健康发展。

民族预科学生的录取是各个高等院校根据本校标准进行，其录取的民族预科学生根据高等院校的特色层次而自然分层，不同高等院校之间的生源自然出现较大差异。随着民族预科教育快速发展，不同特色层次高等院校的民族预科学生，采取集中和规模化办学模式统一管理，民族预科学生从祖国各地不同的高等院校集中到预科学校，其结果是使预科学校的生源之间差异更大。根据我校民族预科学生情况调查的结果表明，民族预科生个体之间差异性非常显著。

经历了紧张的普通高等学校招生全国统一考试后，少数民族预科学生大都以疲惫而复杂的心态来到预科学校，还没能完全从应试教育环境的影响中走出来。他们或多或少听到过师兄师姐们的经历，感觉既轻松又迷茫。一方面能够享受国家民族优惠政策而顺利跨入大学门槛，从应试教育中解脱出来；另一方面又对未来感到迷茫而无所适从。如果不能及时、全方位调整他们的思想状态、行为习惯、学习方法，这些民族预科学生会在进入预科学校后产生各种不健康的心理和行为表现。如学习目的迷茫、对今后生存途径的焦虑，缺乏对长远崇高思想目标的深思熟虑和近期周密详细的计划；学习欲望下降、依赖心理强、学习效率低；急功近利、心态浮躁、好高骛远、读书无用、厌学情绪、意志消沉、沉湎网络游戏等不良思想状况在预科学生之中都有明显表现。当遇到问题时，因为初次远离有家长老师监管的长期生活学习的熟悉环境，身处完全陌生的并且是巨大差异的环境，他们不能正确认识和解决问题，容易出现焦虑、消极、放纵、抑郁等心理问题。最终导致被动学习甚至放弃学习，不能顺利完成民族预科学业，为进入高等院校进一步学习专业留下隐患。

民族预科教育是介于高中教育与高等教育两者之间的特殊教育阶段，最终目的是着重提高学生文化基础知识，加强学生基本技能的训练，使学生在德、智、体、美等方面都能得到进一步的发展与提高，为在高等院校进行专业学习打下良好基础。因此，我们应该充分地认识目前民族预科教育面临的形势，以高度的责任感研究民族预科教育本身存在的问题和社会、经济发展对民族预科教育新要求之间存在的差距。科学实施少数民族预科教育改革，寻求进入新时期后的进一步发展、使民族预科学生能以较高的层次面向新世纪的需要。这就要求我们要根据民族预科学生的总体状况和个体差异，合理制定民族预科教育教学目标，并采用各种先进的教育教学方法和特殊手段，以达到民族预科教育办学的根本目的。

三、民族预科教育教学目标探讨

民族预科教育教学总体目标：按照为少数民族地区培养社会主义现代化建设急需的创新型各类人才这一根本目的，针对民族预科教育特点采取有效措施，培养适应社会主义现代化建设需要，全面了解现代科学基础知识发展历程和作用，具备熟练掌握应用现代科学基础知识和基本技能解决问题的能力，具有健全人文素质、自主学习实践能力和创新精神，德、智、体、美等方面全面发展的合格人才，为进一步培养适应社会主义现代化建设需要的创新型各类专门人才打下较为坚实的基础。

当今世界已进入全球性经济一体化，世界经济大格局调整和组合进程加快，国际经济产业转型升级步伐提速，国际各领域竞争日益激烈。我国社会主义建设正处在快速发展的调整转型时期，要在新技术革命中把握先机，抢占科技创新制高点，加速国家产业结构优化升级，实现充满活力的社会主义创新型文明社会和全面建设小康社会的伟大目标，根本在于创新型人才的优势，关键在于坚持科教兴国、人才强国的理念不动摇。目前我国贫困人口绝大部分都分布在偏远少数民族地区，其中少数民族人口占了绝对多数比例。这些偏远地区迫切要求加快经济文化发展，彻底改变历史性长期落后的生产方式。因此，要树立科学发展观，深刻领悟当代高等学校教育本质，确立为偏远少数民族地区培养创新型各类人才这一根本的最终目的，这是我们制定民族预科教育教学目标的先决条件。

我国高等教育的最基本的任务是提高学生思想、道德、科学文化素质，培养具有高度创新能力的各类专门人才。因此在民族预科教育阶段就应该为完成这一最基本任务打好基础，使学生进入高等院校后，能够很快适应其教育教学环境，顺利完成学业，成为国家和民族地区的合格人才。民族预科教育从广义上讲，应该是有目的、有计划地全面提高学生的思想品德、科学文化素质、强化基本知识和基本技能，培养全面发展的一代新人，以适应社会主义现代化建设的需要。这就要求所造就的一代新人应该具有多方面的良好品质和能力，具有能够主动追求经济、社会、文化发展的态度、能力和创新精神。

民族预科教育教学的首要任务就是进行民族团结和社会主义核心价值观教育，以达到培养社会主义建设合格人才的目的。这对促进社会主义民族关系和谐稳定和可持续发展、增强全国各民族大团结、维护国家统一具有重要意义。要建立和健全民族预科教育的思想政治工作机制，加强对学生的思想政治工作，结合学生思想实际，进行爱国主义、共产主义、马克思主义民族理论和党的民族政策教育。教育学生热爱社会主义祖国，拥护中国共产党的领导，树立爱国主义、集体主义和社会主义思想；树立正确的马克思主义民族观、宗教观、世界观、人生观和价值观；提高学生的思想理论素质和心理素质，培养学生树立有利于国家统一、民族团结、经济发展、社会进步的思想品德和文明风尚；加强民族团结教育，使各民族学生充分认识民族经济之间存在着互相依存、互相促进的辩证关系，自觉地互相尊重、互相学习、互相帮助、共同进步；加强理想信念教育，树立远大崇高理想，鼓励学生勤奋学习，掌握现代科学文化知识，勇于创新。

创新是以继承为基础、以发展为目标的人类活动，也就是将经验、知识、信息等融合，针对特定目的进行整理、分析、质疑、判断，产生出新的思想，并按照这些新思想进行实践活动、取得新成果的过程。创新型人才的基本素质是由知识、技能、学习实践能力、创新思维、人文素质等多要素组成的综合素质。这就要求我们在民族预科教育教学过程中，不仅要传授知识，还要加强人文素质培养，培育诚信、责任等健康优良的人格品质和协作、奉献等意识；注重引导创造性想象和兴趣，激发好奇心、求知欲和学习积极性、主动性；加强实践性环节，提高实践能力；激发创新热情和潜能，开拓创新性思维，树立创新精神。

21 世纪是知识经济时代，无论是工作、生活方式还是思想观念，都发生了重大改变，纷繁复杂的各类知识以前所未有的速度快速发展，知识更新的周期大大缩短。为了适应知识更新的速度，满足职业发展的要求，终身学习已经成为知识经济时代的重要特征之一。而终身学习不可能在学校里进行，也没有教师陪伴在身边，这使得自主学习能力成为创新型人才必须具备的基本素质。培养学生自主学习的意识、习惯、能力和方法成为当代高等教育的核心内容之一，这有利于培养学生主动求学、积极探索的精神，是培养创新人才的良好途径。科学技术的快速发展也促进着学习方式的变革，随着电脑、书刊及计算机网络等信息技术的发展，多渠道、多方式、多途径的自主学习已经成为可能。

从事民族预科教育的教育工作者应树立科学发展观，深刻领悟《国家中长期教育改革和发展规划纲要（2010—2020 年）》，深刻领会民族预科教育本质，深入研究和探讨民族预科教育教学的方式方法，把握民族预科教育教学规律，明确预科教育教学目标。抓住重点，把握难点，统筹兼顾，综合分析，科学、合理、有效地提高民族预科教育教学水平，通过知识的融合、能力的整合、素质的综合，培养集知识、能力、素质于一体，德、智、体、美各方面全面发展，具有创新精神和实践能力的合格人才。

四、实现民族预科教育教学目标的基本保证

（一）全体动员，营造丰富多彩的校园文化

学校教育教学目标的实现，在很大程度上依赖学校的教育环境。校园文化是教育环境最重要的组成部分，也是社会文化和精神文明的有机组成部分。校园文化构成一种人文环境，丰富的校园文化对学生能力的养成起着潜移默化的作用，和谐健康的校园文化可以陶冶学生的情操、启迪学生的心智、促进学生的全面发展。校园文化体现一所学校的办学理念、学校精神、校园风气，要营造一个适宜人才成长的校园文化环境，需要动员每一位师生员工，人人参与，使校园文化建设成为大家的自觉行动。要构建多民族和谐校园，

必须全体动员，大力弘扬中华民族自尊、自强的优秀文化，建立尊重知识、尊重人才、尊重学生的包容文化，摒除不良的文化心态。按照民族预科教育教学目标，树立能力素质教育意识，促进民族预科教育理念的实施，重视校园文化环境的营造，提供良好的生活与学习氛围，将和谐校园作为重要阵地。通过讲座、演讲、辩论赛、社会实践、社团活动等丰富多彩的活动，使学生在活动中增强创新意识和能力，激发他们强烈的爱国热情和不断创新的精神，自觉地为祖国富强、人类进步而奋发努力。作为能力素质培养的教育环境，宽松、和谐、开放、自由的校园文化环境，有利于激发创新意识、创新思维，能使学生的个性得到充分张扬，使学生思维敏捷、感情丰富、兴趣爱好广泛、精力充沛，有力推进学生德、智、体、美各方面全面发展。

（二）加强优秀师资队伍建设，不断提高教职工整体素质

学校教职工的素质对学生的影响至关重要，高素质的师资队伍是培养人才的关键所在，师资队伍建设是人才培养的基本保障，必须把建设一支高素质的优秀师资队伍放到学校发展战略最重要的位置。在实施预科教育教学目标的过程中，教师担负着培养人才的重任，教师的作用不可替代，能否达到预定目标，在很大程度取决于教职工的整体素质，必须充分发挥教师在能力、素质教育中的重要作用。预科学校人才培养，不仅需要为学生创造宽松自由的教学环境氛围，而且需要高质量的开拓型教师队伍来驾驭人才培养的航向。这就要求教师自身除了具备良好的师德修养、德才兼备外，还要具有创新的意识、创新的精神以及创新的行动和实践。在以能力、素质为目标的教学过程中，学生的个性较强、思维活跃，批判、开拓精神强烈，教师要不断提高自身的素质和开拓能力，在知识、理论、观点等方面都具备相当的实力来接受众多学生的挑战，同时还要引导学生进行思维突破和新的飞跃。因此，加强优秀师资队伍建设，不断提高教职工整体素质，这是实现民族预科教育教学目标的基本保障。

（三）转变教育教学观念，科学制定教育教学规划

首先要转变传统的灌注式应试教育教学观念，树立以启发式、自主式为主的教育教学理念。要从思想道德教育、课程设置及优化、课程内容改革和更新、课堂教学环境改善、教育方式方法选择、教学活动组织与协作、课外自主学习和实践等方面进行科学合理的规划，并将能力、素质培养的教育教学思想贯穿整个教育教学过程。教育教学规划要以人为本，善于调动学生的积极性，形成良好的师生沟通环境，建立一个自然、轻松、愉快的教育教学环境。

（四）以提高学生能力和素质为基础，建立科学全面合理的评价体系

实现民族预科教育教学目标，需要以提高学生能力和素质为基础，建立科学全面合理的评价体系，这一点至关重要。不仅要评价学生所掌握的知识和技能水平，还要了解其品德心理、兴趣爱好、个性特点、发展潜能和内在动机等，要从知识与能力、过程与方法、情感态度与价值观等方面进行全面合理的评价。要采用各种科学方法和技术手段，通过科学性、准确性和公正性的评价，对学生的心理、能力、素质等做出客观和准确的评定，并将评定的结果以定量或定性的方式表示出来。科学准确的评价结果，能使学生进行自我反省和自我检查，根据评价结果做出决策，找出存在的问题、缺陷和不足，帮助学生进行学习规划，以便及时调整不良的学习方法，采取有针对性的措施加以改善，如改善思维方式、吸收新的知识、更新知识和观念、提高能力和技能、增强自身的素质和修养等，实现可持续发展。从而达到激发学生学习兴趣，促进成长发展，挖掘潜在能力，提高学生素质的目的。

五、民族预科教育教学的研究与实践

我校在十年民族预科教育教学研究实践过程中，高度重视民族预科教育常态性的教育教学环节，深入探索实现民族预科教育教学目标的方式、方法和手段，采取特殊有效措施，努力使学生经过民族预科教育阶段，从思想道德、行为习惯、学习态度和学习能力等多方面都能够得到提高，为进入高等院校进一步学习专业打下良好的基础。

（一）着力加强民族团结、爱国主义和社会主义核心价值观教育

民族预科学校是多民族青年学子的聚集地，是中华各民族文化交融、互相学习的极佳场所，也是进行民族团结、爱国主义教育的有利阵地。长期以来，我校以构建和谐校园为主题，通过各种方法和途径着力加强民族团结教育，使学生切身体会到多民族大家庭的温暖，认识到民族团结对民族进步、国家强盛的重要作用，自觉地维护民族大团结，使民族团结教育贯穿整个民族预科教育阶段，渗透到民族预科教育的各个环节。例如，新生入学教育将民族团结教育作为其中的一个重要内容；在政治课、语文课、英语课等教学环节中渗透民族团结教育内容；邀请有关专家学者宣传党的民族政策，结合实际进行民族团结讲座；举办各民族的民风民俗介绍会，促进各民族学生互相了解、互相尊重；通过文体活动和社团活动使各民族学生互相融合、互相帮助等。通过着力加强民族团结、爱国主义、社会主义核心价值观教育，提高学生对加强民族团结、建设和谐社会重要性的认识。

（二）努力传承中华民族优良文化，有效促进民族团结自觉性

中华民族是一个多民族构成的共同体，中华民族大家庭中拥有丰富多彩的民族文化瑰宝。作为思想道德教育的主要内容之一，我校以中华民族优秀文化教育为主线，进行丰富多彩的中华民族优良传统教育活动，促进各民族学生对中华民族和中华文化的认同，继承和发扬中华民族文化，有效促进民族团结自觉性。例如，组织学习《大学生文明公约》《弟子规》等；举办中华优秀文化大讲堂系列教育；开展“爱心大使”体验活动、中华优秀文化践行活动、热爱祖国建设美好家园活动等；开展各民族兄弟姐妹互帮互助活动；举办中华优良传统演讲比赛、文艺汇演等。把中华民族优秀文化中的精髓与日常思想品德教育结合、与比赛活动相结合、与节日活动相结合，使学生在浓郁的中华优良文化氛围中得到熏陶，提升文化知识和人文素质。

（三）加强校园文化建设，积极开展学生社团活动

校园文化对学生的政治素质、思想品德、审美素养、行为习惯等的形成都有着不可替代的重要作用。我校通过加强校园文化建设，积极开展学生社团活动，努力营造健康向上的校园文化，陶冶了学生情操，增进了学生能力。例如，利用校园广播、宣传板报、校园刊物、网络平台等营造积极健康的舆论氛围，引领学生明确思想行为导向；通过开设党团培养课程，加大对入党积极分子的培养力度；积极开展丰富多彩、积极健康的文体活动和学生社团活动，为提高学生能力、加强素质锻炼提供重要舞台；通过开展丰富多彩的校园礼仪活动，努力营造良好的校园氛围；通过开展知识竞赛、演讲比赛、摄影书法比赛等扩展学生的知识面、提升学生的自信和能力。通过加强校园文化建设，坚持用社会主义核心价值观引领校园文化建设，使学生在追求真、善、美的过程中，陶冶情操，努力树立起正确的人生观、价值观、世界观。

（四）因材施教，努力培养学生的自主学习能力

自主学习能力是创新型人才的基本能力之一。我校注重把自主学习能力的培养渗透到教育教学各个环节，建立自主学习引导机制，培养学生良好的学习习惯，使学生逐步形成自主学习的意识，培养学生主动求学、终身学习、积极探索的创新精神。首先对课程体系进行改革，将自主学习内容纳入日常教育教学过程中，精心制订教学计划、管理和评价制度。在自主学习教学计划实施过程中，确立“以育人为本，以学生为主体，以教师为主导”的教学理念，重视学生的个体差异，实施因材施教，采用多种教学方法激发不同学生的潜质和潜能。建立针对整个教学过程的引导和评价模式，分阶段、分层次进行引导和评价，确保教学过程透明化、层次化、多样化。

（五）加强心理素质引导教育，确保学生身心健康

心理健康教育是学生自身适应社会进步和发展的需要，是保障学生成才的重要途径。民族预科教育阶段是学生个体形成健康心理素质的关键时期，做好学生心理素质的教育和培养工作尤其重要。我校高度重视心理素质教育对学生近时和远期的应知能力、人格特征、情感意志和人际适应等各个方面的影响，把心理素质教育作为素质教育的重要基础。在入学初期对学生进行心理测试，了解学生心理状态，定期开展心理健康专题讲座，建立心理咨询室，设立心理信息员，为及时准确把握学生的心理变化和发展状态，保证学生身心健康奠定了基础。

（六）加强法制和安全意识教育，注重培养学生的法律意识

随着改革开放的深入，我国社会主义法制建设不断发展完善，培养学生的法律意识，直接影响到学生自身和国家的法制社会发展的进程。民族预科教育阶段，学生的思想品德、法制观念还处于不稳定时期，这就需要进一步加强学生的法制和安全意识教育，增强法律素养。我校在学生入学之初，就把法制和安全意识教育作为入学教育的一项重要内容，注重培养学生的法律意识，采取开展法律知识讲座、模拟法庭、社会调查、案件分析等各种方法，使学生建立法制和安全观念，不断增强法制和安全意识。

（七）注重行为习惯规范教育，营造良好的成长环境

养成良好的行为习惯对创新人才培养非常重要。良好的行为习惯的养成是长期教育积累的结果，要从一点一滴做起。我校重视和加强学生在民族预科教育阶段行为习惯的规范教育，以培养良好的学习、生活习惯为目的，开展大力弘扬社会主义道德活动，开展好习惯进人心、进校园、进教室、进宿舍、进食堂活动，举行《守则》和《规范》道德品质教育，实施《档案》过程规范化管理，开展热爱劳动、孝敬父母、自觉学习、文明语言、尊敬他人、热心助人、保护环境等活动。通过行为习惯规范教育，培养学生良好的道德行为习惯，树立科学、文明、健康的价值观，逐渐形成高尚的道德品质、健全人格以及良好习惯，提高学生的社会责任感和强烈的爱国情感，为学生营造身心健康成长的学习环境。

六、结束语

高等教育的主要目的是培养适合社会主义建设的创新型人才，能力、素质教育是民族预科教育发展的必然方向。以提高能力、素质为目的的民族预科教育教学改革是一个系统工程，要加强研究、实践和总结，制订合理的计

划并实施，还要给出合理的评价以达到激励的目的。只有通过不断的改革和完善，逐步形成完善的教育教学体系，才能促进我国民族预科教育事业科学健康地发展。

参考文献

[1] 郑雪松．少数民族预科教育研究［D］．中央民族大学，2011.

[2] 郑月．浅议高校少数民族预科生思想政治教育［J］．经济研究导刊，2013（2）．

[3] 康晓卓玛．我国民族预科教育政策及基本情况简述（1954—2011）［J］．四川民族学院学报，2012（4）．

[4] 李莉．加强民族预科生法律素质教育的探讨［J］．法制与社会，2011（18）．

[5] 李红梅．民族关系和谐与民族关系发展［J］．重庆社会主义学院学报，2009（2）.

[6] 张晓勤．新形势下民族预科教育的定位及课程设置探究［J］．广西民族大学学报：哲学社会科学版，2008（1）．

[7] 林锋．当代预科教育综述［J］．北京邮电大学学报：社会科学版，2007（4）．

[8] 宋太成．民族预科教育课程体系改革初探［J］．民族教育研究，2006（4）．

[9] 宋太成．少数民族预科教育培养模式研究与实践［J］．黑龙江民族丛刊，2005（1）.

[10] 赵丹．大学新生入学适应问题研究［J］．长春教育学院学报，2005（4）．

[11] 张广君．民族预科教育的基本定位、基本属性及其研究［J］．宁夏大学学报：人文社会科学版，2004（5）．

[12] 林金德．论广西民族预科的办学特色及其基本经验［J］．高教论坛，2002（5）．

民族预科生党建工作的探索与实践

时春山

[摘　要] 本文结合北京理工大学秦皇岛分校在少数民族预科教育中开展学生党建工作的实践，分析了民族预科阶段学生党建工作的特点，提出了民族预科院校党建工作要合理定位，要与高中阶段和大学阶段的党建工作有机衔接，要与民族预科生的年龄特点和宗教文化背景相适应，把更多的优秀民族学生凝聚到党的队伍中来，为委培院校输送入党动机端正、党的基础理论知识扎实、理想信念坚定的合格党员和入党积极分子。

[关键词] 民族预科教育　学生党建工作

北京理工大学自2004年秋季起开始承担教育部民族教育司下达的培养少数民族预科教育的任务，并由北京理工大学秦皇岛分校具体承办。近年来，学校主要承担了工业和信息化部所属的七所重点大学和其他几所民办本（专）科大学的民族预科生培养任务，学生规模700余人。秦皇岛分校直属党支部充分认识到发展少数民族学生党员的重要意义，将学生党建作为直属党支部的重要工作，不断完善工作机制和工作计划，积极稳妥地开展党建和思想政治工作。针对少数民族预科生在校时间短、年龄小、宗教文化和民族意识浓厚的特点，对预科阶段的党建工作进行合理定位，明确工作目标和工作要求，采取与少数民族学生心理特点相适应的工作方法，加强对预备党员的培养教育，大力开展入党宣传教育，拓展入党积极分子队伍，为委培院校输送入党动机端正、党的基础理论知识扎实、理想信念坚定的合格党员和入党积极分子。

一、充分认识民族预科生党建工作的重要意义

（一）加强学生党建工作是民族预科教育承办院校的重要职责

中共中央组织部、中共教育部党组、共青团中央《关于加强和改进在大学生中发展党员工作和大学生党支部建设的意见》指出：要“坚持积极而慎重地做好在大学生中发展党员工作。加大工作力度，把大学生中的先进分子

吸收到党的队伍中来，通过几年努力，使在校大学生党员数占学生总数的比例在整体上有较大幅度提高。”民族预科教育是高等教育的重要组成部分，在发展大学生党员方面，同样肩负着不可推卸的责任。教育部《普通高等学校少数民族预科班、高层次骨干人才硕士研究生基础强化班管理办法》中，要求“培养学校要坚持把德育工作放在首位”，要“把学生培养成为政治可靠，有理想、有道德、有文化、有纪律，德智体美全面发展的社会主义建设者和可靠接班人”。由此可见，国家对民族预科院校的党建和思想政治工作有着更高的要求。

（二）在少数民族青年学生中发展党员是党的事业发展的客观需要，也是保证我国民族地区长治久安的客观需要

少数民族预科生同已经进入大学学习的少数民族大学生一样，是各少数民族优秀的青年代表，是国家宝贵的人才资源。少数民族学生毕业后，必将成为少数民族地区的人才骨干，他们将来是民族地区干部的后备力量，肩负着带领本民族、本地区和谐发展的重大使命，在民族预科生中培养具有马克思主义思想、共产主义理想、坚持民族团结和坚持党的领导的少数民族党员，使其成长为中国特色社会主义事业的可靠接班人，事关党和国家的前途命运，事关少数民族地区的发展和稳定，事关中华民族大团结和长治久安。

党和国家领导人高度重视少数民族干部的培养工作，习近平同志2010年10月在出席中央党校西藏民族干部培训班创办30周年座谈会的讲话中指出：“建设一支能够担当重任、经得起风浪考验的高素质的各族干部与人才队伍，尤其是大力培养和造就一大批德才兼备的少数民族优秀干部，是更快更好推动民族地区经济发展与社会进步的关键性因素。”因此，积极有效地开展民族预科生党建工作，把更多的优秀民族预科生凝聚到党的队伍中来，为委培院校加快发展少数民族学生党员创造良好条件，是民族预科生培养院校的光荣使命，绝不能因为学生在校时间短而放松对学生的党建工作，轻视对入党积极分子的发展和培养工作。

二、针对民族预科生的特点开展党建工作

在少数民族预科生中开展党建工作，必须与预科教育的学制特点、预科学生的年龄特点和少数民族学生的文化背景相适应，合理定位，制定符合实际的工作目标、工作任务和工作方法，才能取得实效。

（一）要与预科教育学制短的特点相适应

我校的民族预科教育学制是一年，学生从9月份入学到第二年7月初离

校，实际在校时间只有10个月左右，然后他们就奔赴各自的目标学校开始正式的大学生活。这对于发展一名党员的完整周期来讲是十分短暂的，按照现有党员的发展流程，从递交入党申请书到确定为入党积极分子，再发展为预备党员，再到预备期满转正，整个过程通常需要三年左右的时间。

预科教育的这一特点决定了预科阶段党建工作不能只立足于自己，不能只考虑本阶段的工作，而是要着重与高中阶段和一年之后的大学阶段的党建工作紧密地衔接，把预科阶段的党建与本科阶段的党员发展工作有机地结合起来，保持对入党积极分了培养的连贯性，从而为目标学校发展少数民族学生党员争取到更多的时间。

（二）要与预科学生的年龄特点相适应

预科生在年龄上相当于普通一年级大学新生，他们大多是应届高中毕业生，很多人是第一次远离父母、远离家乡，第一次进入社会、开始集体生活；他们的思想单纯，受社会上不良风气的影响小，人生观、价值观还没有定型，可塑性强，同时他们思维活跃，没有条条框框的约束，喜欢探索，求知欲强，也敢于质疑。面对这个年龄段的学生开展党建工作，要关心、爱护、引导和教育相结合；要以树立理想信念为核心，加强主旋律和核心价值观教育；要注重实效、理论联系实际、深入浅出、循循善诱，避免简单的说教，避免空洞；给他们讲道理必须自己先弄清楚，经得起推敲，要多听他们的反馈，确实做到入脑入心。

（三）要与少数民族学生的宗教文化和民族意识浓厚的特点相适应

中国的少数民族通常都有着各自传统的宗教信仰，并由此形成了独特的风俗习惯、饮食习惯和节庆日仪式。少数民族学生对于本民族的宗教信仰、风俗习惯、语言文化有着特殊的感情，具有浓厚的本民族文化意识。在少数民族学生中开展党建工作，要把马克思主义民族理论、国家的民族政策、民族团结纳入教育内容，要引导和帮助学生正确理解并区分宗教信仰与风俗习惯之间的关系，正确处理好本民族的宗教信仰与马列主义、党的宗旨和党员责任义务之间的关系，树立马克思主义民族观、宗教观、历史观、文化观，实现为党的事业奋斗与尊重本民族的宗教信仰和本民族的文化传统的和谐。

三、认真做好预备党员的教育培养工作

北京理工大学秦皇岛分校每年入学的民族预科新生中大约2%的学生在高中阶段被发展为预备党员。这些预备党员经历单纯、成长顺利，由于高中忙于高考，往往缺乏对党的理论的系统学习，做好这些预备党员的教育和培养

工作，是预科生党建工作必不可少的重要工作。

（一）加强党的理论教育，提高党性修养

每年新生入学后，党支部都要召集全体学生党员（包括预备党员）开会，介绍学校党组织情况，建立联系渠道，制订学习计划，对学生党员发挥模范带头作用提出要求。定期开展政治理论学习，加强党的性质和宗旨教育，帮助他们正确理解社会上存在的不良现象，正确认识中国特色社会主义道路的曲折性和复杂性，提高他们的党性修养，坚定他们的理想信念。同时，还要加强党的纪律教育，让他们牢固树立党纪观念，用党的纪律来规范自己的言行，做一名合格的共产党员。遇到党和国家有重要会议召开、重要文件公布，则及时组织学生党员（包括预备党员）开展学习讨论，领会党的路线方针政策。遇到国内外发生可能造成学生思想波动的事件，则及时把党和国家的立场、观点和态度传达给学生党员，做到与党中央保持一致，充分发挥学生党员的旗帜作用。

（二）鼓励预备党员担任社会工作，加强实践锻炼

鼓励预备党员积极竞选学生会干部、团干部、班干部，积极参加学生文体活动和社会实践活动，在各项活动中锻炼自己的交往能力、组织能力，提高自身的影响力和感召力，从而更好地发挥党员的先锋模范作用。同时也有利于党组织对他们进行考察、帮助和指导。党支部定期向学生预备党员的辅导员（班主任）及任课老师了解预备党员的情况，发现问题及时找他们谈话，帮他们分析原因，助其改善、提高。

（三）举行入党宣誓仪式，强化党员意识

预备党员的入党宣誓是在党员发展工作中不可或缺的环节。为了使入党宣誓更富有成效，秦皇岛分校党支部每年“七一”前组织预备党员到周边的革命战争纪念地或革命先驱纪念馆进行参观、接受教育，并在现场举行入党宣誓仪式，支部的全体党员一同参加。通过入党宣誓仪式，不仅能在新党员的思想深处留下难以忘怀的一幕，而且会使老党员再一次面对党旗，重温誓言，进一步明确自身所肩负的责任与使命。

四、积极发展和壮大民族预科生入党积极分子队伍

加强学生入党积极分子队伍建设，是做好学生党员发展工作的基础。北京理工大学秦皇岛分校党支部一直将发展和壮大入党积极分子队伍作为党建工作的重要内容，坚持“早启蒙”“早选苗”“早培养”的工作思路，健全培养机制，加大培养力度，保证培养质量，为目标学校加快发展学生党员工作

争取宝贵的时间。

（一）从新生入学抓起

为了实现“早启蒙”“早选苗”，党支部从新生入学教育抓起，通过党的知识专题讲座、团组织生活、班会活动、学生军训、入学教育等多种形式，开展启蒙教育。向学生宣传党的基本知识，讲解了大学生为什么要入党、大学生的入党要求、入党申请书的写法及入党流程等知识。帮助新生树立远大理想，鼓励新生积极递交入党申请书。同时各班辅导员（班主任）通过阅档、谈心和班级活动，尽早发现苗子，进行有目的、有计划的入党启蒙教育，培养他们的入党意识。

（二）建立培养体系，定期总结分析

党支部接到入党申请书后，安排专人同申请人进行一次谈话，鼓励学生的入党热情，了解学生的思想状态和入党动机，提出明确要求。

为了端正学生的入党动机，组织递交入党申请书的学生学习党章，让他们了解党的性质、入党的基本条件，使他们认识到，共产党员不是一种荣誉称号，而是一种责任，党员不仅要在组织上入党，更重要的是在思想上入党。共产党员需要把共产主义的远大理想根植于自己平凡的工作学习中，为党的事业、国家的事业和民族的事业付出艰辛的劳动。

党支部定期了解和考查递交入党申请书的学生的思想状态和日常表现，尤其注意了解他们对马克思主义民族观、宗教观的认识情况和在民族团结方面的表现。

（三）严格筛选入党积极分子，保证积极分子队伍质量

为了确保入党积极分子队伍的质量，党支部制定了入党积极分子的基本条件，以“公开、公平、公正、民主、择优”的原则，严格按照程序择优推举，不追求数量。经过征求意见、党小组（团组织）推荐、公示等程序，把入党动机端正、学习努力和团结同学的优秀学生列入入党积极分子名单。经支委会或支部大会讨论通过后，确定为入党积极分子，并确定两名党员（正式党员或预备党员），作为培养联系人，建立入党积极分子档案，重点进行培养。

（四）举办党课学习班，集中系统培训

北京理工大学党校每年都为民族预科生入党积极分子举办专门的党课培训班，针对少数民族入党积极分子的特点，制定科学的课程体系和教课内容。系统地讲解党的基本理论、基本信仰和党员的权利义务知识，同时将马克思

主义的民族理论、党的民族政策和民族团结纳入培训内容，结合学生的思想状况，理论联系实际，不回避问题，深入浅出，使讲课内容入脑、入心。使学生提高对党的性质、纲领、宗旨、任务及党员的义务和权利的认识，进一步明确为什么要入党，怎样做一名合格的共产党员，树立为国家繁荣、民族团结和民族发展奋斗终生的信念。

五、做好与高中阶段和大学本科阶段的衔接工作

民族预科阶段的学生党建工作只有与高中阶段和目标大学的党建工作有机衔接才有意义。如果埋头搞自己的党建，不考虑与后续阶段的衔接，不能实现培养工作的承上启下，那么这个阶段所做的党建工作就失去了意义。

（一）做好与高中阶段的衔接

新生入学后，及时开展对新生入党积极分子和党员的摸底、统计工作，收集整理入党材料。对高中入党的预备党员和被确定为入党积极分子的入党材料进行仔细审核，查看入党申请书、思想汇报、政审材料、党内外群众意见材料、申请入党积极分子培养考察登记表、党校培训证、入党志愿书、预备党员考察表等材料是否齐全并且填写完整。入党材料不齐的，与学生原单位党组织取得联系，及时补齐各种材料；入党材料有瑕疵的，也要根据情况及时做出相应处理。党支部不断完善档案保管制度，妥善保存学生的入党材料，并及时填写培养、教育和考察情况。

（二）做好与大学阶段的衔接

为了使预科阶段培养工作得到本科阶段党组织的承认，保持培养的连贯性，首先要求预科阶段的培养工作要重思想、重效果、重质量，不片面追求数量，确实把政治素质好、学习成绩优良、入党动机端正的优秀学生纳入培养范围；第二是党建工作要严格规范，规定的程序不能省略，该填写的项目一定要按时、按要求填写，不能等学生要离校了才集中填写；第三是要做好入党材料的档案保管工作，包括学生的入党申请书、思想汇报、党课学习班结业证、申请入党积极分子考察登记表、预备党员考察表、转正申请书等。同时必须按期、如实填写个阶段的考察结果。

六、结束语

民族预科生的党建工作具有重要的意义，也具有鲜明的特点，在党的教育、党员发展、党支部组织建设等方面都存在独特的挑战性。面对挑战，北京理工大学秦皇岛分校直属党支部将牢记使命，以党的十八大精神为指导，

深入贯彻落实科学发展观，不断探索有效的工作机制和工作方法，切实做好民族预科生的党建工作，把更多的优秀民族学生凝聚到党的队伍中来，为党和国家的事业、为少数民族和少数民族地区的经济社会发展培养可靠的接班人。

参考文献

[1] 江远．论在少数民族大学生中发展党员的多元意义及其培养路径［J］．中央民族大学学报：哲学社会科学版，2011，38（1）：65－69.

[2] 马玉玲．关于少数民族预科学生党建工作的几点思考［J］．湖北经济学院学报：人文社会科学版，2012，9（12）：153－154.

[3] 贾英飒．少数民族预科生思想政治教育研究述评［J］．齐齐哈尔工程学院学报，2012，6（3）：56－59.

完善优秀文化传承体系实践与创新

康　明

［**摘　要**］民族预科教育承担着高校继承、发扬和创新优秀民族文化的重要责任。北京理工大学秦皇岛分校以弘扬、传播儒家思想为立足点，传承民族优秀文化精髓，促进各民族学生对中华文化和中华民族的认同，有效促进民族团结、和谐稳定。

［**关键词**］优秀文化　传承体系　实践

在全国上下认真学习宣传贯彻中国共产党第十八次全国代表大会和十八届三中全会精神之际，作为承担民族预科生培养任务的高等学校，北京理工大学秦皇岛分校把认真学习贯彻领会文化建设精神作为学校发展的重要工作并摆在了突出位置。学校按照十八大和三中全会有关部署和要求，本着“全面建成小康社会，实现中华民族伟大复兴，必须推动社会主义文化大发展大繁荣，大力弘扬民族精神和时代精神，弘扬中华传统美德，弘扬时代新风”的总体要求，立足学校发展实际，结合民族预科教育的特殊情况，大力建设优秀传统文化传承体系，弘扬中华优秀传统文化。

一、立足弘扬儒家思想，建设民族预科院校文化传承体系

根据《国家中长期教育改革和发展规划纲要（2010—2020 年）》提出的总体要求，学校认真调查研究，发现现实中广大学生与传统文化渐行渐远，传统道德文化有丧失殆尽的危险，危机重重。学生如果智育不好那是次品，体育不好那是废品，德育不好那就是危险品。我校学生均为少数民族，大部分来自祖国边疆的农牧地区，仅新疆籍学生就占了学生总数的近半数，传统文化知识极度匮乏。因此，学校党政领导研究决定要大力弘扬和培育民族精神，弘扬中华民族优秀的历史文化传统，重视传统道德教育。在此背景下，2008 年，学校确立了全面实施综合素质教育的指导思想，“以弘扬中华优秀传统文化为核心，爱国主义教育为原则，民族团结为基础，综合培养为目标”的方针，按照“全面发展、德才兼备、有效育人”的思路，建立覆盖教学、学生工作、后勤管理三位一体的长效培养机制，加强民族学生对祖国的认同、

对中华民族的认同、对中华传统文化的认同、对社会主义道路的认同感教育，促进学生全面健康发展。

弘扬优秀传统文化就要寻根立标，儒家思想的创始人——中华传统文化的集大成者孔子无疑是首要的人物。因此，经过我校多方努力，积极与中华儒商总会沟通协商，最终达成孔子圣像（3.8 米高，2.5 吨重）捐赠协议，并于2012 年9 月28 日（孔子2 563 年诞辰日）隆重举办了孔子圣像的落成典礼，得到了教育部、国家民族事务委员会、北京理工大学、秦皇岛市委市政府等上级部门领导的高度重视，人民网、中国新闻网、中国日报等多家知名媒体也跟踪报道，赢得了社会广泛的关注与好评。秦皇岛首尊孔子圣像在我校盛大落成，不仅有力地促进了我校全面实施综合素质教育方针的落实，而且对传承民族优秀文化起到不可估量的积极作用。

二、完善优秀文化传统体系实践探索

（一）开展职工学习经典文化活动，加强教职工职业道德精神建设

学校管理目标突出“以文养德、以艺促德、团队发展、质量第一”，学校每年举行以弘扬传统文化为主题的“以礼开篇”开学典礼。学校领导思想领先，行动快，制定了《弘扬中华传统文化，构建德育特色学校计划》，措施到位，开展经典诵读，进一步加深对民族精神文化的理解，在背诵和学习中亲近中华经典，在亲近中更好地开展“热爱伟大祖国，建设美好家园”的活动，形成校长、教师、学生读书的良好氛围，在短短一个多月的诵读活动中，教师浮躁不安之心，在中华传统文化的滋养下，发生了根本性的改变；把经典诵读与德育工作相结合、与比赛活动相结合、与节日活动相结合，引导学生在参与的过程中学有所悟、学有所获、学有所用；开展经典校本课程，融入中华文化传统内容的教育，彰显出了良好的教育效果。如今教师静心教书，潜心育人，不论是教学水平还是班务管理，在各项工作上，他们都有了爱心和责任心，师生之间逐渐体现出礼与爱的相互交融。持之以恒，讲实效性，另外，经典诵读应重在过程，不追求形式，把传统文化中的精髓与班务管理、日常教学有机结合，与学校文化建设相结合，特别是与学生的良好行为习惯相结合，使经典诵读活动做到常态化、科学化。

（二）开展学生养成教育活动，推进民族学生道德建设

学校从学生抓起，利用他们记忆的黄金时期，让他们广泛阅读，大量积累。在诵读中积淀文化，提升素养，让学生扎下善根，打好基础，厚积薄发。逐步形成“以理厚德”的良好德育行为习惯，学校充分利用晨会、主题班会、

国旗下感言等活动，结合《首都大学生文明公约》开展诵读经典活动，牢记于脑、铭刻于心。规定每周背诵经典篇目，各班开展“爱心大使”体验活动，在学校课堂、课间，规范学生传统礼仪的要求，使学生在校园里“揖身圆、拜恭敬”，处处以礼相见，尤其“爱心大使”特色体验活动，使学生体验到父母工作的艰辛，自觉养成了孝敬父母、尊敬师长的良好品德。在经典文化的学习中，教育学生明白，事虽小、勿擅为、苟擅为、子道亏；物虽小、勿私藏、苟私藏、亲心伤。例如：有一名哈萨克族学生，在学习《弟子规》后写道：“有一天，我捡到一张饭卡，没有交公，就悄悄地到食堂消费了。这学期学习《弟子规》后，我感到自己当时的行为是多么的可耻，‘物虽小，勿私藏，苟私藏，亲心伤’。于是，在学完这句话的第二天，我就把饭卡上交给了学校，补齐了消费的金额。今后，我将用《弟子规》规范自己的一言一行。”有些学生深深感受到沉溺于网络游戏违背了《弟子规》中“父母教、须敬听、父母责、须顺承”的教诲，然后痛下决心，好好学习。教师将开展传统文化教育与教学活动相结合、与校园文化建设相结合，教室里的经典诵读角、书香板报栏，走廊上的名言、名句、名文、绘画展，以及图书馆中新增加的经典书籍，营造出了浓浓的经典诵读氛围，经典浸人生，书香伴成长。学校每一处，都散发墨香，弥漫着经典，学生在经典中受熏陶，体味古圣人无穷的教诲，逐渐养成良好的文明道德习惯。

（三）开展中华传统文化大讲堂系列主题教育活动，加强民族学生的思想道德教育

在中华儒商总会秦皇岛分会的大力支持下，我校“中华传统文化大讲堂”系列讲座活动启动仪式暨首场报告会于2012年11月16日在综合信息楼一楼报告厅举行。秦皇岛市一尊学堂校长、中国书法家协会张忠勇应邀为大家做了首场报告。从孔子所提倡的孝、恭、谦等方面入手，教育学生要谨遵中华传统美德“百善孝为先”的祖训。从学习、生活、文化等多个方面论证道德的重要性，引导学生树立正确的世界观、人生观、价值观。中华传统文化大讲堂系列讲座活动是以孔子圣像在我校的盛大落成为契机，以宣扬中华优秀传统文化为载体，全面提升我校民族学生综合素质的重要举措之一，今后将制度化、规范化、系统化，全面提升民族学生对中华文化的认同感。

（四）开展感恩教育系列活动，全面提高民族学生道德素质

感恩教育活动是实施民族学生综合素质教育、重点提升民族学生道德素养的重要措施之一。本着“人人参与，普遍提高”的原则，我校积极推进经

典文化学习。充分利用学校网站、广播中心、校报、宣传橱窗、板报、班会这些宣传阵地，把经典诵读活动与日常德育紧密结合，开展孝行、感恩教育系列活动。践行《弟子规》，分享践行《弟子规》体验；丰富载体，广泛影响，以学生带动家庭，以家庭辐射社会，达到推动全民诵读经典的浓厚氛围；学校召开了“弘扬中华传统文化，做当代圣贤育子楷模”主题教育活动，开展经典阅读活动，感悟圣人教诲；在主题班会上，各少数民族学生为同学们讲解本民族如何传承尊老爱幼优良传统，相互学习，共同分享。学校还相继举办了“为父母洗一次脚”“为父母写封信”“今天家务我做主”等系列教育活动。感恩系列教育活动的胜利举办，对民族学生优秀道德品质的形成起到了积极的作用。

（五）开展民族团结教育系列活动，加强民族学生爱国主义教育

为了加强少数民族学生的爱国主义教育，增强民族学生的民族责任感，切实维护学校民族团结稳定的局面，我校将民族团结教育活动纳入常规化工作。结合教育部维护稳定工作会议及民族团结宣讲团宣讲精神，以西藏拉萨“3·14”和新疆乌鲁木齐“7·5”事件为典型案例，深刻阐述“民族团结是福，分裂动乱是祸”的道理；全面向民族学生介绍我国的民族政策，引导广大民族预科生树立“马克思主义五观”“四个认同”“三个离不开”的思想，反对一切形式的民族分裂言论和行为；要求广大少数民族预科生要多做有利于民族团结的事，要尊重少数民族的风俗习惯及宗教信仰。民族团结教育系列活动收到了良好的效果，学校各民族的同学团结、互助、友爱，形成了和谐的民族关系。各族同学普遍认为：只有各民族共同团结奋斗、各民族共同繁荣发展，才能具有强大动力。各族人民都要始终同呼吸、共命运、心连心，坚决维护民族团结，坚决维护祖国统一，坚决维护社会稳定。

（六）建立评价督导机制，保障教育效果扎实有效

为了使诵读经典活动不流于形式，学校成立了中华传统文化教育督导小组，党政一把手任组长。采取由学生办公室主任每天查，由值周辅导员每天督促，由班主任每天抓，由学生每天相互背等措施。每周学生工作办公室及时通报进展情况，时时进行抽查，通过抓经典诵读，践行《弟子规》活动，合力推进。学生有了书卷气，校园溢满书香，学校创新管理取得了实质性进展，形成了“多方推进，多元评价”的良好格局。经典诵读活动达到了双重目的：一是不断提升了师生的道德伦理和文化素养，二是提升了汉语言文字的应用水平。把学习中华传统文化与全国内高班、协作计划

预科院校思想政治工作培训班、中国少数民族教育学会预科专业委员会的思想政治经验交流相结合，突出了学生成长立德的教育过程。通过诵读工作的全面开展，为传承中华文化、建设书香校园、培养合格的少数民族人才做出应有的贡献。

经过五年的探索与实践，我校已初步形成了建立中华优秀传统文化的体系，形成了自己鲜明的培养特色。2012 年 9 月，我国民族教育类权威期刊《中国民族教育》（2012 年第 9 期）用大量篇幅，以图文并茂的形式全面报道了我校少数民族预科生综合素质教育、弘扬中华优秀传统文化的系列成果，得到了教育部领导的高度肯定，引起民族教育界专家、学者的广泛关注。

三、创新民族预科院校文化传承体系若干构想

（一）加强领导，组织保证

应由宣传部门、德育部门牵头组织实施，成立中华传统文化主题教育活动领导小组，学校一把手任组长；下设办公室，具体负责组织落实实施。

（二）研究制定《关于开展“中华传统文化”系列主题教育活动的指导意见》

组织力量制定相关教育方案，第一轮可考虑用 2 ~ 3 年时间，然后进行常态化工作。

（三）开设中华传统文化大讲堂

聘请国内知名国学大师开展系列讲座，做到“听讲有考勤，听后有考核”，并把它作为干部晋升考核的重要参考；按照出台的指导意见，结合本部门实际，制定实施方案；要制定奖惩分明的激励学习制度，实施被考核教师“道德一票否决制”。

（四）广泛开展“诵读经典”活动

选择《三字经》《弟子规》等篇目，指导背诵，旨在熏陶；开设国家经典选修课和系列讲座，分专题让学生自行备课讲解，以激发其主动接受传统文化教育的积极性；开展传统文化理论研究工作。

（五）注重媒介作用

充分利用校电视台、广播站、网站、校报等媒体，开设中华传统文化相关节目和专栏，起到影响各民族学生的作用；开展中华传统文化知识竞赛、征文比赛、演讲比赛等系列活动。

（六）举办具有较大影响力的“中华传统文化论坛”

确立“以论坛促进中华传统文化的传承，以中华传统文化促进民族教育”的工作思路，举办具有较大影响力的“中华传统文化论坛”，必将对完善中华优秀文化体系产生积极深远的影响。

民族预科生实施素质教育势在必行

韩思奇

［摘　要］少数民族预科教育是我国高等教育的重要组成部分，是实现我国全面建设小康社会目标，落实西部大开发战略和人才强国战略的重要举措，是加强民族团结和维护祖国统一的重要保证，是国家长治久安和加快发展的根本大计，是一项政策性很强的政治任务。本文揭露了当今世界人的思想道德素质在滑坡，指出了我国素质教育的状况，介绍了实施素质教育的主要做法，并讨论了实施素质教育的效果、体会和不足。

［关键词］民族预科　素质教育　思想道德

少数民族预科教育是我国高等教育的重要组成部分，是实现我国全面建设小康社会目标，落实西部大开发战略和人才强国战略的重要举措，是加强民族团结和维护祖国统一的重要保证，是国家长治久安和加快发展的根本大计，是一项政策性很强的政治任务。换句话说，这就要求我们：为社会主义建设培养合格人才，素质教育实质上就是回答和解决培养什么样的人和怎样培养人的问题。

今年我们在全校范围内开展素质教育的大讨论，全体职工在两次讨论时均做了发言，对在少数民族预科生中全面实施素质教育发表了自己的意见，还撰写了文章，自 2004 年举办少数民族预科教育八年来，每年我们都利用暑期召开研讨会，研究探讨预科教育中存在的问题，总结经验，吸取教训，取长补短，取得了一定的研究成果。2008 年，在总结前五年经验和通过赴新疆调查研究的基础上，根据党和国家举办少数民族预科教育的重大意义和目的，为了国家的长治久安，为了培养社会主义建设的合格人才，为了突显北京理工大学秦皇岛分校的办学特色，针对少数民族预科生来自边远少数民族地区，文化基础相对薄弱、家庭经济条件相对较差、心理素质相对脆弱等特点，依据 1999 年 6 月 13 日中共中央国务院颁布《关于深化教育改革、全面推进素质教育的决定》，我校确立了以教学工作为中心，以学生工作为重点，以人为本，德育优先，立足实际，服务西部，致力于培养基础扎实、人格健全、整体素质较高、有较强适应能力和发展潜力的合格人才。确立了在预科教育中坚持“以预为主，以补为辅，预补互促，综合培养”的办学指导思想。

一、当今世界部分人的思想道德素质在滑坡

当今世界，许多人从物质方面穷研宇宙，力图征服自然，以增加物质财富。人类的社会活动无不以物质利益为目的。人与人、民族与民族、国家与国家都在争夺有限的资源，彼此不容、争斗不止。短短几十年，人们赖以生存的自然资源惨遭破坏，日本海啸，汶川地震，火山爆发，森林大火燃烧不断，大气、水资源污染严重，大片绿洲变成沙漠，大量物种濒临灭绝。在这个一切被经济利益驱动的时代，速成和高效成为时尚，人为的因素渗透到一切领域，为我们的生存带来了隐患，人们现在生活在如此一个不踏实的世界。

另外，化肥、农药、色素、防腐剂、膨胀剂、生长激素、地雷西瓜，各种添加剂等越来越多地被注入人们的食物中，毒害着人们的身体。比如有一岁多的女孩子乳房增大，还有小学生放高利贷，今天借你 5 元，明天还我 6 元，这一切的一切越来越成为人们聊天的主题，这一切的一切都证明：科学技术发展了，但有一部分人的思想道德素质下降了。因此，教育的核心是对人格心灵的唤醒。

二、我国素质教育的状况

1985 年 5 月 27 日中共中央颁布的《关于教育体制改革的决定》中明确指出：教育体制改革的根本目标是提高民族素质，多出人才，出好人才，而且指出了素质教育的概念。不能把基础教育办成单纯的升学教育，而应当是社会主义的公民教育，是社会主义公民的素质教育，把培养政治、文化、心理、审美、技能、身体等各方面的素质作为素质教育的目标。1991 年 7 月 29 日，教育部明确规定“要把高中教育从应试教育转变为全面提高学生素质的教育”。1999 年 6 月 13 日中共中央国务院颁布了《关于深化教育改革、全面推进素质教育的决定》。从 1985 年算起至今，我国实施素质教育已有 26 年的时间，但由于缺乏科学发展观的指导，始终处于进展缓慢的状态，原因在于考试对教育活动具有很强的导向作用，学校把考试作为评价人才的标尺。有什么样的考试导向，就会培养什么样的人才。

三、我校实施素质教育的主要做法

少数民族预科教育已有50多年的历史，已经积累了很多有益的经验，面对当今世界人的道德素质状况及我国素质教育的状况，如何进一步办好预科教育、努力提高预科教育教学质量是摆在民族教育工作者面前需要亟待解决的问题。我校2004年教育转型，开始实施少数民族预科教育，至今仍然还处在摸索阶段。在教育部民教司的指导关怀下，在北京理工大学党政的正确领导下，为工信部的七所高校、天津大学、西安交通大学等19个目标学校，39个民族培养预科生近4 000名，是全国首批6个民族预科教育基地之一。

三年来，在少数民族预科生中，我们在扎扎实实地全面实施素质教育，收到了较好的教育效果，得到了教育部主管部门领导和北京理工大学党政领导的充分肯定，我校关于素质教育的做法和经验多次在中国少数民族教育学会年会上进行交流，并有论文被评为一等奖，我校也成为中国少数民族教育学会预科教育专业委员会的副主任单位。我校也即将成为全国内地高校预科教育教学指导委员会的主任单位，在全国少数民族预科教育和教学工作中发挥应有的作用。

（1）在三年的素质教育中，我们把对学生的思想政治道德教育提升到了一定的高度，如：把原来政治课的时数增加了1/3课时，政治课老师由原来的兼职改为专职，并设政治课教研室主任岗位。

（2）成立了心理咨询室和学生心理协会，对416名预科生建立了心理档案。

（3）在新生入学教育中，加入了军训的内容。

（4）请著名的教授、专家、学者给学生作报告，如：请北京理工大学李志祥教授，中华儒商名誉会长、大慈善家蔡光胜，秘书长庐路，全国品牌认证委主任赵振博，中国人民公安大学王大伟教授等作报告，全面提升学生的整体素质。

（5）加大对预科生入党积极分子的培养力度，2013年，在写入党申请书的200名团员中选拔了58名作为入党积极分子，请我校组织部赵粤生部长等专家讲党课。

（6）学生利用业余时间，开展丰富多彩的、形式多样的活动，校园新闻报道有20多期。

（7）制定了综合素质评价手册，人手一册，纳入整个考核成绩。

（8）制定了实施素质教育的教学大纲，各门课程均调整了教学内容，突出教学重点，增加了课外自主学习的内容，以提高学生自学的能力，另外，还专门制定了素质教育课的大纲。

（9）改革成绩管理方法，将综合素质分纳入成绩管理，课程考试成绩占70%（由教学任课教师给出），综合素质分占30%（由学生辅导员评定给出）。

（10）编制了各门课程的教学电子课件，为学生自主学习创造了条件。

（11）举行了普通话水平测试、计算机等级考试及多种形式的课外教学活动，如英语讲演、书法比赛、辩论赛等。

四、实施素质教育的效果、体会和不足

（一）实施素质教育的效果

1. 在文化素质方面

对文化基础的学习是综合素质的重要方面，我们通过制定综合素质教学大纲，聘请高职称学科带头人，培养了学生自主学习的习惯，我们从培养学习兴趣开始，教授学习方法，结业成绩显示，有很多学生进步很大，比如来自新疆的维吾尔族学生阿布都克尤木同学，英语成绩从入学之初的入门水平到结业时已达到85分，学习名次从入校时的95名上升到结业时的前10名。

2. 在行为素质方面

在儒家思想的影响下，通过一系列文明礼仪的讲座和倡议，使民族学生关系融洽，行为举止文明，人际关系和谐。整个校园充满着欢声笑语，学生尊敬师长、见面行礼，处处彰显着青年学生良好的精神面貌，比如在2010年，马亮等10名学生获得“北戴河区旅游形象大使”称号；桑易思等10名同学获得“文明礼仪标兵”的光荣称号。

3. 在心理素质方面

学生能够正确地对待成功和挫折，能够正确地对待自己、他人、集体和社会。例如，2009级刘喜龙同学，在入学之初存在悲观厌世、不能与其他民族生和谐相处等问题，经过心理咨询教师李老师的耐心开导，消除了误会，还主动组建了学校第一届以补习文化知识为己任的强学会；2009级的苏啸同学患有抑郁症，经过心理治疗，毕业时还获得了优秀毕业生的荣誉，在许多

比赛上还获得不少奖项；2010 级姜珊同学患有强迫症，存在极度的反日情绪，加之感情问题，生活学习一团糟，面临退学，但是经过心理治疗和教育，顺利结业，而且成绩优异。这样的例子不胜枚举。

4. 在身体素质方面

我们克服了校园环境小的局限，积极完善学校体育活动设施，充分利用活动场地，塑胶操场、篮球场、乒乓球、排球、羽毛球、健身器材等一应俱全。有许多同学在体育比赛中表现突出，如哈萨克族同学每年代表学校参加中央民族大学的民族杯足球赛，屡获名次；预科 4 班的张振坤同学进入肯德基篮球赛全国八强，等等。

5. 在实践创新素质方面

学校通过举办 C 语言大赛、小说比赛、计算机课件设计大赛等社会科学和自然科学的各种比赛，锻炼同学们的动手能力和创新能力，为本科学习自然科学和社会科学奠定突破传统思维的能力。比如很多学生利用寒假进行支农、支教活动，还有王朝海、吴永德等同学参加全国物理、生物大赛，分别获得全国三等奖，预科 9 班马博雅同学获得第一届“巨人杯”全国书画大赛一等奖。

（二）体会

素质教育本身和应试教育之间存在着某种矛盾。我认为素质教育从长远来讲，对学生的人生发展起着长期的、积极的作用。素质教育的成果将伴随学生的一生。

（三）存在的不足

（1）我校素质教育有待进一步完善、细化、系统化。

（2）应进一步加强与目标学校的联系，掌握我校学生在目标学校的表现情况。

（3）应进一步加大素质教育分数的比重，如教学与学生管理的比例为 6: 4。

（4）需进一步探讨素质教育和应试教育之间的关系。

（5）努力提高教师的整体素质，建立高素质的教师队伍。

胡锦涛在庆祝清华大学建校 100 周年大会上的讲话中指出：“实现中华民族伟大复兴，科技是关键，人才是核心，教育是基础。”要求高等院校“全面提高高等教育质量，大力提升人才培养水平，树立多样化人才观和人人成才的观念，树立终身学习和系统培养观念，造就信念执着，品德优良，知识丰富，本领过硬的高素质人才。”教育大计，教师为本，胡总书记要求我们高等院校的教师：“要切实肩负起立德树人、教书育人的光荣职责，以高尚的师德、人格魅力、学识风范教育感染学生，做学生健康成长的指导者和引路人。”我相信，虽然少数民族预科教育是一项非常复杂的教育工程，需要我们不懈地努力和坚持，我相信在全体师生员工的共同努力下，我校在少数民族预科教育中全面实施素质教育一定能够取得丰硕的成果，为党的民族教育事业做出更大的贡献。

我国民族预科教育亟待建立的五大制度

张立文

［摘　要］ 随着我国少数民族预科教育事业的不断发展，实践中面临的新问题日益突出，现行的规范性文件已不能适应民族预科教育发展的需要。因此，完善我国民族预科教育制度势在必行。本文从我国少数民族预科教育制度的现状、完善我国民族预科教育制度规范应遵循的原则及具体构建三个方面加以阐述，试图最大限度地保障我国民族预科教育长远健康地发展。

［关键词］ 少数民族　预科教育　制度建设

随着我国经济、文化、教育等各项事业的蓬勃发展，少数民族预科教育在招生规模、培养质量等方面也逐步扩大和提高，2012 年民族预科招生规模再创历史新高。机遇和挑战并存，发展的良好态势中也隐藏着诸多问题。解决得好，会促进我国民族预科教育良好健康地发展；否则，会阻碍制约其发展。我国少数民族预科教育发展至今已 60 余载，具有中国特色的少数民族预科教育体系已经初步建立，但在制度建设方面相对滞后，存在着制度相对缺失、不够科学、可操作性差等发展瓶颈。试行至今已 9 年的《普通高等学校少数民族预科班、民族班管理办法（试行）》（教民〔2005〕5 号）（以下简称《管理办法》）还需进一步完善，解决我国少数民族预科教育实践中不断产生的新问题已有些“力不从心”。针对我国民族预科教育实践中出现的新挑战，笔者认为有五大制度亟待建立，并深刻阐述了民族预科教育制度建设应遵循的原则。

一、我国民族预科教育制度现状综述

（一）民族预科教育考核标准不统一、考核内容不全面

由于民族预科教育存在学制短、学生基础知识相对较弱等特点，培养定位与考核机制成为民族预科教育的热点和难点。目前，我国少数民族预科教育在考核上存在着教考不分，单纯注重文化课程考试，忽视民族生素质考核

等若干问题，考核机制上存在很多弊端。大部分预科培养院校在培养目标、考核手段等方面存在着思路不清晰或者误区，导致全国民族预科教育质量普遍不太理想。主要表现在两个方面：其一，考核由各预科培养高校负责，考核标准不统一。预科的教学、命题、阅卷等工作均由培养院校自己负责实施，培养院校担任的角色既是运动员，又是裁判员，培养质量究竟如何，很难衡量。这种考核制度带来的直接后果就是其公平性受到质疑。其二，预科考核内容大都仅限文化课程，综合素质方面的评价很少涉及，考核内容不够全面。

（二）民族预科教育忽视综合素质培养现象严重

预科教育是在我国这样一个多民族的国家中彰显教育公平的重要体现，也是我国带有极大政治色彩的教育形式。民族预科教育的终极目的就是为祖国边疆地区、农牧区、偏远落后地区培养爱党、爱国、爱社会主义的高素质专业技能民族人才。因此，全面提升少数民族预科生的综合素质是少数民族预科教育的重要任务，而对少数民族预科学生进行爱国主义教育是重中之重。国家在20世纪80年代就提倡综合素质教育，至今仍不尽人意，预科中实施综合素质教育的状况更是状况不佳，研究和实践工作基本处于萌芽状态。

（三）预科生专业分配存在着随意性大、透明度不高、标准不统一的问题

预科生专业分配问题是预科教育环节中最重要的问题之一，事关每位预科生的切身利益和民族地区人才培养的大计。对于少数民族预科生而言，其就读的目标高校已没有选择，经过一年的努力学习，唯一能选择和奋斗的就是希望能读取自己理想的专业。《管理办法》第二十条规定，民族预科班招生时，除特殊情况外，一般不确定专业。预科生结业时，根据民族地区经济建设和社会发展对人才的需求状况，由招生学校提供专业计划。本科、专科（高职）招生学校根据学生的实际情况和学生个人的志愿确定专业。在预科教育实践中，专业分配存在的问题很多。突出表现在两个方面：一是招生学校在提供专业计划上自主性大，在具体分配专业上自由裁量权重。预科专业划拨应以预科生来源地区经济建设和社会发展的人才需求状况相吻合，增强人才培养的针对性，而招生学校在给预科生划拨专业时，往往没有做到这一点，有的招生学校甚至不愿意将本校的重点学科专业划拨给预科生。各招生学校分配专业的标准也不尽相同，有的是尊重预科培养高校的培养结果，完全依据学生预科阶段成绩，按照分数优先的原则分配专业；有的是部分依据预科阶段成绩，按照一定比例采信分配专业；而有的招生学校基于对预科培养高校的不信任等原因，完全否认预科培养高校的培养结果，自己重新组织考试，

按照自己的考核结果分配专业。二是预科专业分配协作机制不明确，预科培养高校干预招生学校分配专业现象严重。预科专业分配的最终权属应属于招生学校，这也是教育部明确规定的，但是在实践中存在着诸多诟病，最严重的应该是预科培养高校干预甚至干扰招生学校对预科生专业的分配，甚至出现徇私舞弊、弄虚作假的现象。

（四）民族团结宣传教育存在程式性、象征性、阶段性的特点

“凡事预则立，不预则废。”我国民族教育秩序和谐、稳定局面的维护不是一朝一夕之功，需要将民族团结教育工作做深、做实，重要的是要保持常态化、制度化。从制度层面上，我国目前民族预科教育的制度规范中，没有关于民族团结宣传教育工作具体制度的规范，只是指导性的意见，缺乏具体、有效、统一的实施方案及民族团结教育工作实际落实情况与效果的监督和检查。从实践层面上，大部分预科培养高校在民族团结宣传教育方面存在着急功近利的做法，呈现出程式性、象征性、阶段性的特点，民族团结宣传教育工作的实质性效果很难保证，流于形式。

（五）民族预科教育评估尚属空白

教育评估是有效检验教育教学质量的必要手段，是民族预科教育走内涵式发展的必然要求。我国的民族预科教育评估工作至今仍处在理论探讨阶段，国务院教育行政部门目前仍没有颁布关于少数民族预科教育评估的具体实施办法。《管理办法》第四十六条、四十七条、四十八条是我国民族预科教育评估相关问题的规定，但仅限于原则性的指导，预科教育评估工作尚属空白。我国民族预科教育评估工作严重滞后，一方面容易降低举办民族预科教育的门槛值，承担预科教育培养任务的高等学校为了增加经费收入，一味追求培养规模，使我国的民族预科教育办学逐渐走向“民族预科教育的泛滥化”；另一方面束缚了民族预科教育的可持续发展，预科教育教学质量无法被监测与跟踪，极易使本不特别成熟的预科教育制度背离国家举办民族预科教育的初衷，走向“民族预科教育的无序化”。

二、民族预科教育制度建设应遵循的三大原则

（一）坚持社会主义办学方向的原则

民族预科教育作为我国社会主义教育的重要组成部分，必须为社会主义现代化建设服务，必须同生产劳动相结合，培养德、智、体、美全面发展的建设者和接班人。必须在马克思主义的指导下，结合少数民族和民族地区特点，向各民族学生进行党的基本路线教育，进行历史和国情教育，进行发扬

爱国主义、维护民族团结和祖国统一的教育，使他们坚定正确的政治方向。

（二）坚持以学生为本的原则

历史唯物主义认为，人是主体，人是目的，人是关键，人应当独立、自由和实现全面发展，并且走向自由和完美。我国民族预科教育制度的设计与完善，应树立“以学生为本”的思想。首先，要树立培养学生全面发展的思想。我国民族预科教育在培养思路上存在着狭隘的功利主义思想，往往只重视文化课程的传授与考核，而忽视学生综合素质的培养。这样不仅不利于学生的全面发展，从长远的角度讲，也不利于保障我国少数民族人才质量的提高。其次，要体现学生的主体地位，保障民族预科学生合理、合法的权益。我国民族预科教育的任何制度设计的出发点都应是以保障民族学生的利益为根本，否则就背离了民族预科教育的初衷。

（三）坚持公平性原则

公平是任何社会永恒的诉求。公平是民族预科教育制度完善应遵循的最重要原则之一，该原则是民族预科教育制度完善的前提，是民族预科教育稳步前行的基础和保证。笔者还认为，尊重客观现实是体现公平原则的前提和基础，不以实际情况出发倡导的公平是空谈。完善我国民族预科教育制度应遵循的公平性原则主要体现在两个方面：一是应保障农牧区、边疆和偏远地区等民族预科重点招收的教育落后地区少数民族考生享受民族预科教育的权益。二是应保障农牧区、边疆和偏远地区少数民族学生享有同其他来自教育资源相对优越地区的学生选择专业的同等权利。因为民族预科招收省份目前已达20个省、市、区，基础教育水平之间存在较大差异。而我国目前现行的预科教育模式就是试图从不同考试标准省份招收的学生，苛求用同一考试标准结业，这不仅不尊重客观现实，也可能剥夺部分民族学生进入本科学习及选择专业的平等机会。因此，我国民族预科教育制度设计应尊重客观现实，以体现公平性原则。

三、我国民族预科教育亟待建立的五大制度之具体构想

（一）建立以综合素质评价为主导的民族预科统一考核制度

笔者刚撰写并发表了关于探索建立以综合素质为主导的民族预科教育统一考核制度的文章，得到了国务院教育行政部门领导的高度重视。其中提到，建立民族预科统一考核制度应遵循公平性原则、稳定性原则、连续性原则、全面性原则、科学性原则五大原则。在预科生统一考核制度具体设计上，有四个方面：

1. 建立民族预科文化课程分层次考核制度

即文化课程的考核由国务院教育行政部门在全国范围内组织实施，其考核成绩可考虑占总成绩的70%。民族预科教育统一考核制度可参考我国高考为解决教育基础不均衡问题而实施的个别省份自主命题模式的精神，分类实施。按照学历层次、生源省份（或大省区）、文理类别分别制定考核内容和办法。

2. 制定全国统一的民族预科生综合素质考核办法

教育行政部门应根据实际情况，草拟出台《全国民族预科生综合素质评价办法》，颁布少数民族预科生的综合素质考核大纲，统一、规范我国民族预科教育综合素质考核工作。综合素质考核工作应在国务院教育行政部门授权下，由各个预科培养院校组织实施，其考核成绩可考虑占总成绩的30%。综合素质考核的成绩上报负责全国统一考核的部门后，与文化成绩结合组成最终结业成绩。综合素质的考核适用于各个层次的民族预科学生，不分类实施，并应严格做到“四个统一”，即考核标准统一、考核办法统一、考核要求统一、考核时间统一。

3. 实施民族预科生结业德育答辩

德育答辩由教育行政部门授权，在“全国民族预科教育综合素质考核组”的统一领导下，各预科培养院校组织实施，各学校应成立“德育答辩评审委员会”，具体组织德育答辩相关工作。德育答辩是学生结业考核重要的组成部分，学生德育答辩成绩纳入预科生结业成绩。

4. 考虑开设物理、化学科目的课程设置并进行考核，增设选修课程并进行考核

可考虑开设物理、化学课程为预科生必修科目，同时纳入全国预科教育文化课程考核范围；增设人文、历史、哲学、礼仪等方面的选修课程，纳入全国民族预科教育综合素质考核范围。另外，应开设体育课程，纳入学生综合素质考核范围，以引导学生练就强健体魄。

（二）建立民族预科综合素质培养制度

思路决定出路，民族预科教育必须改变传统的教育模式，建立起以培养“基础知识扎实、综合素质较高”的民族预科综合素质培养制度。素质教育应当体现在民族预科教育制度设计理念中，反映在民族预科教育教育内容和方法上，要配之以切实可操行的管理教育内容。笔者曾撰写过关于民族预科生综合素质培养载体构建的文章，其中提到，在预科教育中我们应坚持“以预为主，以补为辅，预补互促，综合培养”的办学指导思想，制定全面培养民

族预科生综合素质的方案，合理规划，科学实施，稳步推进。国务院教育行政部门应组织实施制定《全国少数民族预科生综合素质培养方案》，主要包括培养目标、培养步骤、培养方式、培养方法等，将综合素质培养贯穿于民族预科教育的教学和学生管理的整个过程之中。建立民族预科教育综合素质培养制度，就是要为我国西部的少数民族地区培养政治上过硬、适应能力强、综合素质好的社会主义西部经济建设者和接班人。

（三）建立以“全国民族预科教育统一考试”为基础的预科生专业分配制度

国务院教育行政部门统一全国民族预科专业分配的标准，明确预科专业分配的原则及权属。实施全国少数民族预科生统一考试制度是全国统一专业分配制度的前提和基础。预科专业分配的量化标准是有效规避预科专业分配随意性的必要手段，能最大化实现专业分配中的公平性。笔者建议，国务院教育行政部门应成立专门负责预科专业分配的组织机构，其主要职责就是负责联系了解有预科招生计划的省份其专业需求情况及人才培养状况，根据了解到的情况协调招生学校专业划拨；制定统一的、标准的预科生专业分配办法，增加分配的公平性；监督检查预科专业分配中存在的问题及不足。

（四）建立民族团结宣传教育制度

民族团结宣传教育工作事关我国民族教育工作的全局，事关我国安定团结的政治局面的维护。因此，在民族预科教育中深入开展民族团结教育工作，任务十分艰巨，责任十分重大，应尽快建立起具有长效机制的民族预科教育民族团结宣传制度。笔者建议，应主要从以下几个方面进行构建：

①编写适用于民族预科教育的民族团结教育读本。

②设置民族团结教育课程，且为必修科目，纳入民族预科结业考核范畴。

③开展民族团结宣传教育系列活动，纳入常态化、制度化、统一化管理。

④建立民族预科团结教育目标考核制度，教育行政部门对开展民族团结教育不力的单位、责任人进行责任追究，采取诫勉谈话、下发责令整改通知书等方式，督促全面落实民族团结教育任务。

⑤把民族团结教育纳入少数民族预科教育评估的重要指标之中，对于民族团结宣传教育工作不合格的高校，可考虑取消预科培养资格。

（五）建立民族预科教育教学质量评估与问责制度

国务院民族教育行政部门应把民族预科教育质量监测与评估纳入民族预科教育走内涵式发展的重要手段与必要措施。笔者建议，教育行政部门应尽快出台《少数民族预科教育评估办法》，制定高效、科学、全面的预科教育评估标准，建立一整套切实可行的民族预科教育评估办法。该评估体系应着重从以下几个方面进行构建：建立定期采集和公布全国预科培养高等学校办学条件及教学基本状态数据制度，加强社会对预科培养高等学校办学和教学工作的监督；教育部门与有关民族预科教育研究机构（如中国少数民族教育学会预科专业委员会、正在筹备中的“全国内地高校少数民族预科教育管理和教学工作指导委员会”等）配合共同进行评估；把外部评估和内部评估结合起来，积极推动预科培养高等学校建立起内部教育质量保障机制；组建民族预科评估专家库并定期开展专家培训，建设一支高水平的评估专家队伍；建立社会评估中介机构的资质认证制度，积极发挥社会中介机构在民族预科教育质量评估中的作用。预科教育评估事关预科教育事业的健康发展，也事关被评估高等学校的声誉，因此，笔者还建议，应建立民族预科教育评估问责制度，有效规范评估工作，对在评估过程中存在徇私舞弊、弄虚作假者予以严肃处理。

综上所述，建立完善的民族预科教育制度，能有效规范、引导我国民族预科教育事业健康、有序地发展。不仅能最大限度地利用、整合我国民族预科教育资源，保障我国边远农村、高寒地区、山区、牧区的少数民族考生受教育的权益，能全面挖掘、科学培养我国少数民族地区学生的潜质和综合素质，还有利于维护我国团结、和谐、稳定的民族关系和国家的长治久安。我国民族预科教育要健康发展，需要制度先行，五大制度的建立势在必行。

参考文献

[1] 教育部．普通高等学校少数民族预科班、民族班管理办法（试行）[R]．2005.

[2] 郭齐勇．大学的教育理念与目标　面向21世纪的哲学教育 [M]．武汉：湖北人民出版社，2000.

民族预科基地培育和践行社会主义核心价值观实现路径

张立文

[摘　要] 党的十八大赋予社会主义核心价值观新的内涵，把它提升到了新的高度。民族预科基地不仅承担着为祖国西部和民族地区社会经济建设培养各类人才的光荣任务，还是培育和践行社会主义核心价值观的重要主体。在新的历史条件下，如何培育和践行社会主义核心价值观，是摆在民族预科基地面前一项重大的政治任务和历史使命。在深刻领悟社会主义核心价值观新内涵的基础上，结合中央有关文件精神，本文试图构建民族预科基地培育和践行社会主义核心价值观的十大载体，希冀对我国民族教育事业、民族团结、国家稳定和统一有所裨益。

[关键词] 民族预科基地　社会主义核心价值观　载体

社会主义核心价值观是社会主义核心价值体系的内核，体现社会主义核心价值体系的根本性质和基本特征，反映社会主义核心价值体系的丰富内涵和实践要求，是社会主义核心价值体系的高度凝练和集中表达。党的十八大报告指出："倡导富强、民主、文明、和谐，倡导自由、平等、公正、法治，倡导爱国、敬业、诚信、友善，积极培育和践行社会主义核心价值观。"这既是对社会主义核心价值观的全新论述，也将社会主义核心价值体系建设提升到一个新高度。在新的历史条件下，如何培育、践行和弘扬社会主义核心价值观，是摆在全党和全国各族人民面前的一项重大的政治任务，更是民族预科基地不可推卸的历史责任和政治使命。

一、加强宣传舆论阵地建设，营造健康良好教育氛围

培育和践行社会主义核心价值观的前提是认知认同，关键是宣传先行。宣传教育要有针对性、突出实效性，做到春风化雨、润物无声，增进各族学生的情感认同、理论认同、政治认同，增强各族学生践行社会主义核心价值观的自觉性、自信心、自豪感。

（一）深入研究精神实质，形成思想共识

深入研究社会主义核心价值观的内涵及其具体要求，深入研究社会主义核心价值观先进性特质及其与西方资本主义核心价值观的本质区别，深入研究社会主义核心价值观有效引领社会思潮的途径，通过生动鲜活通俗的语言，把社会主义核心价值观的科学内涵和先进性讲清楚、说明白，深刻理解、高度认同、形成共识。

（二）运用各种现代媒介，建设舆论宣传平台

广泛运用校报、广播、微博、论坛、手机等多种载体，生动宣传社会主义核心价值观的内涵和要求。充分利用重大纪念日、民族传统节日等契机，组织开展形式多样的纪念、庆典活动，传播社会主义核心价值观。

二、把握意识形态的主导权，确保民族学生政治坚定

培育和践行社会主义核心价值观是民族预科基地党的建设的重要内容，是培养政治坚定民族人才的重要思想保证，也是检验党的组织建设成效的关键环节。

（一）把握意识形态教育的主导权

增强做好意识形态工作和宣传思想文化工作的自觉性、坚定性，巩固马克思主义在意识形态领域的指导地位。把马克思主义作为必修课，努力成为学习、研究、宣传马克思主义的坚强阵地。加强民族预科基地人文社科教育教学，提升思想政治理论课、哲学社会科学教学科研队伍和辅导员队伍素质。

（二）纳入党的建设重要工作范畴

把社会主义核心价值观列入民族预科基地党员干部教育培训的重要内容，作为党校的重点课程，作为党支部组织生活的重要内容，让广大党员干部在学习中深刻领会。把社会主义核心价值观融入党的思想建设、组织建设、制度建设和思想政治工作等各方面，引导党员干部努力做实践社会主义核心价值观的表率。

三、弘扬中华民族传统文化，强力构建和谐校园文化

社会主义核心价值观是校园文化建设的理论基础，校园文化建设是社会主义核心价值观的现实载体。校园文化建设必须紧紧围绕社会主义核心价值观，大力弘扬中华传统美德，建设优秀传统文化传承体系。

（一）弘扬以儒家思想为代表的中华文化传统教育

以孔子为代表的儒家思想是中华优秀传统文化的集大成者，对少数民族

学生进行儒家思想熏陶与教育，有利于促进民族学生对伟大祖国的认同、对中华文化的认同，有利于形成强大的文化凝聚力。民族预科基地应充分利用孔子这一非物质遗产资源，开展“弘扬中华优秀传统文化大讲堂”系列教育活动。

（二）促进各民族文化交流与校园文化建设相结合

中华文化灿烂辉煌，各民族共同缔造了伟大的祖国，共同创造了灿烂的中华文化。学校应以弘扬各民族优秀文化为目标，以促进民族文化交流为原则，以文化艺术交流活动为依托，相继开展内容丰富、形式多样、意义重大的文化艺术交流活动和研讨活动，加强校园文化建设，弘扬中华优秀传统文化，培育践行社会主义核心价值观。

四、培养学生的爱国主义情操，加强民族团结宣传教育

民族预科基地承担着为祖国培养高素质少数民族人才的重任，而民族团结教育是保障民族人才政治坚定的关键。开展民族团结教育，要立足引导，重在教育。遵循各族学生的认知特点和身心发展规律，注重理论与实践相结合，有重点、分层次、有针对性地进行教育。

（一）将民族团结教育纳入到民族学生道德教育全过程

将学生道德教育与民族团结教育相结合，使学生牢固树立“汉族离不开少数民族，少数民族离不开汉族，各少数民族之间互相离不开”的思想；开展民族团结教育专题讲座，以生动事例说明“团结是福，分裂是祸”的深刻道理。另外，可以聘请各民族为民族团结进步事业做出突出贡献的先进模范人物为校外辅导员，保证民族团结教育工作的顺利开展和有效开展。

（二）将民族团结教育与社会主义法制教育相结合

遵守社会主义法制是依法治校的内在要求，也是民族团结最基本的要求。开展社会主义法制教育专题讲座，让各族学生了解法律、遵守法律、维护法律；设置法制教育课程；建立社会主义法制教育教学基地。

五、充分利用课堂教学平台，构筑培育践行网格模式

把社会主义核心价值观融入课堂教学全过程，渗透到教学各个环节，坚持推进中国特色社会主义理论体系进教材、进课堂、进头脑，形成培育和践行社会主义核心价值观全方位、多层次、宽领域的网格化模式。

（一）重视民族理论与民族政策课程建设

整体规划民族预科基地民族理论与民族政策课程，进一步完善民族预科

基地课程标准和教材，建立民族政策宣教体系。编写与民族大学生特点相适应、以社会主义核心价值观为主导的高质量教材。

（二）将社会主义核心价值观渗透到各学科教学的全过程

通过课堂教学，把民族团结教育贯穿到教学、育人的全过程中，发挥好课堂教学主渠道的作用。在教学活动中，引导学生在学习和生活中践行马克思主义祖国观、民族观、文化观，增强中华民族大家庭的民族自豪感；在学生管理中，致力构建“又红又专”的高素质人才培养体系，使大学生在学习科学文化知识的过程中，不断接受社会主义核心价值观的滋养。

六、开展实践活动、深挖精髓，组织参观互访、增长见识

实践是检验真理的唯一标准，真理也只有在实践中才能得到升华。民族预科基地应深入开展丰富多彩、灵活多样的社会实践活动，把实践育人作为社会主义核心价值观培育的重要途径。

（一）从理解内涵着手开展实践活动

学生社团组织定期参加社会实践活动，深入边远基层、民族地区、革命老区和贫困地区，积极开展社会调查、志愿服务、科技创新等社会实践活动，使学生在改革发展的实践中亲身感受到中国特色社会主义的优越性，感悟社会主义核心价值的思想精髓，从而增强认同坚定性和践行自觉性，诠释升华社会主义核心价值观的时代内涵。

（二）创新形式深入开展实践活动

强化实践育人环节，加强学生实习实验，让他们参与公益活动和志愿服务，在实践中增强动手能力，了解国情民情，学会做人做事，培养和践行社会主义核心价值观。要充分利用班会、团队活动、升旗仪式、专题讲座、墙报、板报等方式，组织开展丰富多彩、生动活泼的竞赛活动；相关学科渗透，与学校艺术教育与素质教育紧密结合起来；组织师生参观互访，相互学习，积极开展帮学等活动。

七、弘扬中国梦时代主旋律，深入开展爱国主义教育

习近平总书记提出“中国梦”的概念，既与中华民族信仰密切联系，又与社会主义核心价值观一脉相承。民族预科基地应弘扬中国梦的时代主旋律，将中国梦的时代精神融入社会主义核心价值体系主题教育活动之中。

（一）深刻领会中国梦的时代内涵，紧密结合社会主义核心价值观

努力实现国家富强、民族振兴、人民幸福是中国梦的总体目标，坚持走

中国道路、弘扬中国精神、依靠中国力量是实现梦想的三大法宝。国家富强、民族振兴的基础在教育，关键靠人才。民族预科基地是培养民族人才的摇篮，关系到民族地区的繁荣与振兴，关系到中华民族伟大复兴中国梦的实现。

（二）深入开展中国特色社会主义和中国梦宣传教育活动

深入开展“爱学习、爱劳动、爱祖国”活动，以“三爱”教育引领校园文化建设。同时，深入开展节粮、节水、节电“三节”教育和其他主题教育，使之成为深入开展中国特色社会主义和中国梦宣传教育的有效载体，并作为学校教育的基本内容坚持不懈地抓下去。促进学生把个人梦想和民族梦想紧密融合在一起，把个人价值与社会价值紧密结合在一起，把个人命运与国家命运紧密联系在一起。

八、加强教师思想政治工作，建立师德建设长效机制

教师是教育的根本，师德是教育的灵魂。加强教师思想政治工作和职业道德建设，能有效推动社会主义核心价值体系在民族预科基地的积极构建。

（一）加强教师思想政治工作

加强教师思想政治教育，把社会主义核心价值体系建设融入教师思想政治工作全过程。确保教师坚持正确政治方向，遵守宪法和有关法律，坚持学术研究无禁区，课堂讲授有纪律，帮助和引领学生形成正确的世界观、人生观和价值观，全面提高青年教师思想政治素质和业务水平。

（二）建立师德建设长效机制

将师德教育纳入教师教育课程体系，弘扬高尚师德，弘扬主旋律，增强正能量。严格师德考核，促进教师自觉加强师德修养；建立健全师德年度评议制度、师德问题报告制度、师德状况定期调查分析制度和师德舆情快速反应制度；建立健全的违反师德行为的惩处制度，坚决遏制失德行为蔓延；建立师德建设领导责任制度，将师德建设工作落到实处。

九、倡导立德树人育人思路，实施综合素质教育工程

培育诚信、友善的道德品质，必须坚持德育为先，立德树人，把社会主义核心价值观融入民族预科基地德育工作的全过程，融入推行综合素质教育的活动中。

（一）启动立德树人工程

推动中国特色社会主义理论体系进教材、进课堂、进头脑。将社会主义

核心价值观贯穿到立德树人教育的各个环节、各个领域和各个方面，将践行社会主义核心价值观列为立德树人的重要内容。加强马克思主义中国化最新的成果教育，引导学生形成正确的世界观、人生观、价值观。

（二）推行综合素质教育

社会主义核心价值观应贯穿素质教育的全过程。推行素质教育应突出理想信念和爱国爱民教育，强调科学素养和人文精神教育，注重体育精神对健全人格的陶冶，塑造正确的审美观念和健康的审美取向。素质教育应体现在育人的全过程、各领域、各环节，形成制度化、常态化，研究制定“综合素质教育教学大纲”和“学生综合素质评价办法”。

十、建立经常长效工作机制，保障培育践行扎实推进

培育和践行社会主义核心价值观是关系中华民族千秋万代的基业工程、灵魂工程，必须建立经常化、长效化的工作机制。

（一）建立责任机制

学校把培育和践行社会主义核心价值观与教学工作、学生管理工作紧密结合起来，纳入目标管理责任制，制定规划，完善措施，扎实推进。

（二）建立督查奖惩机制

深入实际，调查研究，及时发现、总结和推广创造的新鲜经验，探索基本规律，改进方式方法，不断开创培育和践行社会主义核心价值观的新局面。褒扬一切符合社会主义核心价值观的集体和个人，使符合社会主义核心价值观的行为得到伸张，违背社会主义核心价值观的行为受到批评和惩戒。

参考文献

[1] 胡锦涛. 坚定不移沿着中国特色社会主义道路前进 为全面建成小康社会而奋斗——在中国共产党第十八次全国代表大会上的报告［R］. 北京：人民出版社，2012.

[2] 习近平. 在全国宣传思想工作会议上的讲话［R］. 北京：人民出版社，2013.

新形势下提升民族预科生综合素质的若干构建

张立文

[摘　要] 少数民族预科教育是我国高等教育的重要组成部分，是少数民族学生享受国家政策经历的特殊教育阶段，面临的机遇和挑战并存。素质教育并不是一种教育教学模式，而是一种理念，应当体现在各项教育制度的设计理念中，反映在相关的教育内容和方法上，要配之以切实可操行的管理教育内容。预科学生管理工作贯穿综合素质教育这条主线，这其实就是一个很好的抓手、着力点。本文从思想政治工作、心理健康成长、综合素质教育评价体系、团建促党建工作、学生社团建设、网络等媒介作用、社会实践活动、校园文化建设、马克思主义民族观、学生管理队伍十个方面的载体加以阐述，全面提升民族预科生的综合素质。

[关键词] 少数民族预科　综合素质　学生管理

少数民族预科教育是我国高等教育的重要组成部分，是少数民族学生享受国家政策经历的特殊教育阶段，面临的机遇和挑战并存。素质教育并不是一种教育教学模式，而是一种理念，应当体现在各项教育制度设计理念中，反映在相关的教育内容和方法上，要配之以切实可操行的管理教育内容。其素质教育的实质是要回答和解决好培养什么样的人和怎样培养人的问题，学生管理工作贯穿综合素质教育这条主线，这其实就是一个很好的抓手、着力点。在预科教育中我们坚持“以预为主，以补为辅，预补互促，综合培养”的办学指导思想。下面针对全面提升少数民族预科生综合素质，结合我校学生管理工作的实际做法与大家探讨。我认为有以下十大载体：

一、开创思想政治工作新局面，培养爱国主义情操

思想政治教育在保障高校的社会主义办学方向、促进人才成长和社会稳定等方面做出了极大贡献。目前，我校已把大学生思想政治教育纳入少数民族综合素质教育的培养之中，建立起协调发展的长效机制。以每周星期一升国旗为契机，以“我与祖国共奋进”和“感恩党的关怀”为主题进行国旗下

讲演，开展系列爱国主义教育活动；开展以时事为背景的主题班会活动；对新生进行军训，开展军事国防教育；以重大纪念日为契机，开展系列征文比赛、演讲比赛等活动。通过这些活动的开展，极大地激发了少数民族学生勤奋学习、爱国爱校、报效祖国的责任感和使命感。

思想政治工作是一项需常抓不懈的工作，应在理论引导上多下功夫，可考虑开设爱国主义相关选修课程，定期组织学生学习党的社会主义路线、方针和政策，培养学生的爱国主义情操。

二、构建心理辅导网络，保障少数民族预科生心理健康成长

心理咨询和心理健康教育作为大学生思想政治教育工作的一种新的实践和方法，以其独特的工作角度和作用方式，发挥着不可替代的特殊功效。

目前，我校成立了心理咨询室，由专职教师任心理咨询室的老师；成功组建了分校第一届心理协会；建立每班心理信息员制度；学生工作办公室的老师也协助做心理的辅导与疏通，每周用定期与不定期相结合的办法协助心理咨询老师进行心理咨询；在对新生进行心理测试、测量的基础上，建立心理档案。2012 年上学期邀请到了北京回龙观心理专家来我校为学生进行心理测试，发现了很多问题，因此，应在学生入学之初进行心理测试，建立学生心理档案；定期开展心理健康专题讲座，邀请了总校校医院的张颖老师为同学们讲授大学生青春期性及心理问题，为同学们解开了许多心理上的困惑。通过这些活动，发现了数十例心理上有问题的学生，由于及时发现，避免了出现更大的问题。通过这些不同途径的心理健康疏导与救济，形成了心理咨询网络，保障了学生综合素质的全面发展。

少数民族学生心理健康教育是综合素质教育重要的组成部分，是其他素质的基础和前提，我校应继续重视此项工作，比如在集中辅导和主动发现问题两个方面做得还不够。因此，应开设心理健康教育课程，讲授心理健康基本知识，对学生中较普遍的心理问题进行预防和集中辅导。利用校园网心理健康主题网站，例如利用 BBS、论坛、博客主页等来召集学生们进行网络讨论，学生辅导员加入班级 QQ 群等，与学生进行信息、情感交流或心理咨询。

三、完善少数民族预科生的综合素质教育评价体系

目前，我校根据实际情况制定综合素质评价办法，采取综合素质分数占整个学年成绩 30% 的办法，并相继制定了《北京理工大学民族预科生综合素质评价实施细则》《北京理工大学预科生综合素质评价办法（试行）》等，并印制了《综合素质评价》手册，做到“人人有档案，分分有依据，事事有考

核”，对于综合素质评价不合格的同学进行留级处理，及时通报目标学校。如果将来预科实施文化课全国统一考试，全国应实施统一标准的综合素质培养模式和考核标准；同时还应规定，综合素质分数不及格者不能进入本科、专科（高职）阶段的学习。

四、加强预科团建促党建工作，培养政治坚定的民族人才

按照《中国共产党章程》的规定，培养一名大学生党员至少需要两年的时间，而预科学制大都为一年，预科培养单位基本接受的是为数不多的中学培养的党员或预备党员，而我校又是直属党支部，在学生党建上存在两个方面的制约。因此，要通过共青团，以党建带团建，最终达到团建促党建的目的。

（一）党支部通过指导开展主题团日活动进行马克思民族理论政策的教育

预科阶段的学习是他们进入更高层次学习的第一个阶段，是一个对民族学生集中系统地进行马克思民族理论和党的民族政策教育的非常好的阶段。在直属党支部的指导下，我校目前开展主题团日活动，每两周一次，由团委组织部具体负责，团日活动多以辩论、演讲、讨论、参观、观看纪录片等形式举办，各班团支部书记具体执行，团委组织部考核。

（二）推荐优秀团员参加入党积极分子培训班的工作，努力为党输送新鲜血液

递交入党申请书的预科生逐年递增，反映了少数民族学生对共产党深厚的感情和认可。民族预科生以后将成为民族团结的拥护者、民族政策的执行者、党的民族事业的接班人，推荐优秀民族预科青年团员参加入党积极分子培训班意义重大。我校每年举办入党积极分子培训班，2013 年就从递交了入党申请书的近 200 名预科青年团员中通过班级推荐、民主选举、团委审核、支部讨论等程序选拔了 58 名入党积极分子。相继邀请了总校组织部具有高水平理论造诣的党务工作者为少数民族学员讲授党的理论课程，收到了良好的效果。

（三）开展团内创先争优活动，评选优秀团员

目前，我校每学期会开展表彰活动，评选优秀团员和优秀团支部，由于预科学制短，笔者认为应增加评选的力度和频率，每月开展评选先进活动，真正起到模范带头作用。

五、加强学生社团建设，构建学生活动新天地

学生社团是大学校园文化的重要载体，是大学生培养业余兴趣爱好、扩

大求知领域、拓宽交友范围的重要形式。学生社团相对集中地反映了学生在这一特定环境中所表现出来的文化底蕴、物质追求和修养水平，其所发挥的作用和现实意义以及对学生思维、能力等素质的培养提高是其他组织所不能代替的。

为建立多元化校园文化、丰富社团文化建设、开拓大学生第二课堂活动领域，我校团委先后指导成立了包括强学会、街舞社、瑜伽社、书法和美术社、跆拳道社、棋社、动漫社、绿协、金口才、会贤雅居、歌舞青春社、草原文化社、摄影社等 21 个学生社团，涉及政治、法律、哲学、易经、乐音、舞蹈等 15 个领域，发展会员 400 人。学生大都有自己所属的社团，社团直接接受团委社团部指导。实施社团干部例会制度，要求各个协会会长定期汇报工作；通过校团委积极为学生社团活动创造条件，为社团管理工作提供必要的经费。举办“大学生社团文化节”，学生可以感受成功幸福、品味实践之乐、畅谈人生理想、憧憬美好未来，真正发挥了“学习的场所、实践的基地、创新的乐园”的育人功能。我校已成功举办两届社团文化节，第二届社团文化节开幕式暨社团交流会于 2012 年 4 月 21 日举办。本届文化节以“精彩预科 · 放飞梦想”为主题，鼓励各学生社团从自身做起，以踏实的求学态度，良好的学习风貌创新社团工作。通过文化节的推动，逐步在全校社团上下形成良好的社团学习氛围。

当然，社团在审批、开展活动、政策把握等方面还存在一些问题。我们应大胆鼓励学生多搞社团，只要是不违背国家法律的社团都可以大胆审批，但是要在规范社团活动上多做工作，以做到有效指导和监管。

六、注重网络等媒介作用，搭建综合素质教育新平台

综合素质教育的载体要与时俱进，注重现代媒体的宣传作用，利用好高效便捷的现代化媒介是时代发展的需要，是实施综合素质教育手段的重要手段。目前，我校学校网页更新速度慢，综合素质教育多以面对面的传统教育为主，现代化的媒介利用率不高，宣传阵地不足，因此，我有以下几点建议：

（一）建立学生综合素质教育课程体系和评价体系的网络设置

学生应完成综合素质网络相关课程并经考试合格后方可获取相应学分（这个可以由教育部民族教育司统一教材）；评价体系可以通过网络答题等形式进行。

（二）建立学生综合素质教育交流网络信息平台

建立由学校领导带班、任课教师和学生辅导员（班主任）值班的信息交

流平台，学生可以匿名在网络上提出对综合素质教育的建议或意见，负责人做到有问必答，每天整理，形成及时整改的高效运作机制。

（三）利用建立QQ群、校园论坛、微博等网络交流形式

通过这些交流形式，全面了解学生的思想状况。

（四）重视校园网站宣传栏等新闻宣传作用

建议分校成立“新闻中心”。我校网站新闻宣传工作比较滞后，很多重大活动的举办因为报道不及时或者缺失，造成上级领导、师生或者社会上某些人对我们的工作缺少了解，不利于我们工作的改进和监督。建议增加室外宣传栏的面积，丰富宣传内容。目前我校宣传栏已远不能满足宣传的需要，在培训中心北墙开设宣传栏较合理，位置醒目且不占分校有限空间。开设党建、行政、团学、教学、文学、新闻等专栏，以图文并茂的形式开阔同学们的视野，提升同学们的综合素质水平。

七、开展社会实践活动，培养学生的创新能力

《北京理工大学民族预科生综合素质评价办法（试行）》明确规定，参加社会实践的学生可以获得综合素质分数4分，写实践报告的可以另加1分。可见，我校十分重视学生的社会实践能力，注重培养学生的创新能力。创新能力的培养重在培养创新的思维能力、动手操作和实践能力。大学预科阶段是青年人学习科学知识，增强创新素质的最重要的阶段，是个人能力提升最快的阶段，因此，培养预科生的高校必须在这期间加强对大学生创新能力的培养。我校通过开展形式多样的竞技比赛，激发学生的科技创新意识，最大限度地满足学生多方面发展的要求，激发学生各方面的才能。每年开展大学生辩论周、各种知识竞赛、微型小说大赛、寝室文化展示、书法比赛、寒假社会实践行动等活动，给同学们提供一个展示自我、挑战自我、激发自我的良好平台。

预科生在社会实践方面是薄弱环节，存在社会实践少、质量不高、功利心强的问题。笔者认为，学校应加以引导和规范，建立与目标高校的沟通合作机制，预科生可以到目标高校参加诸如各种技能比赛的社会实践活动，建立预科生社会实践基地。

八、加强校园文化建设，培养复合型民族人才

开展校园文明创建活动，是培养德、智、体、美全面发展的社会主义“合格建设者和可靠接班人”之历史使命的重要途径，是充分发挥环境育人功

能、提升少数民族学生综合素质重要条件。它主要具有独特的导向功能、凝聚功能、约束功能、激励功能、辐射功能等，主要内容包括各具特色的班级文化、宿舍文化和与之相适应的教室文化，努力营造积极向上、和谐共处、民族团结的文化氛围。通过营造文化氛围，为少数民族预科生全面了解汉文化打造基础，为综合素质培养提供环境条件。

我校深入开展以“提高当代大学生素质，弘扬儒家中华文化”为主题的系列活动。相继开展了“爱父母”的回报父母行动、“爱老、敬老、助老”的敬老院慰问行动等系列活动，还有青年志愿者活动、“学雷锋讲奉献”活动、学习上结对子的“一帮一”活动、文明礼仪倡议活动等。学校还定期和不定期地举办“丰富校园文化氛围，提升学生综合素质”系列讲座和文艺活动。这些活动引导学生崇尚团结、友爱、互助、奉献的精神，弘扬了助人为乐的优良传统，特别是让少数民族学生同内地文化紧密融合，使他们受到了良好的汉族文化的熏陶，全面提升了民族预科生的综合素质。

制度文化作为校园文化的内在机制，是维持学校正常秩序必不可少的保障系统。目前分校很多制度还不够完善，建议分校应进一步加强制度建设。

九、落实党的民族政策，树立马克思主义民族观

在少数民族预科学生当中开展综合素质教育，同普通高校开展的素质教育最大的不同，或者说肩负的另一个重大使命就是，要使培养出来的学生能够认同党的民族政策，能够树立民族团结意识。民族预科班的学生，在社会背景、地区差异、文化基础、语言环境等方面和其他大学生相比，有其自己的特点。特别是各民族独特的风俗习惯，都不同程度地对他们的思想和行为产生着重要影响。因此，我有以下几点建议：

（一）建立少数民族风情馆

宣传各个民族的民俗、信仰和习惯，不同民族的学生可以到民族风情馆学习本民族和其他民族的历史风俗习惯，只有很好地了解了其他民族的情况，才会更好地与其他民族同学相处、互相尊重。

（二）开展民族团结教育月活动

学校除了开设民族理论与民族政治课程之外，还专门就民族团结问题召开专门的讲座。在新生入学之际，安排民族团结教育大会。通过观看爱国主义体裁的纪录片，进行意识形态方面的爱国主义教育，使培养出来的民族人才既是知识科技精英，又是社会主义的合格接班人。开展以介绍各个民族风俗习惯为主题的知识讲座、民族团结主题班会、民族团结知识竞赛等活动，

尊重少数民族风俗习惯，维护民族大团结局面。通过举办各个民族之间的联谊活动，增加民族之间的友谊和融合。

（三）开展民族团结先进集体和个人的评选活动

诸如“民族团结大使”“民族团结先进集体”“民族团结先进个人”等评选活动。

（四）建立民族团结和民族政策的宣传馆

全面介绍各个时期、每个民族出现的民族团结先进事迹，以榜样的力量激励少数民族预科生。全面细致地介绍宣传中国共产党的民族政策和民族理论。宣传馆可聘请兼职或专职讲解员，不仅为民族学生了解历史提供了窗口，达到了教育学生的目的，也是我校对外接待的一个特色，突显了民族办学特色。

（五）积极开展民族知识与政策等学术讲座

牢固树立“三个离不开”（汉族离不开少数民族，少数民族离不开汉族，各个少数民族之间也互相离不开）的思想，加强对任课教师、班主任、辅导员、学生干部的培训和教育，教育和引导民族学生树立正确的民族观、宗教观和祖国观。

（六）把民族团结教育同维稳工作结合起来

加强学校的危机预防机制，通过集中辅导、小组讨论、新生入学教育等活动开展法纪和校纪教育；要建立一支辅导员、任课教师、学生骨干和学生党员组成的政治素质高且责任心强的信息员队伍，在党支部的领导下开展工作；此外，还要防止个人问题群体化、个体问题民族化。

十、建立一支稳定的高素质的学生管理队伍

对少数民族预科生实施素质教育，教师应先行。预科辅导员和班主任是最直接，最基层的管理人员，他们的素质高低直接决定或者影响培养的民族学生质量高低。因此，要树立预科辅导员和班主任大服务的思想，全面提升辅导员的素质和水平。

（1）要增加辅导员的培训课程，鼓励支持其多调研，以增长见识，开阔视野。

（2）提高辅导员和班主任的思想教育能力。

（3）提高辅导员和班主任的工作积极性，制定奖惩制度。

（4）增设辅导员助理和班主任助理制度。辅导员助理可以按“自愿报名，

择优选用，一年一聘，适当补贴”的原则从任课教师中选拔，班主任助理可以从优秀学生中选拔。

总之，要以开放、创新、精干、高效为原则，建立一支综合素质优良、专业理论功底扎实、师德高尚、锐意开拓、具有较高管理水平和较强实践能力的专业学生管理队伍。

通过以上十个方面的载体，全面提升少数民族预科生综合素质，要始终坚持以爱国主义教育为核心，以校园文化教育为重点，以民族团结为原则，以人文精神为指导，以综合培养为目标，按照“全面发展、德才兼备、有效育人”的思路，促进民族预科学生德、智、体、美、劳全面发展。

参考文献

[1] 张耀灿，等．现代思想政治教育学［M］．北京：人民出版社，2001.

[2] 艾比布拉·胡贾．进一步办好民族预科教育，培养更多的少数民族人才［J］．民族教育研究，2007（4）．

民族预科学生自主学习引导模式探讨

魏　平

[摘　要] 自主学习是在知识经济全球化时代的大背景下提出的教育理念。本文讨论的核心问题是在民族预科学习阶段如何培养学生的自主学习能力。通过建立民族预科教育自主学习引导机制，使民族预科生在预科教育阶段中强化学习能力，培养学习的自觉性和主动性，形成终身学习的学习理念。在建立自主学习引导机制中，就学校的环境作用、教师的引导作用以及学生的能动学习作用等方面提出了相应的策略和评价方式。并强调了教师在引导机制中所起的关键作用。本文从民族预科教育的层面上对在预科教育中如何促进民族预科生的自主学习能力作了一些探讨和实践，意在促进民族预科教育教学改革。

[关键词] 民族预科教育　自主学习　引导模式

一、研究背景

民族预科教育是从少数民族地区的实际出发，为民族地区培养合格大学生，在高等学校设立的向本科教育过渡的特殊教育层次。我校是教育部六个少数民族预科培养基地之一。学生来自属于“985”“211”及民办本科等十几个不同层次学校招收的少数民族学生。

（一）生源特点、教育定位

学生主要来源于老、少、边、山、贫地区。这些地区由于地域和历史的原因，经济普遍欠发达，教育资源欠缺，教育质量也相对落后，加上在中学阶段所受“应试教育”的影响，大部分学生基础都比较薄弱，普遍缺乏独立自主的学习精神和开发自我、依靠自我的学习能力。这是导致他们视野不够开阔、知识面比较狭窄、学习方法欠佳、学习质量不高的重要原因；有相当一部分学生有自卑心理，对个人缺乏自信，对外界的评价敏感。

民族预科教育的定位是“以预为主，以补为辅，预补结合”。因此，确定在立足于提高民族预科学生全面素质和创新能力的基础上，确定其教学原则是“重视基础课教学，加强能力培养，推进素质教育教学”。通过一年的预科学习，达到或超过当年普通高校录取新生的文化水平，并在教师的指导下，形成学会善于学习、自主学习的能力。

（二）现代教育理念及目标

21 世纪这个信息社会要求教育必须走向现代化，其目标是“培养具有高度创新能力和信息能力的新型人才”，而不强调直接教给学生大量的知识并确保有较高的教学质量和教学效率；培养方法应灵活多样，不受时间、空间、地域的限制，能适合各种学科并能满足终身教育、全民教育的需求。教育终身化和教育技术的现代化是当前教育的主流，教育的目的从知识教育转到了学习教育。

（三）现代教育对预科学生、预科教师的要求

学校教育不仅是人生接受终身教育的一个阶段性行为，而且是接受终身教育的基础性组成部分。预科阶段，学生处于大学校园开放性的学习氛围，没有了高中阶段的升学压力，学习内容也不是全新的大学内容，这都为预科学生去探索适应自己的、有效的学习方法提供了时间。利用预科生好奇心强、求知欲旺、对新鲜事物高度敏感的特点，教师需通过教学方法、手段的改变，让学生认识到学校、课堂、书本不再是知识的唯一来源，教师必须引导预科学生进行发现学习、自主学习，为接受终身学习打下基础。

二、自主学习引导的意义及内涵

（一）国内外研究现状

自主学习是当今世界各国教育界研究的热点之一。国外最早提出自主学习思想的是古希腊哲学家苏格拉底。在学与教的关系上，他强调学生的主动思考和学习的首要地位，认为教师的重要作用是引导、协助学生学习，而不是支配学生学习。从 20 世纪 60 年代至今，国外出现了若干自主学习研究的理论学派和许多著名的自主学习模型。与国外自主学习研究相比，我国关于自主学习的研究也有着十分悠久的历史。早在战国时期，教育家孟子就曾指出：“君子深造之以道，欲其自得之也”。在他看来，一个人要获得高深的造诣，须靠自己积极主动地学习。近年来我国教育工作者围绕自主学习的概念、价值、特征、方法等进行了深入研究并取得了一定的成果。但是对于自主学习的基本问题，如心理机制、能力的发展、学习能力的测量，目前还没有得到很好的解决。

预科教育作为进入本科教育通向终身学习的重要阶段，预科学生自主学

习的能力特别是自觉的、自控的终身学习能力和创新学习能力的培养就显得尤为重要和紧迫。

(二) 研究的意义

1. 引入自主学习、推进教学改革、实现教学相长、提高教学质量

长期以来，“传道、授业、解惑”一直是我国教师奉行的教师准则。教师将传授前人积累和整理的知识作为教学工作的全部，忽视学生运用知识的拓展能力、实践能力和创造性思维能力的培养，而学生则以单纯被动接受教师所授知识作为自己全部学习的任务，学生在教学中处于被动从属地位。这种教育方式培养出来的学生综合素质低，难以适应不同层次民族预科学生的成材需求。

研究如何引导学生自主学习，不仅可以促进学生自主学习的能力，也可以进一步有效地推动改进教师的教学，提高教学效果，实现教学相长，促进预科教育教学改革。

2. 促进预科学生的自主学习，培养学生的实践能力、创新能力

自主学习，是未来国家发展的需要。倡导以人为本、以学生自主发展为本，这是时代的呼唤和社会的要求。21 世纪是知识经济时代，强调知识的创新及其应用，而自主学习的教育思想和教育方式，有利于预科学生独立人格和良好心理品质的形成，有利于培养他们主动求学、积极探索的精神。是培养少数民族创新人才的良好方法和有力保证。研究如何引导培养和提高预科学生自主学习的能力，也是弥补其学习的个体差异的最有效途径。

(三) 自主学习的内涵

1. 定义

自主学习相对于被动学习、机械学习、接受式学习而言是一种自觉主动的学习。自主学习要求个体对为什么学习、能否学习、学习什么、如何学习有自觉的意识和反应。自主学习可分为三个方面：一是对自己的学习活动的事先计划和安排；二是对自己的实际学习活动的监控、评价、反馈；三是对自己的学习活动进行调节、修正和控制。由此可见，自主学习就是独立学习。

根据国内外学者对自主学习的研究，我们认为，自主学习是一种学习者为主体的学习方式，即学生在教师的指导下，根据课程特点、自身的条件和需要，自觉地运用学习策略主动有效的学习方式。它是实施各种学习方法、达到学习目标、提高学习能力的基础。

2. 特征

自主学习具备下列特征：主体性、独立性、相对性、选择性、创新性。

（1）主体性。即在教学过程中，是以学生为中心，强调教师在自主学习中不再是知识的传授者，而是教学内容、教学过程、教学活动的组织者。

（2）独立性。在学习活动中，由自己对学习的各个方面做出选择和控制，包括目标的制定、学习方法的选择、学习活动的调节。对民族预科学生而言，自主学习不同于自学，不是自身完全独立地学习，而是在自主学习的过程中仍离不开教师的指导和帮助。

（3）相对性。在学校环境中，由于教学本身的特点，学生在自主学习的过程中需要教师的指导。民族预科学生由于进校层次差别较大，反映出的学习自主性也各不相同。自主学习是在一个完整的教育服务体系下主动地学习，因此它并不等于完全地独立学习。

（4）选择性。自主学习尊重学生的个别差异。学生根据自身的条件和需要，在综合评估的基础上，制定出具体的学习目标，开展有选择性、有针对性的学习，并对学习结果做出自我评估。

（5）创新性。以探索和求新为特征，属于自主学习的最高层次。学生在自主学习的过程中，根据已有的知识基础，通过对各种问题的分析与探索，创造性地运用所学习的内容去适应新情景、探索新问题、采取新方法，从而实现对知识的创新。

三、民族预科学生自主学习引导策略

（一）开展自主学习引导学校应具备的因素

预科学习的自主学习离不开学校环境与资源的支持，也离不开教师的指导。若要在教学中积极引导学生自主学习，首先要为自主学习引导的开展创造良好的外在环境，即学校相关管理制度、评价制度、资源等的支持。确立“以育人为本、以学生为主体、以教师为主导”的教学理念。

1. 教师因素

教师是学生自主学习的指导者，应使教师在关注本学科课程知识的同时，更加关注学生的学习能力和探究精神的培养，重视学生的个体差异，因材施教。采用多种教学方法激发不同学生的潜质和潜能，根据其学习兴趣、学习能力引导他们自主学习。

2. 管理与评价制度

教学管理是以高校教学的全过程为对象，遵循教学活动的客观规律，对教学工作进行决策、计划、组织、实施、检查、总结等管理的活动，目的是最大限度地调动教师和学生的积极性，以保证教育教学目标的实现，学校教学管理是促进自主学习的重要保证。其管理水平的高低直接影响民族预科教育与教学的成效。随着民族预科教育教学研究的深入发展，改革传统的管理模式和手段正成为当今民族预科教育教学改革的必然要求。

3. 教学工作质量评价与激励机制因素

评价对教学实践活动具有不可忽视的导向、鉴定、改进、激励和管理作用，构建新的教学评价体系，是影响民族预科教育教学中实施学生自主学习引导的重要因素。学校要建立一套针对整个课程教学的全程性评价模式，新的教学评价模式包括以下几下方面：①课程教学的三个阶段：课程教学的准备阶段、中间阶段和期末阶段。在每个阶段设置不同的教学评价指标，确保教学评价的层次化、透明化；②教学评价内容包括教师独特的教学风格、课前准备、教案、课堂教学设计、资源的利用、作业的设计与批改、学生的综合成绩、试卷等方面；③教学评价主体多样化：专职督导、同行评价、管理人员评价、学生评价。在此基础上完善教学激励制度也是调动教师教学积极性、培养教师创造能力的关键。

4. 教学资源建设因素

教师引导学生自主学习离不开多种教学资源的支撑，所以，教师应充分利用现代信息技术，构建网络教学平台，组合各种优质课程教学内容，提供各类数字化文献，为教师和学生提供丰富的教学学习资源。

（二）自主学习引导课堂教学策略

每一门课程的教学都是一个完整的过程，教师若要有效引导学生自主学习，必须在课程教学的始终都要为学生创造自主学习的条件。

1. 制定详尽的教学组织方案

引导学生自主学习的重要特点是改变学生的学习方法，使学生由被动学习变为主动学习。在充分了解学生的基础上；依据教学目标、课程特点、教学各环节，制定详尽的教学组织方案及文档资料库，包括教学大纲、课程运行图、实验项目一览表、实验组织管理办法、考核方式、学生反馈意见表，从教学目标、教学内容、教学资源、教学方法等多个方面引导学生自主学习。在教学内容方面，明确自学与在课堂上师生共同探讨的内容。在教学资源方面，为学生提供多种渠道，使他们获取本课程的相关资源，促使学生对课程知识主动进行检索。在新课开始前，教师指出学习目标，提出自学的相关要求指导，让学生带着思考在规定的时间内做好与查阅课程相关资料的自主学习。

2. 构建积极的课堂环境

课堂理论教学是教师引导学生自主学习的重要场所。作为与传统的授受式教学不同的教学方式，检查自主学习的情况，发现自主学习的问题，共同探讨解决问题，从而引出新教学内容的相关问题，是积极引导学生课前自主学习的重要内容。

（1）确定学习目标和学习计划。

学生只有明确自己的学习目标，才能知道自己需要学习什么，应达到什么标准，才会积极主动地为学习目标努力。在自主学习形式下，学习目标的制定成为教学的一个重要环节。由于民族预科学生基础及能力差异大，需求不同，因此学习目标需要因人而异。教师应让学生参与学习目标的确定，使学生将教学目标内化为自身的需要，从而激发学生的学习动机，引导学生自主学习。同时教师还应指导学生根据自身的学习特点制订合理的学习计划，以保证学生自主学习的持久性。

（2）教学方法多样化。

教师根据教学目标、课程特点、自身教学优势、学生学习特点，选择合适的教学方法，如讨论式、案例式、问题式、情景式教学，每一种教学方法都有其特定的使用条件，这就是教无定法。寻找适当的教学方法组织实施课堂教学，激发学生学习的兴趣与积极性，引导学生主动参与教学。

（3）课堂管理方式及氛围的创建。

在日常课堂管理中，教师应重视学生的差异性，认真观察学生的课堂学习情绪、注意力、积极性，并根据学生的课堂反应，及时改变教学方法。通过课堂问题创设，建立积极的学习氛围，用精心准备的问题、激励的语言、直观的教学内容促使学生主动探索，引导学生自主学习。

3. 改善课程教与学的方式

采用双向交流式的课堂教学，加强教师与学生之间的互动，引导学生主动思考与探索。在课堂教学过程中，教师应根据课前教学安排与课堂教学需要，实时对学生自主学习的情况进行检查，以培养学生在课前自主学习的习惯。

课堂讨论不仅是帮助学生掌握知识的主要形式，也是激发学生学习兴趣、训练学生自主提出和解决问题能力的有效途径，对促进学生自主学习有着重要帮助。通过过程检查、课堂讨论加强教师与学生、学生与学生互动，从而增强学生思考问题、提出问题、解决问题的兴趣。

（三）自主学习引导课外教学策略

学生的自主学习主要体现在课外学习中，如何有效引导学生在课外自主学习，这是教师的重要任务，也是教学过程中引导学习自主学习的重要教学环节。

1. 精心设计课外作业

课外作业是教育输入的关键部分。关系到学生的知识扩展程度、信息反馈及效果评估。针对预科学生自主学习不断增强的特点，应提高课外学习的量与质。作业内容应多样化，包括复习巩固课堂学习的理论性习题、操作性作业、更深层次的探讨题、问卷调查、资料收集等，以便更好地激起学生的学习兴趣。同时通过作业批改、提问、口头汇报等检查学生课下作业的完成情况，引导学生积极主动地在课外自主学习。

2. 课外自主学习引导

通过与学生的网上学习与交流、网上答题与讨论、网上作业与批改，网上自主学习情况的实时反馈，建立学习小组，信息共享，改进学生的自主学习方式。同时应根据课程特点为学生提供多种课外教学资源，包括网络教学平台、参考书目、精品课程网站、测试题库等，以拓展预科学生的知识面，加深对课程及相关知识的理解，将课内与课外教学有效结合。

（四）建立多元化自主学习评价方式

学习评价是影响学生自主学习的重要因素，要因课制宜，根据不同课程的特点及教学目标建立多元化的综合学习评价方式，实行形成性、与终结评价相结合、课内教学与课外自主学习相结合的全程评价。通过多元化的评价方式，促进学生在学习的每个环节都积极主动地学习与探索，从而有效引导学生自主学习。由于学生是不断发展中的个体，课程内容也随着科技的发展不断地变化，因此这种多元化的评价方式也应该是全面地发展的。同时评价要考虑到学生个体的差异性，并应贯穿于课程学习的全过程。

评价内容多元化，涉及课堂表现、实验操作、习题作业、实验报告、论文发表、期末考试、参与学科竞赛、参与课题研究等多个方面；将有效地促进学生课内外自主学习能力的提高。

评价主体多元化，评价者可以是教师或教师小组，学生或学生小组，或家长，评价不再单独局限于教师本身对学生的评价，这种评价主体多元化，可促进学生提高对自身的学习要求，并通过各个方面的评价获得自主学习的成就感。

评价手段、方法应多元化，应采用教师评价与学生自评、互评相结合，书面材料评价与学生口头报告、活动、展示相结合，定性评价与定量评价相结合等多种方法，在实际教学中，应根据课程的性质与特点不同，加强课程考核的改革，最大限度地鼓励学生自评或互评，在课程学习中找到彼此间的优缺点，增强学生的竞争与合作意识，促使学生更加主动自主地学习。

学习评价是全过程的。积极的评价可增加学生自主学习的动力，适时的批评可使学生认识到不足并加以提高。

学生自主学习引导方案的设计使教师不再是知识的传授者、灌输者，而是学生学习的引导者、组织者、帮助者、促进者。在学生自主学习引导过程中，教师始终处在教学组织的中心位置，起到的是核心作用。这是对教师的能力和教学水平提出的更高层次的要求。

参考文献

[1] 教育部. 面向21世纪教育振兴行动计划 [R]. http://www.gzxw.gov.cn/Nczxx/Zcfg/200812/49519.shtm. 2008-12-08.

[2] 庞维国. 论自主学习——学与教的原理和策略 [M]. 上海：华东师范大学出版社，2003.

[3] 庞维国. 论学生的自主学习 [J]. 华东师范大学学报，2001，20 (2)：78-83.

[4] 田先芝. 大学生自主学习状况与阅读策略关系的研究 [D]. 重庆：西南大学硕士学位论文，2008：5-8.

民族预科计算机课程教学与实践

潘加林

[摘　要]“大学计算机基础”课程是非计算机专业学生掌握和应用计算机的基础教育课程，在当前新的形势下，如何提高计算机文化基础课程的教学效果已成为一个新的课题。结合在“大学计算机基础”课程教学过程中进行的思考以及从教学过程中得到的体会，本文分别从教师自身素质、教学内容、教学方式和上机实践四方面论述如何提高该课程的教学效果。

[关键词] 民族预科　计算机课程　教学　实践

在当今信息社会，信息技术日新月异，计算机应用能力已经成为当代大学生必须掌握的知识和能力。“大学计算机基础”作为非计算机专业学生认识、掌握和应用计算机技术的入门课程，在当前不断变化的新形势下，如何改进非计算机专业大学生“大学计算机基础”课程的教学模式、调动学生学习的积极性、提高学生对计算机的实际应用能力，是值得我们深思的问题。因此，有必要对该课程的教学进行认真的回顾与反思，不断进取、不断发现问题并解决问题，提高课程的教学效果，真正达到课程设置的目标。

一、“大学计算机基础”课程教学中存在的问题

（一）学生基础水平差距大

基础的极不平衡给教学工作带来了很大的困难，基础差的同学学习起来吃力，而基础好的同学对于简单的已经掌握了的一些东西不愿意继续学习，在这种情形下，如果继续采取照本宣科的教学方式，很难取得好的教学效果。

（二）教学内容不灵活

“大学计算机基础”这门课程的特点是范围广、知识面宽，涉及计算机硬件、操作系统、办公软件、计算机网络以及多媒体、数据库管理等内容。一般情况下，很多学校设置了很多学科，而课程基本建设是按照全校统一的形

式来实行，教学内容全校统一，没有按照专业的特性来考虑，这种教学方式影响了“大学计算机基础”课程教学的效果。事实上，各个专业在计算机应用方面有不同的需求，例如经济类学生在以后的学习中对 Excel 等便于统计、计量的工具使用的会比较多；而对自动化专业的学生来说，有些内容在后续的教学中还设置了专业课的学习，而有些内容如办公软件则不会再介绍。因此，考虑到专业需求的不同以及后续课程的设置情况，教学内容应该动态多变，特别是在当前学时越来越紧张的情况下，如果按照教材章节来进行教学，可能会造成有用的东西被忽视，给后续课程的学习带来困难。此外，计算机科学技术以及计算机网络技术已飞速发展，而教材的更新远远跟不上技术的发展，如果对一些已经过时的、淘汰了的技术还在详细地介绍，将不可避免地影响计算机课程教学内容的先进性。

二、提高“大学计算机基础”课程教学效果的对策

（一）提高教师自身的素质

随着计算机技术和网络技术的飞速发展、学生素质的不断提升，教师一劳永逸的教学方式已经无法满足教学的需要。教师应通过不断学习来提高自己的知识和水平，跟踪国际国内计算机领域先进技术，不断学习新的教学方法，灵活运用多种教学手段，精心备课，认真组织每堂课的教学内容，充分调动学生的积极性，最大限度地提高教学效果，必须不断学习新的教学方法，掌握新的知识。例如在讲计算机网络方面的知识时，课程内容多、课时安排少，很多学生难以理解，如果在讲课时能够结合生活举一些生动的例子，将有助于学生对知识的理解和掌握。例如对网络域名和 IP 地址之间的关系，可以用电话本里面名字和电话号码之间的关系来描述，域名是某个人名字，而 IP 地址是某个人的电话号码，如果你在手机电话本里面查找某个人的名字，再按拨号键，电话就拨出去了；事实上，在通信过程中使用的是电话号码，而不是名字。因此，在上网时，域名实际上先转换成 IP 地址，这功能就是由 ARP 协议来实现的，虽然这样的比喻不完全准确，但是学生们很轻松地就能理解域名、IP 地址以及 ARP 转换的含义。

（二）改革教学内容与方式

1. 教学内容因材施教

对于不同的专业，其教学内容应该有所偏重。就拿自动化专业来说，MS-DOS 的操作在后续的 C 程序设计、单片机编程等课程学习以及网络命令应用中经常要用到，而目前的教材，很多情况下主要介绍操作系统的基本概念以

及文件和文件夹的基本操作等内容。对于自动化专业来说，这种重要的内容就要灵活地嵌入到“大学计算机基础”课程教学中来，不能简单地按照教学大纲盲目进行，教学内容应充分考虑到学生的专业特点，尽量与学生所学专业结合起来，对教学内容做出取舍和补充，做到学以致用，让学生明白学好这门课程对后续课程学习的重要性，提高学生对这门课程的学习兴趣。此外，计算机技术和网络发展快、知识更新迅速，如果墨守成规，有些东西已经过时了，还在认真仔细地按照教材讲解，则会造成时间的浪费。因此，该课程的教学内容应该动态变更，补充介绍一些当前相关的先进技术，让学生能够实时跟踪当前的先进技术，体现教学内容的先进性。

2. 采用灵活的课堂教学方式

由于这门课的课时安排包括教学和实验，教学的课时一般不多，而教学内容覆盖面宽，涉及计算机硬件、操作系统、办公软件、计算机网络等内容，内容比较零散且不够深入，很多内容仅仅是简单介绍。而这门课程常常采用多媒体教学，很多情况下采用简单的幻灯片演示，在教学过程中，教师不停地机械式地介绍课件上面的内容，有时学生还没有怎么明白，就一晃而过了，这种方式无法激起学生学习的兴趣，时间一长，就容易引起学生的厌学情绪。而很多基础较好的同学，对这种简单的照本宣科不屑一顾，开始做与本课程学习无关的事情，既干扰了课堂教学气氛，又影响了其他同学的学习情绪。在这种新的形势下，教师如何采用多种教学方式吸引学生、激发学生的学习兴趣，成为一个值得研究的课题。在这种情况下，可以采用案例教学法，注重理论与实践的结合。教师可以根据章节的内容，先演示一些效果较好的案例，让学生有一个感性的认识，然后再将要讲述的内容嵌入该案例里面，一步一步讲解，这样使学生明白仅仅会用还不行，还要用得好。例如，在讲解Word时，可以先演示一份图文并茂的精美简历，让学生明白，学会Word在以后找工作时还会用得上，同时，边操作边讲解，学生一般不敢开小差，否则有些内容书上还找不到。例如在上PowerPoint这一章节内容中，我们可以给同学们放映成果汇报或者是项目答辩的演示文稿，让同学们明白“要做好一件事情，没有最好只有更好”的道理，包括一种色彩的选择、字体选择有时要花上很多时间。当他们看到效果后，计算机基础好一点的同学也明白自己仅知皮毛、学无止境，从而端正自己的学习态度。在吸引了大家的注意力之后，我们再将所要教学的内容穿插在演示文稿的制作过程中进行讲解，使大家明白做出这样的效果需要注意什么、掌握什么知识，这样，教学效果就会比传统的授课效果好。此外，在多媒体教学过程中，如果仅仅是教师不停地讲，特别是在内容较多、速度比较快的情况下，学生有时感觉到跟不上而放弃听课。如果这时教师不想办法吸引学生的注意力，就更容易使学生走神。因此，在课堂教学中，有时要穿插一些简单的经典案例故事、操作技巧，以及所学习的知识在实际生活中如何应用，或者穿插一些互动式提问、讨论来给学生更多的思考机会和创造空间，活跃课堂气氛，做到讲解生动，达到吸引学生注意力的效果。例如在讲解计算机硬件的时候，可以介绍一些计算机简单故障的判断和处理方法，这些来自生活中的、工作中的经典应用案例的讲解，很容易吸引学生的注意力。

（三）推行实践式教学模式

在计算机基础教学中，利用计算机优势进行实践教学，对提高课堂教学效果、提高学生的实践操作技能是行之有效的。不断淡化理论，突出实践，把学习的主动权交给学生，让学生在亲身实践中品尝艰辛和乐趣，从而培养他们的独立操作能力。

1. 注重“精讲多练”

让学生在“做”中学，满堂灌的教学方式早已不适合实践性很强的计算机基础课，所以教师在教学过程中应坚持精讲多练。所谓“精讲”，就是在教学中不是面面俱到，而是要讲清课程的要点和基础知识，教会学生学习的方法，让学生亲自动手实践，在实践中掌握方法、获得真知。所谓“多练”，即让学生多上机操作，其目的是从培养学生的操作技能入手，让学生多动手、多动脑，提高操作的准确性、迅速性、灵活性和协调性。

2. 边讲边练，讲练结合

如果教师在授课过程中，只追求进度，不给学生充足的练习时间，一味地要求学生一个操作接一个操作快速地学习，那将导致学生当时好像掌握了，而课后却全部忘记的结果。边讲边练、讲练结合的教学方式就是整个教学过程在机房进行，教师可以随时让学生练习。具体做法就是教师上课前要认真分析教材，制作一些适合于本课的演示教学课件，考虑好什么时候该讲课，什么时候该让学生练习；教师能统一控制学生用机。这种教学方式具有实效性，学生可以及时发现问题、提出问题，教学过程是双向的。在教学过程中，教师针对授课重点和难点在一个能操作的环境下，采用讲解、操作相结合的方式，让学生能看到具体的操作环境、各种操作规定的具体应用、操作过程中的各种变化信息、操作结果的表示方式等，学生能灵活运用各种操作规定、看懂各种变化信息、掌握操作过程中出现各种问题时的解决方法等。

3. 一堂讲、一堂练

目前，不少学校计算机教学用的是单机房或者是无盘工作站的网络机房，还有一个或几个为各科教学而设的配置有大屏幕实物投影仪的多媒体教室。在这种配置情况下，整个教学过程若在机房进行，会产生以下的问题：由于学生的操作不能统一管理，有些不自觉的学生就各行其是，自己操作，课堂纪律较差，教师的讲授效果甚微。为此，在教学中一堂讲、一堂练的教学模式，就能收到事半功倍的效果。所谓“一堂”并不是一个量化的概念，将课时一分为二：一半上机，一半上课，而是根据实际需要，有时在教室上课，有时在机房练习。需演示教学课件的计算机基础知识课，就在大屏幕多媒体教室实施教学，而操作性比较强的 Word 文字编辑、Excel 电子表格操作课，教师在大屏幕教室讲授，学生练习在机房进行。以 Word 文字编辑为例，教师先在有大屏幕投影仪的多媒体教室上课，通过对文字编辑操作步骤的演示讲解（大屏幕投影仪能够将计算机上的信息直接送到投影屏上）使学生对操作步骤有个基本的掌握，第二次课就给学生一些任务，让他们通过上机自己实践，进行巩固学习。这样，教学过程既集中又分散；教师既传授了知识，又提高了课堂效率；学有余力的学生既可以根据自己的实际情况巩固练习，又可以在完成本课程任务后，深入学习其他知识。

4. 加强巡回指导

不管是采用哪一种模式，学生在上机实践时教师一定要加强巡回指导。因为实践教学法强调学生“实践”，课堂中大部分时间学生在实践练习，在学生上机时，教师不能坐在讲台上做自己的事情，一定要在下面巡视，及时解答学生的问题，同时要主动细心观察学生的操作，发现问题及时纠正。有代表性的问题要统一讲解。老师忙不过来时，可随意指定一些“辅导员”（不一定是成绩很好的同学），让他们解答同学的问题，这样可以充分调动学生的积极性，提高他们学习的热情，从而提高学习效率。

另外，在计算机课教学中，要充分发挥学生的主体性和创新性。在实际操作中，可以结合课堂上所讲的内容让学生们自由发挥，教师有意识地加以引导，将实践课变得生动活泼，增强学生学习的兴趣。运用金山画王笔软件和窗户中的画图教学，举办电脑制作绘画展，成立贺卡课外兴趣小组，激发学生的学习热情；在指导学生进行 PowerPoint 幻灯片制作的教学实践中，把简单的电子文稿的演示逐渐转入电子动画的创作，让学生结合自己学过的电子绘画、电子音乐进行创作，运用多种电教手段充分发挥他们的想象力，定期为学生们展示他们的动画作品，从而提高他们的创作热情和学习兴趣；把简单易学的电脑图片处理软件和传统的摄影相结合，指导学生对照片进行再加工，这些都能极大地提高学生学习计算机的积极性。

总之，在民族预科生学习期间，教师应充分调动学生学习计算机相关基础知识的积极性，让学生有更多、更广泛的接触计算机知识和技能的机会，尽快掌握计算机这一辅助工具。同时，改革也给民族预科学校公共计算机课程的授课教师提出了更高、更多的要求，需要其不断探索教育教学研究方法，也要不断提高自身的专业理论和实践水平，以适应日新月异的计算机技术的发展和快速推进的高校教育改革，提高学生学习的积极性和教学效果，这是计算机基础教育工作者共同的使命。

民族预科素质教育评价办法相关思考

潘加林

[摘　要] 21世纪的少数民族预科教育面临着重要的挑战和发展机遇。加快预科教育的改革与发展，既是适应民族教育发展的要求，也是教育创新之举。预科教育的改革与发展的措施是：以发展为动力，坚持教育创新；提高预科教育质量，增强对预科教育扶持的力度；进行结构调整，把少数民族预科办成国内知名的民族教育形式；预科教育的改革与发展必须依赖于建立一支创新型、高素质的教师队伍和管理干部队伍。

[关键词] 民族预科　素质教育　评价办法

当我国跨入21世纪，进入全面建设小康社会、加快推进社会主义现代化的新的发展之际，民族高等教育也步入了一个新的发展阶段。中国共产党第十六次全国代表大会的报告，明确要求提高全民族的思想道德素质、科学文化素质和健康素质，形成比较完善的现代国民教育体系、科技和文化创新体系、全民健身和医疗卫生体系，把此当作小康社会的一个基本目标，并且提出：为完成党在新世纪新阶段的这个奋斗目标，发展要有新思路，改革要有新突破，开放要有新局面，各项工作要有新举措。少数民族预科教育作为民族教育体系的一个组成因素，其现状如何，如何改革，如何发展，等等，这类问题都是我们在新世纪发展少数民族教育中不可回避的。本文就是对这些问题的一个初步思索。

一、对素质教育及评价办法的几点思考

（一）要进一步转变观念，解放思想，牢固树立提高少数民族素质是民族教育办学根本目的思想

过去，少数民族学校办学强调的是如何落实民族政策，如何体现少数民族在教育领域的政治地位。今天，在国际国内形势发生复杂变化的时候，如果我们仍一味强调“政策”，而不强调质量，民族教育本身不仅不可能得到发

展，而且也很难保持现状。市场经济的冲击刚刚开始，而我们已窥见它对教育带来的巨大影响。作为教育事业中处于比较弱势的民族教育，如果不及早研究所面临的严酷现实、不及早研究对策，在即将到来的更大冲击面前可能会处于更加不利的境地。因此，民族教育工作者应清醒地看到目前教育，尤其是民族教育面临的形势，以高度的责任感研究民族教育本身存在的问题和民族教育与社会、经济对教育提出新要求之间存在的差距。应该充分地认识到，认真实施少数民族素质教育，不仅是科教兴国、培养高素质少数民族人才的必由之路，而且是民族教育进入新时期后寻求进一步发展、以较高的层次面向新世纪的需要。

（二）实施少数民族素质教育，强化民族学校的管理是关键

学校领导班子建设，是决定学校管理水平，进而直接影响学校全面工作的关键。没有一个好的领导班子，学校的整体工作就不可能有好的成绩，不可能有持续的进展。在实施素质教育的过程中，必须狠抓民族学校领导班子建设，适当树立校长的权威。要通过到省、市示范学校挂职锻炼、强化培训等方式选择和培养民族学校“专家型”校长。近几年来，国家在“普通干训班”和“民族干训班”中有计划地培训了一部分民族学校校长。与此同时，一些地方也举办了民族学校校长培训班，有针对性地培训了民族学校干部。这些培训班虽然时间不长，但除了学习民族教育政策、学习学校管理的基本理论外，主要围绕着如何实施素质教育，以专题讲座、讨论交流、观摩参观等方式，启发民族学校校长的管理意识，提高其对素质教育的全面认识，促进民族教育管理工作的有序进展。教师队伍的素质决定着学校教育的质量。实施素质教育，在保持民族教育办学特色的基础上，培养面向新世纪的创新人才，是民族教育的根本任务。在当前形势下，民族学校教师要树立适应新时代要求的质量观、教育观和人才观，掌握必要的知识和现代教育技术，积极参与教育科研，在教育教学改革中勇于创新，提高实施素质教育的自觉性。

（三）搞好民族团结教育，为实施少数民族素质教育提供有利环境

我国是多民族国家，改革开放促使人员流动加快，在少数民族地区进行旅游、商贸活动的人越来越多；在教育领域，由于举办内地西藏班、新疆班、青海班，语言文化、风俗习惯等与各民族风格迥异的少数民族大量流入。为了巩固和发展平等、团结、互助的社会主义民族关系，实现各民族共同繁荣，顺利进行我国的现代化建设，必须重视和认真做好民族团结教育工作。我们要在党中央、国务院的领导下，进一步贯彻落实教育部、国家民委提出的“各地党委和政府的主要领导，特别是民族区域自治地方的主要领导同志，要

亲自过问民族教育工作，把民族教育纳入当地经济和社会发展的总体规划，摆在优先发展的战略地位”的精神，结合我国国情，坚持从少数民族的特点和民族地区的实际出发，根据各地、各个少数民族经济、教育发展的不同程度，合理确定全国各级各类民族教育事业发展的规模、速度以及教育结构和办学模式。把提高少数民族整体素质，培养高水平的各类技术人才，全面提高教育质量，增强办学效益，为全国的经济和社会的平衡发展服务，作为近一个时期民族教育改革与发展的重点，并认真研究和具体实施。坚持从总书记指出的“民族、宗教无小事”“民族团结教育从小学生抓起”的高度，认识和抓好民族团结教育工作。各地要认真落实、抓好中央四部委部署的“民族团结”教育普及工作，以高度的政治责任感配合中央四部委完成在内地以汉族学生为主的学校进行民族团结教育的工作任务。要进一步加强对少数民族师生的爱国主义教育，树立祖国意识，不断增强少数民族学生热爱党、热爱祖国的感情和信念。

二、素质教育评价的原则

长期以来，教育评价的功能主要定位在选拔高一级教育的所谓优秀人才，这种选拔功能的存在并日益被强化，固然有其历史原因，但更重要的是人们固执而可怕的偏见。教育被认为是一整套的学习任务，这任务随着学生的年级升高而越来越难，能成功地越过更高阶梯的人将越来越少。为此教育评价的主要功能便是将这些少数尖子挑选出来，以便把他们培养成杰出人才，许多教师在教学活动中更持这样的观念，学生无论在学业上还是品行上可划分为优、中、差三等，每类学生的比例在受学校教育过程中虽会有所变化，但幅度不大，且对每个学生而言，想在短时期内有快速发展的可能性不大，上述这种使学生发展目标固定化的预想是当今学校教育中最浪费最具有破坏性的一面，它压抑了教师和学生的抱负水平，也削弱了学生的发展动机，使相当数量的学生由于长期遭受挫折，其自尊心被摧毁殆尽，因此片面强调评价的选拔功能只会压抑和摧残学生的身心发展，是与教育评价的本质含义相悖的，更与素质教育的宗旨背道而驰，现代教育评价的主要功能和根本意义既不在于鉴定和选择，也不在于对学生进行警戒与鞭策，而在于检查教育目标的达成水平、取得反馈信息，以便调整教育教学过程，及时针对缺陷和问题进行补救和矫正，所有这些与当前流行的片面强调分等淘汰的教育评价有明显区别，为了使教育评价在实施素质教育中发挥应有的导向作用，应注重以下几个方面，注重基础教育以培养人的基本素质为出发点，着眼整体，重视发展，强调实践，承认差异。

（一）素质教育评价对象的综合性

现代教育评价的范围已扩大到教育的全部领域，于是就有了评价的广义与狭义之分。广义的教育评价从宏观的角度考虑问题，涉及教育的各个方面，包括教育战略、教育制度、教育目标及教育与社会经济文化等关系；狭义的教育评价则从微观角度指向学校内部，以学生为对象，对学生的发展水平及与之相关的诸多条件予以评价；显然地，与传统教育评价仅指向学生及学生的学业水平进而以分数作为主要评价指标的做法相比，现代教育评价的内容已大为扩展。评价对象的扩展是基于以下几个认识：一是注意到了教育的整体性，即把教育作为一个相对独立的整体。各要素间处于相互作用与制约的动态结构之中，某个要素的变化必将影响到其他要素的状态，要对教育的终结性成果、对学生发展水平作出恰当的评价，必须对影响学生发展水平的各相关因素作出评判。二是更新了评价的价值观，即素质教育评价既强调其教育功能，又强调其发展功能。发展功能就必然以形成性评价为主，其目的在于诊断学生的发展水平及影响学生发展的各种教育因素的状态，从而为改进教育教学活动和提高学生素质服务。

（二）素质教育评价主体的广泛性

一般说来，评价主体是能根据评价结果为达到改善教育活动及其成果的目的而采取相应措施的人与组织，据此，学校教育评价主体包括了教师、学生、学校领导、教育管理部门、家长和其他与学校教育有关联的社会成员和组织。教师、学校领导和教育行政机构由于其特殊的地位而成为素质教育评价的主体是毫无疑问的，家长居于教育评价主体地位也是客观存在的，因为他们既是教育活动的直接参与者，也是教育结果的重要责任者；他们不仅关心子女各方面的发展状况，还十分关注学校及教师的威望、水平与质量，并作出自己的价值判断，提出学校教育改革和调整的建议。至于学生能否成为评价的主体是值得讨论的，现代教育评价已经不再把被评价者视为评价的待查客体，而是把他视为教育评价的主体，即便在以学生为核心的评价中，学生虽是评价的直接对象，但教育活动的终极目标是实现全体学生全面而主动的发展。如果离开了学生主体发挥的作用，素质教育的目标就无法实现。

（三）素质教育评价方法的科学性

教育评价方法是指进行教育评价所遵循的途径和程序，是完成评价任务、实现评价目的的手段和桥梁，包括评价的思想方法和评价的实践方法两大类。思想方法是实践方法的指导，而实践方法是思想方法的具体应用，这里着重阐述了素质教育评价思想方法的科学性特点，素质教育评价的思想方法是以马克思主义的唯物辩证法为指导，以教育学和心理学理论为基础，具体包含以下原则：坚持两点论为指导，力求对评价对象作出全面而客观的评价，坚持事物普遍联系的观点，坚持事物永恒发展的观点，促进学生身心发展。

三、素质教育评价办法创新举措

随着社会的进步和经济的发展，对高维度的素质人才的需求暴露了当今应试教育的弊端。在多年以应试教育为理念的基础上，素质教育应运而生，随着素质教育的推广，全国上下积极响应。但众多教育前沿的教育工作者在概念和评价上存在模糊，致使有少数教育工作者和家长们曾对素质教育产生怀疑。素质教育的推广关键在于准确理解其意义和评价方式，为了推进素质教育的发展，培养具有创新精神与实践能力，有社会责任感并具备全面素质的新型人才，学校和教师对评价学生的内容和方法都要有相应变革，以培养出适应现代社会发展需要的人才。根据国内外的教育理念和我校一年来的教学实践，提出如下观点：

（一）从侧重一元评价到多元评价

学生的能力是多方面的，绝不仅仅是学习成绩（分数）所能全面反映的。只以学生的考试成绩为尺度，这样的评价就是一元评价。一元评价仅能培养出学习型的人才，而培养不出创造型的人才。而素质教育是“以培养学生的创新精神和实践能力为重点的教育”。江泽民同志指出：“创新是一个民族的灵魂，是一个国家兴旺发达的不竭动力，创新的关键在人才。人才的成长靠教育。”这说明一个国家、一个民族的兴旺发达与否，关键在于有无创新型人才，创新型人才的培养在很大程度上依靠素质教育，而不是应试教育。因而我们要改变传统教育中的评价方法，在素质教育中采用多视角、多方法评价学生。在多元评价思想指导下，使学生得到全面发展，成为社会需要的人才。

1. 重视不同层次认知能力的考查

为了培养学生多方面的能力，教师应设计一些课题，让学生以小组的方式完成。如完成一个调查报告或完成一个课外实验报告等。这些实践性强的课题，能提高学生的合作交流能力、分析和解决问题能力、安排筹划能力、总结报告能力、尝试错误以及从错误中学习的能力，从而使学生的主体性得到发挥。

2. 重视对学习过程的检测

要关注学生平时的表现，把评价渗透在教学过程中。教师要从自学、课堂提问、作业、单元检测等活动中考察学生的情况。而不能单纯地以学生的考试成绩来评价学生的情况。

3. 注意对各种活动表现的检测

收集学生在课外活动中的表现，如演讲、朗诵、书法、唱歌、跳舞、打球、智力竞赛等，培养学生在某一方面的专长，使其成为社会需要的综合型人才。

此外，我们可以给每个学生都设立一个个人档案。通过收集如试卷、作品、小制作、活动等与学生的表现和发展潜力有关的情况，并对收集的信息进行分析和研究，从这些信息中找出学生的长、短处，对学生进行全面的考查，同时学生可以在此过程中给自己定位，而且学生也能在此过程中提高自我评价和自我管理的能力。

（二）从侧重结果性评价到过程性评价

结果性评价是在教学活动结束时进行的一次性评价，如期末的考核、考试等，目的是考查学生是否达到了相应的教学目标。结果性评价注重的是教学的结果，主要是为了判定最终的学习成果，并做出成绩评定。结果性评价重在发挥鉴定和筛选功能，评价注重于结果。而过程性评价所关心的是为达到目标所经历的过程，这种评价有利于学生的发展和进步。

在当前的教育实践中，过程性评价虽然已与结果性评价相结合，但在具体实施上往往和结果性评价没有本质区别。比如过程性评价表格要包括平时、期中、期末，包括教师对学生的评语、同学间的互评等，如果只是在期末填写这些内容，本质上还是结果性评价，这样过程性评价的功能远没有发挥出来。评价应该贯穿于学生的整个学习过程，平时多收集学生的一些信息，以利于了解学生的情况，使学生得到全面的发展。但实际上很多老师不注意这个问题，不注重分析和反馈，直等到需要材料时才补上，这时老师已忘记了许多有价值的信息。因而为真正实现过程性评价功能，需要我们在平时多收集学生的相关信息，并对收集评价资料进行深入分析，提供有效的反馈意见。同时，为了更好地体现过程性评价的功能，要做到以下几点：

1. 考试和考查相结合

减少总结性考试次数，多开展单元测验，这样有利于充分了解掌握学生的情况。要设计好“教与学”的过程，使学生的主体作用贯穿于教学过程的始终。教学过程是学生获得知识的认识过程，在这一过程中，学生是认知的主体，是进行教学过程的出发点、归属和依据。认识并把握这个本质，才能自觉地把素质教育落实到课堂的教学活动中。通过教学过程中主体性的探索活动，学生不仅能自觉地获得新知识，而且能提高素质。

2. 评分和评语相结合

考试评分不能只是单一的分数，用评语把分数反映不出来的问题提出来。评语要以鼓励为主，不能用刺激性语言。

3. 注重考试的目的

考试的目的是激发学生的学习动机，如考得不好，可以适当采用暂时不记分的方法，鼓励他们努力学习，最后取得好成绩。在考试结束后，对这些学生能够分层要求，对优等生，允许他们超纲、超进度学习，拓宽学习内容，指导他们独立钻研，发展特长；对差生，则要低起点、严要求、小步子、快反馈、勤矫正。对成绩不理想的学生，要多鼓励、多鞭策，使他们增加学习的兴趣，争取考得好成绩。

4. 自评、互评与师评相结合

让学生参与评定过程，能增强他们的自我意识和独立性，促进学生在学习过程中自我调控。在互评的过程中，让学生的个性尽情张扬，互相取长补短，促进发展。在相互评价中，教师首先要求学生养成注意倾听和仔细观察的习惯，因为这是能客观评价他人的前提。在评价时，要引导学生学会一分为二，既要看到不足，也要看到对方的优点，学会使用“看法 + 原因”的评价语式，真正做到教学相长。

总而言之，我们要改变传统应试教育中的评价方法，从一元评价到多元评价，从侧重结果性评价到过程性评价，使学生在评价过程中得到全面发展。为了推进素质教育，学校、老师在评价学生时，要根据实际情况，做适当的变革，从而实现教学的最终目标：全面提高教学质量，能够适应当前社会对教学的要求。

民族预科英语学困生产生原因及转化策略

王庆玲

[摘　要] 全面实施素质教育，必须是面向全体学生的教育，要使每个学生得到全面而健康的发展。随着民族预科教育的开展，由于少数民族地区的特殊性，部分生源英语基础较差，一系列的主观原因和客观原因的相互作用，使得民族学生进入预科学习后无法高效地接受知识，跟不上正常的教学进度，在学习英语方面存在着很大的困难，有人把有这种学习困难的人简称为学困生，给教学带来了很大困难。如何激发学困生的学习积极性，提高他们的学习成绩，提高他们的综合素质，是当今少数民族预科教育的一个重要课题。本文以北京理工大学秦皇岛分校为例，结合英语学困生的现状及特点，分析英语学困生形成的原因，最后提出相应的对策。本文就此问题从民族预科英语学困生的“学困”主要原因和有效转化途径方面进行探讨。

[关键词] 民族预科　英语学困生　转化策略

一、少数民族预科英语学困生的成因

学困生是教育对象中一支特殊群体，在建立以人为本、和谐发展的年代里，对他们的关心和培养是我们主体教育工作者不可推卸的责任。本文所提到的民族预科英语学困生，即指民族预科学校中智力正常，但由于英语基础薄弱、学习动机不足、学习方法不当等因素的影响，英语学习效果低下，达不到预科英语课程标准要求的学习困难学生。学困生产生学习困难的原因各不相同，其成因是极其复杂和多方面的，但从教育教学角度来审视，可将其形成分为客观原因和主观原因。

（一）客观原因

首先，由于少数民族地区特殊的教育政策，一些民族预科生英语基础非常薄弱，其中民考民①的学生是我校预科英语学困生的重要组成部分，民考民是指少数民族学生在参加全国普通高等学校统一招生考试时，使用本民族文字答卷的一种高考政策。北京理工大学秦皇岛分校民考民学生包括维吾尔族、哈萨克族、蒙古族等拥有本民族的语言、文字的民族，其中以维吾尔族学生为主。除个别学生出于兴趣，自学英语或参加了社会办学的英语培训班外，大部分学生连英语基本的 A、B、C 字母也没有接触过。这些学生是自然班教学中学习最为困难的学生，给英语教学带来很大难度。在预科阶段，他们既要学习汉语，又要学习英语。由于母语以及第二语言——汉语迁移因素的介入，其学习英语的过程颇为复杂。授课语言基本上以其第二语言汉语为主。部分教师感觉在教授重点、难点时，受语言影响，学生理解比较吃力。在笔者对他们的访谈调查中得知：这类学生对英语学习缺乏动机，在高考中，英语成绩也只作为他们的参考分，不被纳入高考总分中，因此，英语老师在中学的教学中随意性很强，不够严谨，缺乏系统性，老师对他们的要求是不考零分即可。因此他们在英语知识上存在严重的断层。在升入民族预科学校后，由于在结业时涉及按成绩选专业的问题，为了公正起见，我们一般的做法都是统一教材、统一进度、统一考试。这看似合理公平，但其结果是完全扼杀了那些基础差的学生的积极性。学困生在知识结构上存在断层，完全跟不上正常的教学进度。

其次是教材原因。教材内容增多，知识难度增大，一些学生知识结构上出现断层，屡次考试达不到自己预期的目标。整天应付作业，没有时间消化，影响了他们学习成绩的提升，从而产生焦虑、苦恼和失望等消极情绪。

最后，教师也是影响学困生的重要原因。教师是科学知识的主要传播者和学生迈向正确人生道路的引领者。他们的师德和业务素质，直接影响着学习效果和学生的成长，部分教师没有充分照顾学困生这一弱势群体；由于学困生丧失学习的信心，上课时他们总是自卑地“躲”在最后几排，金口难开，难于和老师互动，不注重教学反思的教师们很容易对他们悲观失望，把注意力放在好学生上，或降低对整个班的学习要求。不注意学法指导和兴趣培养，对学生的了解，渗透着个人的意识偏向，以教师自己的认知、情感、意向和个性特征去认识学生，致使部分学生产生心理偏差，严重地挫伤了这部分学

① 我国高考中的一项针对使用本民族语言文字的少数民族考生的特殊政策。符合条件的少数民族考生在高考时使用本民族语言的试卷，与民考汉相对。相应地，报考时也必须报考民考民的相关学校和考业。

生的自尊心和学习积极性。

（二）主观原因

1. 民族预科英语学困生往往自卑心理严重，缺乏自信心

由于学困生长期处于班级的“底层”，处于被遗忘、被遗弃的角落，他们内心深处一般都很自卑，认为自己不行，不愿意接近教师，对教师缺乏信任或对老师敬而远之、敬而怕之，很少主动提出问题和回答问题。太多的失败使学困生常感到学英语很无聊、很枯燥，情绪低落、沉闷，心理上敏感、脆弱，易产生挫折感，从而导致对学习缺乏自信心。

2. 对英语缺乏兴趣是影响他们学习的又一个因素

学困生往往把英语看成是一种负担，被动地去学习英语。学习毅力和耐力普遍较差，只有三分热情，不能形成良好的学习习惯。

3. 民族预科英语学困生学习方法差、依赖心理强、学习效率低

民族预科英语学困生往往缺乏自主学习意识和有效的学习策略，常把自己的不足归因为外部任务及其难度上，很少从自身的学习方法和学习态度上反思。学困生没有课前预习、课后复习的习惯，满足于“喂一口吃一口”的学习方法。英语知识的掌握只是机械地死记硬背、生搬硬套，语言的理解和运用能力较差，依赖心理强。上课依赖老师，作业依赖同学，把学习的希望寄托在老师和同学的讲解上。依赖心理的存在，使之对知识的理解不深刻，解答问题习惯于一步一步地模仿硬套。不懂得合理地利用身边的学习资源，比如字典、工具书、网络资源等，遇到不懂的问题不能做到及时弄清楚，学习时抓不住重点，从而导致英语成绩低下，学习效率降低。

二、少数民族预科英语学困生的转化策略

（一）做好民族预科学困生的思想工作

1. 排除学生心理障碍，树立学习信心

教育心理学表明，教学过程不但是认识过程，而且也是心理变化过程，并且认识的效果常取决于心理的变化。教师在教学中要充分了解学生的心理特点和个性倾向，有针对性地对学生进行指导，通过找学困生个别谈话，帮助他们鼓起战胜困难的勇气，增强其学习信心。通过一些教学实例说明，困难只是暂时的，只要通过自己的努力，要达到一定的目标是完全能够实现的。教师可以列举身边学困生成功的事例，比如某某同学入学时英语基础为零，但其从不缺勤早退，认真听讲，按时完成老师教给的每一项作业。每天都有很好的学习习惯。在老师的指导下，通过预科一年的努力，在大学二年级就

通过了英语四级考试，让学生明白，只要肯付出、肯努力，一切皆有可能。榜样的作用是无穷的、巨大的，类似的成功案例会成为学生的学习动力，使其对英语学习产生信心，激发其学习动力。

2. 建立良好的师生关系

教师不再以知识权威和绝对权力的姿态走进教室“传道、授业、解惑”，而是充当课程实施的“积极推进者”“平等对话者”“行动研究者”的多种角色。教师要从传统的“控制者”向“引导者”转变，只有教师努力构建平等和谐的师生关系，才能为实施有效教学奠定情感基础。在这种相互尊重、相互信任的和谐氛围中，有效地激发学生的情感和潜能。

师生之间只有具备了相互信任、彼此沟通、协调一致的关系，教育教学才能取得最佳效果。

我在生活中努力去亲近学生，由于预科班的学生是第一次长时间远离家人，来到一个语言、生活、习俗、气候条件、生活节奏等方面完全不同的新环境，所以在思想上、精神上会遇到各种各样的问题，容易精神压抑，因此面对他们丰富的内心世界，我们应理解、尊重他们的思想感情和独立个性，主动帮助他们解决学习生活中的困难，给学生更多的亲近感和信赖感。学生只有在人格受到尊重的条件下，在真诚、接受和理解的师生关系中，他们心理上的缺陷才能得以弥补，才能消除自卑感，产生不断追求、进取、向上的内驱力。实践正明，良好的师生关系有助于降低课堂语言学习的焦虑，师生之间良好的情感关系与学习效果有很高的正相关性。

3. 培养预科学困生坚强的意志品质

掌握英语这门语言是一项长期复杂而且艰苦的学习过程，需要学习者拥有顽强的意志和毅力。教师要使学生认识到学习英语会常常遇到挫折，只有不断地战胜困难，才能取得成功。影响学习效果的因素有很多，意志就是一个重要方面，在我们漫长而坎坷的学习道路上，意志坚定的人能坚韧不拔地战胜困难，跨越阻碍而取得学习上的不断进步；相反，意志薄弱的人，在学习过程中如果遇到瓶颈，就对学习失去兴趣，从而放弃这项学习。这就要求我们在教学中要着重于学生们意志品质的培养。对此，首先我们可以通过教学材料中的各种积极向上的素材来吸引学生、教育学生，帮助学生跨越学习障碍，战胜困难，以达到我们期望的学习效果。其次，我们应注意，在学生学习的过程中，不要用分数来作为整个学习效果的衡量尺度，而应本着“不求高分，但求进步”的思想方针，使每个学生在自己取得点滴进步的时候充满愉悦感，进而增强了他们的自信心，最终克服主观障碍和客观上的各种困难，增强学好英语的恒心意志。学困生的英语学习是整体英语教学不可或缺的一部分，我们教育工作者也需要有坚持不懈的意志去做好学生这方面的思想教育工作，使每个学困生都能得到帮助，取得进步。而且这项工作还要因人而异，才会达到更好的效果，使我们在思想上和学习上都脱离困境。

（二）关爱和鼓励民族预科英语学困生

根据学生的心理动态，给学生创造成功的体验。从不同角度、不同层面，尽可能地关爱和鼓励每一个学生。

1. 课堂提问给予学困生关爱和鼓励

在英语课堂教学中，教师要尽量创设条件，照顾学困生，扩大学困生的参与面，不要让他们处于被遗忘的角落，尽可能给学困生提供表现才能的机会，发挥他们学习的主动性，给他们创设成功的机会，让他们回答一些较简单的问题，如在分角色朗读课文或演英语话剧时，把最简单的英文对白留给有这份热情参加的学困生，让其参与其中，让他们感受到老师的信任和期待、班集体的温暖并及时给予表扬鼓励，从而进一步激发他们的荣誉感和上进心。

同时不要忘记对他们的鼓励：Good job！Come on！You are flying！Great！Excellent！让他们得到成功的喜悦。他们在回答问题时可能会出现一些发音不够准确、语法错误等现象，教师不要急于立即纠正他们的错误，也不要急于说“No！”“You are wrong！”等类似的语言否定他们的答案，这样做会打击他们回答问题的积极性，教师可以反复多次地说、写，让学困生慢慢地、一点一点地模仿、理解、消化、吸收。培养学困生的自信心是很重要的，教师要善于抓住后进生点滴的进步，不断地给予鼓励，以增强其自信心。使其体验到成功带来的喜悦和满足。

2. 批阅作业给予学困生关爱和鼓励

多关注民族学困生的作业，及时批改他们的作业，教师单独发放作业，增加接触学困生的机会，要求学困生对作业进行及时修改。教师要记录学困生的作业成绩，以便做长期的比较，多写指导性的评语，指出具体的错误，并多写鼓励和评价进步与否的评语，在作业中给学生写评语，让那些学习有困难的学生直接感受到教师对其倾注的热情和关爱。他们其实特别期待得到老师的肯定，希望老师能够对他们在学习过程中出现的种种问题给予及时准确的答复。教师通过作业中的评语——师生书面语言的交流，能使学生对本学科产生极大兴趣，从而达到教与学的高度配合。给学生的评语中要简单、有效、具体和有针对性，并尽量用学生最近学到的词汇、句型，如 Good job！Come on！I believe you can do it better！或 Very good！Try to do better in.... Just pay a little attention to...让学生在关注和鼓励中激发学习英语的热情。在对学生作业进行评价时，还要考虑到学困生原有的基础，对他们点滴的进步要给予关注和表扬，使他们不断感受到自己的进步，感受到成功的喜悦，使其越发地喜爱英语这门学科，并将这种胜利的喜悦转化成积极进取的学习动力，使他们克服学习上的困难，树立学好英语的自信心，从而不断地取得进步。

3. 课外辅导给予学困生关爱和鼓励

由于我校大部分民族学困生从来没有学过英语，基础基本为零，想要他们完全跟上正常的英语教学，完全理解预科英语教材是极其困难的，因此，仅靠课上的学习是完全不够的，要想使他们尽快地跟上预科的学习，一定要从基础抓起，使他们的英语知识和预科教材有一定的衔接，课外个别辅导也是非常重要的。因为学生在课外个别辅导时专心程度最高，他们对知识的接受也是最快的、最有针对性的。课外辅导是教学中一个不可缺少的重要组成部分，尤其是对于民考民的学生的课外辅导，可以弥补课堂教学的不足，解决他们在课堂上存在的困难。

（1）给他们设定近期的目标并对这一目标做出及时的指导。

要让学困生认识到英语学习的重要性，从而产生强烈的学习英语的愿望，激发其学习动力，树立学习目标。因为时间是有限的，为了使他们在有效的一年预科时间里奠定良好的英语基础，笔者给他们先设定近期目标。在预科一年的时间里除了上课认真听讲，尽自己最大的努力跟上老师的思路外，还要求民考民的学生课外自学英语初级入门教程，新概念英语第一册就是不错的选择，里面的语法和句型都是比较简单和基础的，通过第一册的学习，可以让学生对英语有一定的了解，因为内容简单，容易理解，因此学生可以在学习过程中体验到成功的喜悦，激发其学习信心和热情，为今后的英语学习打好基础；笔者对民考民的学生是这样提出要求的：①要民考民的学生养成习惯，对每课的单词背下来，背单词不只是要记意思，还要记词性。最好是把课文都背下来，这样可以培养语感，才会说会写。②要求他们反复听录音，要做到不看课文也能听懂磁带的课文朗读。每天听读背课文要 40 分钟。③每课练习题中的每道题都要坚持做，虽然很多并且有重复，但一定要坚持认真做，笔者每周对他们进行一次答疑。包括读音的纠正和课后题的辅导。④就是语法问题，新概念的语法部分比较简单，要求学生买一本简单的英语语法书，教师每周抽出一定的时间给他们做单独的语法讲解，及时解决学生在学习时遇到的困难。⑤最重要的就是坚持，要英语学困生养成习惯，使他们发现，学英语不难，甚至还有些简单，关键是坚持，从而增强他们的信心。

（2）在辅导过程中不断鼓励他们，使其增强学习的信心。

加强心理辅导，让学困生从思想上和心理上增强克服困难的勇气和信心，从而减轻他们的心理负担。本着多鼓励表扬、少指责批评的原则，引导学困生向优等生学习，使他们由被动地学习变成主动地学习。

（三）优化教学设计，激发英语学困生的学习兴趣

苏霍姆林斯基说：“如果教师不想方设法使学生产生情趣高昂和智力振奋的内心状态，就急于传授知识，那么这种知识只能使人产生冷漠的态度，而不动情感的脑力劳动就会带来疲倦。没有欢欣鼓舞的心情，学习就会成为学生沉重的负担。”教师要有创新精神，优化教学设计，提高学生的学习兴趣。教学方法要灵活多样，在学习过程中，强调多样性而非同一性。有影响的教学模式主要有“范例教学”“发展性教学”“问题教学”“设计教学”“暗示教学”，等等。苏联赞科夫的“发展性教学体系”、美国布鲁纳的“学科结构”教学论和德国根舍因等人的“范例教学论”称为有影响的“三大教学论流派”。这些教学模式共性的特点是以学生为主体，提倡互动教学，不赞成“填鸭式”教学。这些模式为我们合理地选择和开创有效教学模式提供了理论依据。在预科英语教学设计中，教师应该超越传统，要克服传统的教学模式，从学生的实际出发，灵活多样地进行教学设计，以满足全体学生的学习需要。在有效教学中，既可以采用讨论教学模式，也可以采用提问教学模式及小组合作教学模式；根据课程与学生的需要，综合运用多种教学模式。教师在授课过程中，要注意课堂教学的多样化，如运用猜词游戏、英语歌曲、英语短剧、英语辩论等学生喜欢的形式使课堂气氛活跃起来，从而营造轻松、和谐的课堂氛围。创造性地使用课本，调动学困生的参与意识。比如在讲到预科英语课本下册第三单元“The Old Woman and the Thief”时，教师可以找几名同学用英文短剧的形式把整个故事表演出来，台词简单的角色比如 coconut，cat，beehive 等，可以找学困生来表演，这样可以加深其对课文的理解，激发他们的学习热情。

教师应依据课程的总体目标并结合教学内容，创造性地设计和使用教材，激发学生的兴趣。以预科英语教材第一册第二单元“What We Eat and Drink”为例，因为该内容讲述的是同学们平时赖以生存的物质基础，所以，可从日常生活中大家最熟悉的 food 和 water 开始。以幻灯片的形式向大家呈现课文涉及的各种食物，对于学生来讲，不仅单词易记，而且能够加深学生对单词的理解。然后再将单纯的食品内容扩展至习俗文化，联系英、美等国的重要节日及习俗。这样一来，不仅引出一些与生活密切相关的食品单词，扩大了词汇量，而且与英美文化融为一体，也使课堂教学变得更加丰富。因此，要上

好一堂课，教师要认真研究教材，了解学生原有的知识结构，依据他们的兴趣、需要、习惯以及学习新知识时可能会遇到的困难，及时采取相应的措施，灵活机智地组织教学进程，以真正满足学生作为学习主人的需要。激发他们的情感，使其产生愉悦的心境，调动和激发他们学习的能动性，消除惧怕心理，激发学习兴趣。

（四）加强对学困生的学法指导

掌握学习知识的方法，比掌握知识内容本身意义更深远。学困生英语基础薄弱，他们大都没有掌握一定的学习方法，也没有养成良好的学习习惯。教会他们正确的学习方法，形成良好的学习习惯，提高自身的自主学习能力是非常重要的，这样可以使他们更有效率地去学习知识，更快速地进步。

1. 指导学生合理地运用身边的学习资源

调动一切可供学生学习英语的资源。充分利用网络、词典、报纸杂志、电视等，并指导他们合理地选择和运用这些资源。通过音频资源学会英语最基本的发音，如音标，可以给他们推荐一些好的学习视频，如海伦国际音标讲解、赖世雄英语讲解教材等，让他们充分利用各种资源不断地学习，打下良好的学习英语的基础。

2. 要培养他们良好的学习习惯

要把课前预习、课后复习当作正课一样去完成。要有独立思考的习惯，也要有不耻下问的精神。当习惯成了自然，学生的自主学习能力就会大幅度地提升。

3. 学习方法的加强更要从学习和生活中提炼

要从观察、记忆、思维、想象等多方面去完善。对于学习英语的学生来说，单词的背诵始终是个难题，我们要让学生学会从多个角度来记忆单词，对于一个单词不但要会读、会写，还要知道这个单词是否有前后缀，是否有衍生意，更要知道这个单词在日常生活中如何使用。并且真正把它运用到日常生活中，这样，这个单词才能记得牢，切勿死记硬背。学习课文的时候，也应在理解课文的基础上进行背诵。把每个段落的意思弄清楚，做出归纳总结，然后逐个段落背诵，最后再全文背诵。教师应根据不同学生的特点，帮他们找到适合自己的正确的学习方法，从而提高学生的学习效率，使繁重的学习尽量变得轻松，这样，学生也就更能投入到学习英语当中。

（五）小组帮扶制

（1）在班级内部进行分组，由学习成绩好、组织能力强的同学任组长。使同学们随时随地地都能互相帮助。对于学困生，每组成员都可以进行帮助。

尤其组长要对其负起责任。

（2）对学困生的帮助是随时随地的，如果学困生课堂上有不注意听讲的现象，其小组成员应及时给予提醒。在课后的学习过程中，应监督其完成作业并做好课后预习，如果学困生在学习过程中遇到难题，要热情帮助。

（3）可以定期让每一个组的学困生之间进行比赛，可以采用淘汰赛制，比如两个小组的学困生比赛，由其他小组出题，胜出者进入下一轮，最终决出这一阶段的冠军，给予奖励。

（4）在学校组织的统一考试前，各组成员在自己复习的同时，也要督促本组的学困生复习，考试后对于进步最大的学困生，应对其所在组集体奖励，给予该组组长及学困生本人个人奖励。

（5）对于取得重大进步的学困生，应给予“学习进步标兵”的称号，要组织经验交流活动，帮学困生聚到一起，让标兵介绍自己的学习方法和进步的原因，使其他的学困生能够更快、更容易地找到使自己提高进步的方法，同时，也能加强他们的自信心，取得和标兵一样的学习成绩。

综上所述，学困生的成因是复杂的，他们有着不同的个性特点和行为习惯，要转化他们是一项复杂而艰巨的任务。教师要落实“以人为本”的理念，正确认识学困生，我们要给他们多一份关爱与鼓励，使他们树立学习英语的信心；不断地优化教学设计，激发他们的学习兴趣；对其加强学法的指导，培养他们独立自主学习的能力。使其克服各种困难，养成良好的学习习惯，形成正确的学习方法，提升自主学习的能力，最终使这些学生取得一定的进步。

参考文献

［1］钟启泉．有效教学研究的价值［J］．教育研究，2007（7）．

［2］李其龙．德国教学轮流派［M］．西安：陕西人民教育出版社，1993.

［3］［苏］苏霍姆林斯基．给教师的建议（修订版全一册）［M］．北京：教育科学出版社，1984.

提升民族预科学生英语自主学习能力实践探索

王庆玲

[摘　要] 培养学生自主学习能力是民族预科英语教学关注的一个焦点，也是实施素质教育中的重要问题。本文根据少数民族预科学生的特点和民族学生英语自主学习的现状，结合北京理工大学秦皇岛分校的实际情况探讨了培养少数民族一年制本科预科生的英语自主学习能力的有效策略。

[关键词] 民族预科学生　英语　自主学习　实践

一、培养民族预科生英语自主学习能力的必要性

我国学者庞维国认为，如果学生在学习之前能够确定学习目标、制订学习计划、做出具体的学习准备，在学习活动中能够对学习进展、学习方法做出自我监控、自我反馈和自我调节，在学习活动后能够对学习结果进行自我检查、自我总结、自我评价和自我补救，那么他的学习是自主的。他还将自主学习概括为：建立在自我意识发展基础上的“能学”，建立在学生内在学习动机基础上的“想学”，建立在掌握一定学习策略基础上的“会学”，建立在意志努力基础上的“坚持学”。简单地说，自主学习就是指学生在老师的引导下，能够独立、自主地去研究学习对象，在掌握知识的同时，获得一定的能力，并且能够很好地运用这些知识与能力的学习方式与过程。首先，学生能确立适合自己的学习目标，选择学习方式和学习内容，制订学习计划等；其次，学生能监控自己的学习过程、学习计划的实施以及学习技能的运用和发展，并做出自我检查评估；最后，学生能修正和完善对自己的认识和评价，从而不断提高学习能力以及战胜困难与挫折的能力。英语是民族预科生预科阶段很重要的一门课程，关系到其直升大学。民族预科生的英语自主学习能力普遍很薄弱，这是影响他们英语水平提高的关键因素。因此，培养民族预科生英语自主学习的能力是十分必要的。

（一）自主学习能力是社会发展和素质教育的客观需要

信息化时代，每时每刻都有新的知识出现并要求人们掌握。任何一个人都不可能在学校里接受终生受用的教育。为了能够在社会中有一席立足之地，人们不但要积累大量的信息，而且要不断地自我发展与提高，将知识转化为能力，这就要求人们具有可以独立于教师和课堂之外的自主学习能力。因此，现代教育的目标越来越注重人的能力的提高以及综合素质的培养。日本教育家佐藤正夫在《教育学原理》中把教学方法归结为三种基本类型：一是提示型教学方法（示范、呈示、展示、口述）；二是共同解决问题型教学方法（教学对话、课堂讨论）；三是自主型教学方法（是学生独立地由本人或教师提出课程，教师在学生需要的时候提供适当帮助，学生由此获得知识技能，发展能力与人格的教学方法）。在传统课堂教学中，我们长期使用提示型教学方法，习惯采用“授受式”教学方法，便形成了一种惯性，教师往往从概念出发，只注重识记，而忽视对思维过程和思维方法的探究；过分强调教师的主导作用，基本上仍是牵着学生的鼻子走的灌输式教育。使学生缺乏自主、创新意识；使他们缺乏语言的运用能力，最终导致学生缺乏自主意识、创新精神与创新能力。因此，传统的“填鸭式”灌输知识的外语教学模式已远远不能满足当今现代教育目标的要求。正如古人云：“授人以鱼，不如授人以渔。”作为民族预科的教育工作者，我们应注重培养学生终身独立学习的技巧和能力，使其更好地完成从高中到大学的过渡，更好地适应大学生活，学有所成，使他们能够在未来社会成为可持续发展的人才。

（二）培养自主学习能力是少数民族预科英语教学现状的迫切需求

我国的少数民族预科教育是从少数民族地区的实际出发，为帮助民族地区培养高规格的人才，更好地推进我国民族地区社会主义建设事业而设立的，是我国高等教育的重要组成部分。预科教育作为大学前的预备教育，主要是帮助学生学习文化知识，加强学习能力的准备，在一年之后顺利地实现高中生向大学生的角色转变。但少数民族预科生是一个特殊的群体，由于他们特殊的心理与文化特征，在进入预科陌生的生活、学习环境之后，在学习过程中出现了一些不太适应问题，所以更需要培养他们自主学习的能力。

1. 我国目前少数民族预科教学环境还存在许多不尽如人意的地方

就我校为例，招生规模在不断地扩大，而校园面积相对狭小，教学资源不够丰富，进而导致预科英语课的班额也在不断地增加，小班五六十人，大班七八十人挤在一个教室里上课。因此，老师在上课的时候很难关注和照顾到每一名预科生，在这种情况下，学生的自主学习能力就显得尤为重要。

2. 英语是民族预科教学中比较重要的科目

民族学生来自祖国的不同地区，由于民族地区特殊的自然和社会因素，他们学习英语出现多层次化，有的学生基础很好，在课堂学习中会出现“吃不饱”的现象。而有一部分学生，基础特别差，尤其是民考民的学生，从来没有学过英语，英语基础基本为零，在知识结构上存在断层。在英语知识上欠得太多，认为自己距离大学英语需要达到的水平太远，产生焦虑、苦恼和失望等消极情绪，从而导致他们丧失学习的信心，产生习得性无助感，不懂得如何去学习，很难适应正常的英语教学。因此，对他们的学习应给予关注，加强其自主学习能力的培养，既有利于学生个体的健康成长，也有利于民族预科教育的发展。为了进入目标学校选专业的公平性，学校的做法是对他们用统一的教材，考试用统一的试卷。不同层次的学生在同一个班级上课。当然，学校也是出于“以优带差”的考虑，学习优秀的学生可以带动学习基础差的学生，互帮互助，在良好的学习氛围的带动下，实现共同进步。因此，对于零起点的学生来说在校期间的外语学习任务比较繁重，要想更快地适应预科生活，就要靠课外大量的努力。而英语优秀的同学要想在目标学校通过四六级考试，就要获取大量的语言知识并培养各种语言能力；必须在预科就打好基础。而课上的时间又是极其有限的，学生不能仅局限于课上的知识，大量的知识还要靠学生在课后挖掘和消化。

3. 受传统的应试教育的影响，老师和学生对英语的听说能力的培养不够重视

学习一门语言不知道如何去运用，造成了很多学生出现高分低能和哑巴英语的现象。随着我国英语教学改革的不断深化，现在非常强调学生的语言综合运用能力。因此，学生必须从自己的实际情况出发，寻找并掌握适合自己的学习策略和方法，在充分利用有限的课堂时间的同时，还要利用大量的课外时间和资源来进行自学和实践，从而最终实现自己的学习目标。这些都迫切需要通过培养学生的自主学习能力来实现。

二、培养民族预科生英语自主学习能力的策略与实践

英语自主学习能力包括独立阅读学习材料的能力、发现问题和解决问题的能力、循序练习和重点练习的能力、及时复习和及时提高的能力以及模仿能力和创造能力。

英语自主学习能力的培养是一个长期的过程，而学生的自主学习能力是有待开发的。首先，教师应在英语教学中使学生明白自主学习的重要性，培养学生自主学习的能力，激发他们学习英语的主动性和积极性，在

英语教学中充分体现学生的认知主体作用，不断挖掘和培养学生学习的自主性。使学生尽快建立自主学习的意识，掌握自主学习的方法，有效地提高学习效果和质量。

（一）使学生明白学习英语的重要性并提高学生对英语自主学习的认识

向学生讲述英语自主学习的重要意义，英语在升学、考试、就业等方面所扮演的重要角色。然后老师可以用身边的人和事，循序渐进地开导学生，给学生讲述毕业生正、反两方面的关于学习英语的实例，让学生时刻意识到英语学习的重要性和紧迫性。使他们学有目标、有志向，在心里建立学习的动机。例如：某同学各科成绩都很优秀，就是因为英语成绩差，没有通过英语四级考试，没有得到学位，因此与好工作失之交臂；而某民考民的同学，从未学过英语，通过预科一年的辛勤努力，在大二的时候就通过了四级考试，因为成绩突出，被保送研究生，进而被某知名企业破格录取。榜样的作用是无穷的，为学生树立学习英语的榜样，不仅会使学生找到一个效仿的例子，更重要的是为学生潜移默化地提供了精神目标和动力源，使他们时时刻刻提醒自己，鞭策自己、增强学习英语的紧迫感。

（二）培养民族预科学生对英语的学习兴趣，激发学生的自主学习意识

大多数学生都会被新鲜的事物所吸引，对新鲜事物产生兴趣。老师的引导作用在于让学生感到学习英语有趣，在教学中应改变传统的英语教学模试，师生的角色要因时、因地、因人、因教学场景的变化而变化，在课堂教学中要注重师生的互动。课堂气氛要活跃，要增加学生的主动性，使他们觉得英语课有趣，逐步建立学习英语的动力。它是学生学习知识、学习技能的源泉。学生只有具备了旺盛的、持久的学习动机和学习兴趣，才会自觉地、自愿地、能动地学习。学生只有愿意学，才能学得好。以下是我在英语教学中的一些实践活动，我通过这些活动来培养学生学习英语的兴趣。

1. 充分利用教学资源

我们可以通过图片、广播、多媒体、投影仪等来呈现教学内容，这些带有声音、图画的现代化手段丰富了课堂教学，也极大地调动了学生的学习兴趣，为学生的主动参与创造了很好的条件。

在上听力课的时候，可以节选一些学生感兴趣的英文励志短片，可以把一个短片反复地播放，作为锻炼听力的素材，把台词挖空后，做 spot dictation，并找学生配音。美国电影 The Pursuit of Happiness 取材于真实故事。故

事的主角就是当今美国黑人投资专家Chris Gardner，这个故事成功地诠释出一位濒临破产、老婆离家的落魄业务员，如何刻苦辛劳地善尽单亲责任，奋发向上，先成为股市交易员，最后成为知名的金融投资家的励志故事。这部电影语速比较慢，语音纯正，情节感人，深受学生的欢迎，其中有几句台词给学生留下了深刻印象，并使他们深受启发和鼓舞，影片中父子在球场时有段台词“Don't ever let somebody tell you，you can't do something. You got a dream，you should protect it. People can't do something themselves，they wouldn't tell，you can't do it. If you want something，to get it.”（任何人都没有理由告诉你，你不能。在心中有了梦想，你就应该去，不要放弃，要勇敢地去实现，别人不能做任何事情来阻止你，甚至他们连告诉你都不能。如果你想要什么，就要想着勇敢地去获得。）看完影片，有的同学在影评中写道：“人不能被困难打败，心中始终有信念，并为之不懈地努力，就能使自己进步，更容易实现自己的目标。只要永不言败、不懈追求，没什么困难无法解决。”这是一种积极的人生态度，是一种对自己负责的态度。这部影片使学生在锻炼听力的同时，还受到了深刻的启发，变得积极向上，学生一方面练习了听力，另一方面树立了坚强学习的意志，可以有效地促进学生学习英语的能力。

2. 教师还可以开展一些活动，帮助学生提高“听”“说”的能力

例如，我会让学生在课前几分钟听一段“每周英语（English Weekly）”，或者是VOA、BBC广播电台的音频资料，不要求学生完全听懂，但要明白大概的文意，这样可以有效地提高学生“听”的能力。我还在课堂上坚持全英语教学，利用语言、肢体动作并借助幻灯片、挂图等创设生动的语言情境，让学生在学习新知识的时候大大提高听力水平。

3. 每周找一些与课文主题有关的英文散文或名人演讲印发给学生欣赏

要求学生摘抄其中优美的词句及段落，对于程度好点的学生，要求他们背诵个别篇章。

4. 游戏教学法在英语课堂中的运用

游戏教学方法是每一堂课教学最好的辅佐教学方式，它以游戏的形式，使学生在激烈的竞赛中，在无比的兴奋中，甚至是在刺激和上瘾的情绪中，不知不觉地学到教材中的内容，或者学到必须掌握的知识。

游戏教学法要本着一定的教学原则，游戏教学法的原则就是对“教”和“乐”的严格界定：教，必须是英语教材中的内容，尤其是其中的重点难点内容，还有一些学生必须掌握的知识，如重点单词和句型等。乐，必须有比较成熟的游戏法则，有很强的竞赛性，有明确的输和赢，有极大的趣味性，并且在一定的机遇前提下，给参赛者以很大的发挥主观能力的空间。这样在激

发兴趣的同时，提高他们的语言运用能力。“谁是卧底”就是一个很好的游戏，深受学生的喜欢，学生都能够积极踊跃地参与进去。7 个游戏者，其中 1 个卧底；游戏规则：在场 7 个人中 6 个人拿到相同的一个英文单词，剩下的 1 个拿到与之相关的另一个英文单词。比如 pen 和 pencil，killer 和 monster，每人每轮只能说一句话描述自己拿到的词语（不能直接说出那个词语），也不能让卧底发现，同时要给同胞以暗示，最后判断谁是卧底。这个游戏提高了学生的反应能力、语言运用能力及小组协作能力，极大地激发了学生的学习热情。

5. 开展课外活动，提高自主学习的能力

开展丰富多彩的英语课外活动是培养和提高学生运用语言能力的重要途径，要适当地引导、组织学生积极开展课外活动。实践证明，课外活动可以锻炼学生运用外语的能力以及独立思考、独立解决问题的能力。在课外活动中，学生的创造力、想象力、临场发挥力将得到很好的培养和发展。由于没有课堂的严肃气氛，学生会无拘无束，自由发挥，从而为学生学习英语提供较为宽松的环境。课外活动的形式和内容多种多样。根据少数民族预科学生的特点，结合教学实际，可采用课外表演、英语角、唱英语歌曲、读书会、故事会、书法比赛、观看励志英文电影片等活动形式。例如，开展英语角活动。

（1）根据教学内容，联系生活实际，每周确立一个话题。然后利用周末或课外时间，组织开展活动。如：Introduction ；Spending Christmas Day；Making Phone Call；How to Spend Holidays；etc.

（2）要求参加英语角的学生尽可能用英语会话，4 人一组自由对话。教师可穿插其中，给予必要的指导。

（3）活动完毕，可要求同学用英语写与话题有关的文章，每周一篇，教师每周批改。坚持下去，学生的写作能力就会得到一定的提高。课外表演也应是学生非常喜欢的活动。学了课文后，教师可让学生用话剧或小品的形式表现出来。如：学了 Dead or Alive 一课后，把它改编为 5 ~ 6 人参加的小品，请他们表演，学生兴致很高。教师要善于把握学生这种学习的积极性，通过课外活动让学生主动地复习、巩固、扩展，既是对课本知识的活学活用，同时也强化了学生的语言表达能力。英语课外活动能较好地调动学生的学习积极性，能把较为枯燥的被动学习变为生动活泼、积极主动的学习活动，使学生在活动中领略到获得新知、提高技能的成功感。

（三）让学生在学习英语的过程中逐渐产生成就感

大家都知道，当我们做一件事情的时候，如果能够时刻感受到成就感，那么这件事情就会越做越好，直到圆满。学生学习的过程更是如此，在学生的学习过程中，只有他时刻感受到自己在一点一点地进步，有了心理上的成就感，才能使学生对学习产生兴趣，也才能够充分调动起学生自主学习英语的积极性。学生的成就感来自哪里？我想主要来自于老师对他们的评价和肯定。所以，为了促使学生在学习英语的过程中有这种成就感，教师应注意以下几点。

在课堂上要尽量使每个学生都有充分的实践和表现自己的机会。一节课45分钟，如果完全是老师在讲，学生在被动地听，那么课堂就会很枯燥，从而使学生厌烦。相反，如果我们多给学生一些发言和表现的机会，进而给出评价和肯定，那么学生在学习上就会产生成就感。一个班级几十名学生，学生的基础、学习成绩参差不齐，这就要求我们在对全班学生统一要求下，还必须注意到学生的个别差异，采取因材施教的方式。对于在学习上有潜力的学生，要指导他们多学一些，促使他们有更大的进步。对于英语基础不好、学习上有困难的学生，应该给予耐心的帮助和鼓励，再如对某些语言表达能力特别好的学生，例如模仿能力强，语音、语调好，听说反应快的学生，就应让他们在口语上也多下一些功夫。这样一来，不同层次的学生就都会找到自己学习上的成就感。在教学的过程中，教师要及时对每个在学习上有进步的学生给予肯定和鼓励。不要认为多给优等生鼓励，就会使他们产生骄傲自满情绪；相反，合理的鼓励会使优等生进一步产生成就感。而对于学习成绩中等以下的学生来说，他们大多缺乏自信心，所以就更需要老师给予他们及时的肯定和鼓励，尤其不要讽刺挖苦学生。

（四）加强学法指导，改变民族预科学生的学习方式

1919年2月24日，陶行知先生在《时报·教育周刊·世界教育新思潮》上发表了著名的《教学合一》一文，精辟地论述了“教学合一”的思想。他说：“因为重教太过，所以不知不觉地就将教和学分离了。依我看来，教学要合一，有三个理由：第一，先生的责任不在教，而在教学，而在教学生学。第二，教的法子必须根于学的法子。第三，做先生的，应该一面教一面学，并不是买些知识来，就可以终生卖不尽的。”教育不只是教给学生知识，更重要的是引导他们在探索中掌握学习语言知识的基本方法，为今后的自主学习打下坚实的基础。改变学生的学习方式实际上就是引导学生自主学习。在英语教学中，教师应结合学生的特点因材施教，不断提高自己的素质，注意教会学生怎样学的方法，培养他们自主学习的能力。把打开知识迷宫的钥匙交给他们，让他们学会学习，能够独立地获取知识。以教会学生会学习为目的

学法指导是全面打好学生素质的基础，是培养未来创造型人才的必要手段，这是一条减轻学生负担、培养自主学习、提高教学效率与教学质量的有效途径。

1. 指导学生有效预习，掌握学习的主动权

学新课前，要求学生看音标试着读单词，把不会读的单词标出来（作记号）。此外，画出不懂的句子，词组和语法知识点分别做上醒目记号。熟读全文，了解课文的中心思想，以提高概括能力。提出一些关键性的问题，让学生在预习中找出答案，培养其解决问题的能力。根据课文的话题，查阅有关资料，以加深对该话题的理解或扩展该话题的知识面。另外，要指导学生在阅读过程中注意朗读，并且在反复朗读的基础上进行眼到、口到、耳到、手到、心到的综合性实践练习，提高预习效率。课前预习能够逐步培养学生良好的学习习惯，逐步掌握学习方法，更好地提高课堂学习效率，养成良好的学风。

2. 指导学生做好简洁有效的课堂笔记

课堂笔记能够帮助学生复习已学过的知识，克服头脑记忆储存知识的局限性。一般而言，上课要以听课与思考为主，但当老师讲到你预习时遇到的疑难知识点时，要特别留心，认真做好笔记。由于每个学生的具体情况不同，做笔记的时机也不同。原则是不能影响听课。做笔记的关键是记重点、难点、疑点。尤其应记下老师讲课中归纳和总结的知识点。在听课过程中，遇到不懂的地方，应立即标明，课后及时向老师或同学请教。当然，在做笔记时也有力不从心的时候，可以简洁地使用自己的语言，避免为了详细记录教师的话而耽误了学生本人独立思考的情况。

3. 指导学生搞好课后复习，注意对复习时间、频率及方法的把握

课后复习就是指学生将老师所讲解的知识点进行融会贯通并消化吸收，成为自己的知识。复习是学习过程的一个重要环节，复习的方法很多，效果也会因人而异。关键是找一个适合自己的复习方法。复习要把握时间和频率。当天学的东西当天就应进行复习。时间拖得越晚，遗忘率就越高。根据著名的艾宾浩斯遗忘规律，识记的两三天后，遗忘速度最快，之后则逐渐缓慢下来。因此，对刚学过的知识要及时复习。复习频率也是很重要的，复习不是一次性的工作，没有人只通过一次复习就能一步登天。新学的东西，当天要复习，过两三天还要复习，一周后还要进行小结性复习。一个单元还要进行“循环复习”。例如，学第二单元时要对第一单元进行复习，学第三单元时要顺便复习第一、第二单元。这样就可以对以前的内容不断地进行有规律的复习。加强复习方法的指导，首先，要督促学生整理

好当天的笔记，整理笔记的过程往往是知识深化、简化的过程。所以，它要求索引清楚，中心突出，内容精练，最好还有自己的独到见解。这样，可以使这份经过加工整理后的笔记成为阶段复习和重要考试前复习的得力助手。其次，指导学生建立纠错本，把平时作业及测试中出现的问题整理下来，并分析产生错误的原因，自己采取合理的补救措施。对于纠错本上的题目，要经常翻看。这样学生就可以积累学习经验，以后遇到类似题目时少出错甚至不出错。

4. 教师要引导学生合理利用课程资源，优化整合资源

教师要引导学生懂得开发和利用身边的各种课程资源，比如课外读物、工具书、网络、电视、图片等。从身边的一切文化环境中获取有效的学习资料，教师还要引导学生有选择性地获取有用的学习资料。学生收集的学习信息往往是繁杂多样的，选择不当可能会影响学生的学习效率，这就需要教师指导学生获取有效的学习资料，只有教师正确引导学生综合利用课程资源，才能有效地提高学生自主学习英语的效果。

（五）及时帮助同学们解决疑难问题，做好同学们的坚强后盾

同学们在学习英语的过程中，难免会遇到这样或那样的问题，如果这些问题不能及时得到解决，他们会感觉在学习上有困难，影响他们的学习成绩，久而久之，就会严重影响他们自主学习英语的积极性。因此，老师在课下可以经常深入到班级进行答疑，这样就可以有效地帮助那些有疑难问题的学生解决问题，从而提高他们学习英语的积极性。在这个过程中，我们还可以及时发现同学们的学习状态，对学习状态不好的学生，老师可以有针对性地找他们谈话，对他们进行肯定、鼓励性的情感教育，增强他们学习的热情，让同学们感觉到，老师始终是他们坚强的后盾。

总之，在民族预科英语教学中，我们要充分了解预科生的特点，根据其特殊性，全方位、分层次地激励学生主动学习英语，提高民族学生学习英语的积极性，使同学们有认真的学习态度、浓厚的学习兴趣、正确的学习方法学习以及良好的学习习惯，这样才能提高他们的文化基础，提高他们的学习效率，使他们真正养成自主学习的能力，更好地适应预科英语教学，为其更好地进入目标学校做准备。

参考文献

[1] 庞维国．自主学习学与教的原理和策略［M］．上海：华东师范大学出版社，2004.

[2] ［日］佐藤正夫．教育学原理［M］．钟启泉，译．北京：人民教育出版社，1996.

[3] 陶行知．陶行知全集：第一卷［M］．成都：四川教育出版社，1991.

[4] 高荣．英语教学激趣谈［J］．内蒙古教育，1996（8）.

从民族团结教育视角谈预科英语课程情感教学

王庆玲

[摘　要] 少数民族预科的根本初衷是根据少数民族学生的特点，采取特殊措施，加强基本技能的训练，使学生在德育、智育、体育几个方面都得到进一步发展与提高。少数民族预科生勤劳质朴，可有些民族学生的本民族感还是过于强烈，走不出本民族的圈子，很难在我们这个学校大家庭中达到真正意义的融合。因此民族团结教育显得尤为重要，本文从民族团结教育的视角出发，以情感教学为主线，介绍了在英语教学过程中渗透民族团结教育的方法和实践，从而在英语课的实践教学中提高学生的民族团结意识，提升学生的综合素质。

[关键词] 民族团结　预科英语　情感教学

一、英语课程情感教学的内涵

情感教育即情感领域的教育，它是教育者依据一定的教育教学要求，运用一定的手段，通过相应的教育教学活动，通过激发、调动和满足学生的情感需要，促使学生的情感领域发生积极的变化，形成新的情感领域，从而促进教学活动积极化的过程。情感作为人类生存的必要条件、学生精神生活的主宰，是学生学好英语的催化剂，不容忽视。英语课堂教学中应合理调节和充分利用情感教学，努力调动学生的非智力因素，提高英语课堂的教学效率。

二、民族预科英语教学中通过情感教学渗透民族团结教育的意义

素质教育是当今社会关注的热点，而情感教育的实施有利于学生综合素质的培养，通过情感教学的手段，在英语教学中合理调节和充分利用情感，从而提高课堂的教学效率，促进素质教育的开展。而在少数民族预科教育中，民族团结教育是素质教育的一个层面，加强民族学生的团结教育也是至关重要的，作为教育工作者，应充分利用情感手段，激发、调动和满足各民族学生的情感需要，在民族预科英语教学中渗透民族团结教育，进而增强各民族之间的融合，促进和谐校园建设。在十八届三中全会上，习主席提出："实现

中华民族的伟大复兴，就是中华民族近代以来最伟大的梦想。”这就使我们的民族预科教育有了新的指导方向、新的内容。各民族团结奋斗、共同繁荣发展，对促进民族关系和谐有着重要的作用。作为一名英语教师，在教学中，渗透民族团结教育，营造“平等、团结、互助、和谐”的良好氛围，显得格外重要。

预科英语教学一定要建立在了解和掌握各民族历史文化、宗教信仰和风土人情的基础上，文化是平等的，没有高低、贵贱、优劣之分。我们想要了解一个民族，必须了解其文化和风俗，并尊重他们的民族习惯，这样才能建立和谐融洽的民族关系。各族人民要相互学习，尊重彼此的民族生活习惯，增进了解，建立平等和谐的民族关系，这样才能促进和谐校园的建设，增强民族的凝聚力。在英语教学中，通过情感手段渗透民族团结教育，使学生知道中国的兴旺发达离不开各民族的团结，懂得各民族之间应当互相尊重、平等相待、和睦相处，使民族预科学生愿意和其他民族的同学友好交往，对破坏民族团结的言论和行为感到愤慨。能做到和不同民族的同学友好相处，不说不利于民族团结的话，不做有损民族团结的事。在与其他民族相处时能自觉尊重其他民族的风俗习惯。让学生懂得各民族之间应当互相尊重、平等相待、和睦相处。

三、以情感教学为主线，在英语教学中渗透民族团结教育的策略与实践

（一）通过教材中蕴含的情感因素渗透民族团结教育

预科英语教师在实际教学中应自觉转变过去以应试为目的的教育思想，要建立以人为本的教育理念，充分发挥预科英语教材的优势特点，以突出教材中的德育因素，在强化英语基础知识的同时，向学生渗透民族团结的教育。这就要求教师找到教材的渗透点，了解民族学生的特点，关心他们的思想动向，把教材内容的德育因素与对学生的思想动向的教育要求结合起来，巧妙自然地对学生进行民族团结教育。作为英语教师，要善于将民族团结教育潜移默化地渗透给学生，让学生意识到民族团结的重要意义，让民族团结的观念深深地印在民族学生的心里，形成“平等、团结、互助、和谐”的良好学习氛围。英语是一门语言学科，在英语教材中，有许多对话和课文都蕴含着德育的内容，有很多团结互助的文章，每次讲到类似的课文，我就会结合课文中团结的精神有意识地对学生渗透民族团结的精神。比如预科英语第二册第三单元“The Old Woman and the Thief”这篇文章就有很好的渗透点，小偷

到老妇人家偷东西，coconut，beehive，knife，cat 共同协作，制服了小偷。在学完这篇课文后，有的同学提到“Everyone may have his or her problems. When we meet problems，we need to face them actively and try to deal with them. So we may need help from others. And he who is in need is really a friend. Helping others is helping ourselves.”通过课文的学习，学生明白了人不是孤立地存在的，人与人之间是需要相互关心和帮助的。还有的同学提到“What impressed me most is that this story presents us one of the most famous motto：Unity is strength. We can surely overcome the difficulties as long as we are closely united.”个体的力量是小的，但团结起来就会产生巨大的力量。通过这篇文章的学习，学生不仅掌握了里面的英语基础知识，还从中受到了深刻的启发。这篇课文使学生明白了团结的意义。团结的力量是无穷的，团结的力量能够使一个人无法完成的事完成。可见，英语学科的学习与民族团结的渗透教育具有一定的结合点。在渗透过程中，不要牵强地将英语课上成思想品德课；要不漏痕迹地渗透，潜移默化，做到“润物细无声”。这就要求教师要找到教材的渗透点，并关心学生的思想动向，把教材内容的德育因素与对学生的思想动向的教育结合起来，巧妙地对学生进行民族团结教育。

（二）在实施教学过程中积极发挥教师的情感因素，对民族学生进行民族团结的教育

1. 促进师生间的情感交流

教师要在感情上缩短与学生的距离，要正确地处理、调节与学生之间的关系，要让学生在英语学习中产生愉悦积极的情感。良好融洽的师生关系能够积极地促进教与学的良性循环，从而“安其学而亲其师”。

影响民族预科英语教学的因素很多，除了教师所具备的能力、使用的教学方法外，教师对学生的情感态度对学生学习英语也起着举足轻重的作用。预科学生大都来自祖国的边远地区，一定的自然和社会因素导致部分预科学生英语基础相对薄弱，同时他们来自不同的民族，有着不同的文化背景，有些学生心理素质不是很好，自尊心比较强，在英语教学过程中，教师稍不注意，就会伤到他们的自尊心，从而挫伤学生的积极性。美国著名学者布鲁斯阿克曼在“自由教育”的理论中提出：“整个教育体系就好比一个庞大的球。孩子们基于不同的文化背景而站在球面上的不同点：教育的任务就是帮助他们探求这个大球，让他们了解发生在周围的戏剧性事件的深层含义。”在英语教学过程中，教师应认真公平地对待每一个学生，用激情去点燃课堂，用爱心去关注学生，用耐心去倾听学生，促进师生之间的情感交流。使教师能够

对症下药，及时处理班级问题，解决学生学习和思想上的问题。

2. 上好第一节课，为民族团结思想的渗透奠定情感基础

上好第一节课，为今后的情感交流奠定基础。每位学生对每位老师的第一堂课都会特别期待，因为老师是“新”的，知识也是“新”的，预科学生刚刚离开家乡，怀着对大学的憧憬进入一个陌生的环境，他们对预科的学习是好奇的，因此，教师的第一堂课至关重要，将影响到学生对这一学科的热爱。如果第一堂课教师能给学生树立很好的形象和较高的威信，学生会因为喜欢老师而喜欢这一科的学习，产生积极的学习情感，为以后上好这门课打下良好的基础。以下是本人在教学中的实践及策略。

（1）注重仪表可使学生感到你是位可亲的老师。开学第一节课，教师一走上讲台，几十双眼睛就会集中到你的身上。如果老师不修边幅，或者浓妆艳抹、奇装异服，都会影响教师在学生心目中的形象。学生对教师的衣着和发型的过分关注也会分散学生听课的注意力。讲台上的教师应朴素大方，对自己的服装和发型应适当讲究一点，打扮要得体、朴素、自然、大方，留给学生一个美的第一印象。

（2）教师要善于向学生传递自己的情感。教师应精力充沛、情绪饱满、充满激情，用自己的热情感染和激励学生。在上课过程中，教师可以充分地利用面部表情向学生传递自己的感情，面带微笑，风趣幽默。上课时，教师应尽可能多地使用诙谐幽默的语言、抑扬顿挫的语调，并配以丰富的表情和肢体语言来组织课堂教学，这样就能使学生在和谐轻松的氛围中投入英语学习，从而对这门课产生兴趣，同时也可以让学生对教师产生亲切感，便于师生的情感交流，为以后上好这门课打下良好的情感基础。活跃了课堂氛围、激发了学生的学习动力。眼睛是心灵的窗口，教师的目光要尽量地关注每一位同学，让每个学生都能感受到老师对自己的关注，从而能认真学习。当有学生玩手机或者聊天时，教师可以长时间地注视他，用眼神告诉他你这样做是不对的，既代替了口头批评，照顾到了学生的自尊心，又不会因为强调课堂纪律而影响其他同学。新生进入学校后人生地不熟，他们更需要老师的关心、指导、帮助。在第一堂课中，教师一定要抓住学生的心理特点，及时把自己关心爱护学生、乐于帮助学生的思想表露出来，取得学生的认可，为建立比较融洽的师生关系打下良好的基础。

（3）要合理地安排第一节课的任务和内容，利用“第一堂课”促进民族学生之间的情感交流，向民族学生渗透民族团结的思想。由于预科学生来自不同的民族和地区，他们的英语水平参差不齐，每个班都有 1/5 的英语零基础的学生。如果第一堂课就讲统编的预科英语教材，难免会挫伤这部分人的

学习积极性。预科英语第一堂课的内容可以不受教材的限制。第一堂课的任务之一，是要培养预科学生学习英语的兴趣。应使学生明白预科英语课程要学习些什么，大概了解民族预科英语课程的教学任务和内容，知道在预科期间需要掌握哪些知识和技能；使学生明白为什么要学习英语课程。教师可以利用身边的事例来说明，给同学们列举典型的事例，一边讲、一边启发学生思考，从而大大激发学生对语言课的学习兴趣。缩短师生间的距离，为日后授课奠定良好的基础，也为改变教师说教的呆板模式开个好头。教师在开学第一课也可以让学生用英语来作自我介绍，因为他们来自不同的民族，教师可以让同学走上讲台讲一讲自己的家乡和民族文化，增进大家彼此的了解。只有增进了解，才能尊重，才能在与其他民族同学相处时自觉尊重其他民族的风俗习惯。只有民族学生彼此了解，才能让学生懂得各民族之间应当互相尊重、平等相待、和睦相处。

（三）根据民族学生的特点努力营造平等、团结、和谐、进取的班级氛围

一个班级的学风如何是至关重要的，尤其是对于刚刚步入预科的各民族学生来说，更是如此。对于他们来说，预科的一切都是陌生的，预科就像一个大家庭，拥有不同民族的兄弟姐妹：一方面学生要懂得如何处理和其他民族学生的关系，更好地适应预科生活；另一方面，预科的学习任务不像高中那样紧张，若是在这个关键时期学生松懈下来，这对将来的学习是非常不利的，因此，为他们营造平等、团结、和谐、进取的班级氛围是至关重要的。近几年，由于学校不断扩招，生源来自不同的民族地区，目标学校的生源也不尽相同，招生过程中挑选的余地较小，以至学生的英语出现多层次的特点。他们来自不同的目标学校，有“985”院校的，也有三本院校的预科生，他们中一部分学生的英语成绩是非常优秀的，但还有一部分学生的英语基础为零，这为预科的英语教学带来了一定的困难。

1. 根据不同的学生设立不同的目标

在英语教学中，针对英语学科和预科学生的特点，教师应当抓两头，促中间；对于成绩好的学生提出更高的要求，在教师的指导下有目标地进行大量的课外阅读和听力训练，加强语言的运用能力，为通过英语四六级做好充分准备。对于中间的学生，让他们努力向上、争取做最好的学生，完全掌握预科所学的内容，加强练习，在听说读写方面有进一步的提高。

2. 教师要有情感地组织教学和教学评价

对于英语零基础的学生，教师要采取关心鼓励的方法，因为他们内心比

较敏感，许多学生有自卑心理，学习的信心不足。因此，第一堂课中要加强引导，帮助他们消除自卑心理，树立学习的信心，使学生明白，大学不是学习的终点，他是学生通往成功道路的起点，三本的学生也可以通过努力学习取得优秀的成绩，找到很好的就业机会，也可以通过考研究生进一步深造，并不一定比一本的学生差，只要学生肯付出努力，就一定会得到成功。目标学校再好，如果不努力，前途也是渺茫的。同时，用我校毕业的升入重点大学研究生的学生为例，来说明我校学生是优秀的。通过他们的成功例子，使学生有努力的方向，使学生明白努力学习的重要性。学生需要老师的理解、尊重、鼓励和信任，所以，教师要帮助他们在学习英语中获得成功的体验，增强克服困难的意识，建立自信心。自信心是一个人走向健康人生的基础，有了源源不断的自我肯定，才能不断增强自信心；帮助他们树立学习英语的信心，培养学习英语的兴趣，培养他们自主学习的能力，才能让他们更快地投入学习，更好地适应预科的学习。

3. 教师在教学中应有意识地创设各种情境

教师通过创设各种情境，为各类学生提供表现自我的机会，不失时机地鼓励他们，加强情感交流，努力使他们获得成功的体验。例如，教师可以给不同层次的学生提出不同层次的问题、布置不同的作业，让人人都能参与，人人都能体验到进步，增强学习动力。

情感活动与认知活动是密不可分的，在课堂教学中，教师一定要充分考虑到学生是作为一个有感情的人存在于我们的周围的，所以，在教学中必须充分重视学生的情感体验对学习效果的能动作用，灵活机智地组织教学，使预科学生对学习英语充满生机和活力，让学生感到学习英语的愉悦和成就。

老师要齐抓共管、以优带差，这对于营造平等、团结、和谐、进取的班级氛围也是至关重要的。和谐进取的班级氛围仅靠教师一个人是不行的，还需要全体预科学生的共同努力合作，所以，调动民族学生的积极因素，大家互帮互助，努力营造团结向上的班风。

（四）通过合作学习增强民族预科学生之间的情感交流，促进民族团结

合作交流的形式能大大减少重复性劳动，使教学活动更趋于优化。人人都有发言的机会，不同层次的学生都得到发展，使学生不但自主解决学习任务，而且锻炼了自己的能力。

提倡合作学习，首先要把学生分成若干小组，以小组合作的形式，在教师的指导下，通过组内学生的探究和互助活动共同完成学习任务，同时对学

生的认知、情感、自信心、同伴关系等产生积极影响。合作学习不仅可以增进师生之间、学生之间的语言交际；促使学生之间相互学习，共同提高；还可以在小组合作过程中增进民族学生之间的情感交流，培养民族学生的合作意识和团队精神，有力地促进民族团结。以下是我在英语教学过程中的实践及收获。

1. 英语课堂上常用的小组活动有以下几种：

（1）角色扮演。角色扮演常用于口语教学中。在合作小组内，成员通过创设较为真实的生活情景，针对某一个与小组学习任务相关的话题，使用英语进行角色对话。

（2）小组协作。小组协作是小组成员共同完成某一学习任务，培养小组成员的英语综合能力所采用的一种活动方式。如，在小组共同完成一篇文章时，有的学生负责整理材料，有的学生负责对材料进行分类，有的同学负责写初稿，有的同学对初稿进行修改。因此，在活动中小组成员相互协作、相互帮助、相互鼓励，完成任务，从而全面提高自己的能力。

（3）小组讨论。陶行知认为，讨论有交换知识、彼此鼓励、互益兴趣三大好处。所以，为学生营造轻松、愉快、自由、和谐的学习氛围，引导学生质疑、探究、发现、解疑，在参与体验中享受学习的乐趣，可以实现英语课的“教学合一”。

可以适当地在课堂上开展一些和课文有关的讨论，一方面可以增强学生之间的交流；另一方面可以融洽学生之间的关系，改善学习气氛，促进民族学生间的感情交流，同时也为学生充分展示自己提供了平台。例如，在讲第二册第六单元“When in Rome do as the Romans do”一课时，教师根据课堂教学需要，利用百度搜索的图片和相关资料做成 PPT，在课堂上给同学们演示有关各国习俗的一些图片，直观地让学生充分了解世界各地的风土人情，例如不同国家的不同的问候方式、饮食方式等，如 customs in Japan，customs in Sweden，customs in Mexico，customs in Egypt。美丽的图片立刻吸引住了学生的注意力，使学生充分感受各国的不同文化。教师可以通过放映图片有意识地导出一些问题，如：What can you infer from these pictures? 学生很容易地回答出 different countries have different ways of doing things. 老师紧接着可以导出问题：Great！When in Rome do as the Romans do！This is very important in cross-cultural communications. Can you list some examples of dos and don’ts in your own culture? 这也是学生非常感兴趣的话题。因为民族学生来自不同的民族地区，他们的文化习俗是不同的，同学们可以针对这个话题展开讨论，促使不同民族的学生了解和交流，从而使他们更加了解我们祖国大家庭的风土人情，培养学生的爱国情感和团结意识。

（4）游戏竞赛。高科技时代是竞争的时代，没有竞争，时代不会向前发展。学生只有具备了较深层次的集体主义观念，竞争成功的可能性才会更大。老师从一上课就宣布各组要进行竞赛，最后获胜的组还可以拿到奖品。在每次活动中，学生的汇报、回答都能使自己的组多一面小红旗。这大大激发了各组的积极性，形成各小组间竞争的局面，使学生的竞争意识不断强化。组员之间可以在小组活动中互相督促，激发每一名学生的学习热情，从而提高了课堂的实效性。在游戏竞赛中，学生将作为不同小组的代表，同其他小组成员展开竞赛。游戏通常与教学内容有关，以下是笔者在英语课上常玩的游戏：在黑板上写与课文相关的单词或短语，每组选一名同学背对着黑板，不让他们知道是什么词，下面的同学自由发挥，用英语给他们提示这是个什么词，直到有同学猜出来为止。先猜到的同学其所在的小组可以加一分。还可以用以下方式猜词，比如：每个人准备个小纸条，在上面写三个词，然后收集到一个袋子里。学生按顺序轮流上讲台，先抽纸条，然后用英文描述这是什么词，让下面人猜，写纸条的人不准说话，猜到的人可以为自己的小组加一分。此外，英语单词接龙也是学生比较喜欢的游戏：将全班分成若干组，每组来一个学生，在黑板上写出一个以某字母为词首的单词，前一个单词的词尾字母作下一个单词的词首字母，在规定的时间内，看哪一组接的词最多为优胜。如 pen—nice—eight—tea—an—no—or—right—teacher—radio—on—nor 等。通过小组游戏可以促进民族学生之间的情感交流，提高学生的合作意识，培养学生的合作能力。

2. 小组合作学习的注意事项

（1）要对民族学生进行合理的分组。

按照英语基础把民族学生分成好、偏好、中等、差四个等级，再按照学生的性别、民族、能力、性格，每组分配一人，由于我校新疆地区的学生与内蒙古地区的学生相对较多，因此在分组的时候要考虑民族因素，使各民族的学生合理搭配，尽量避免一个小组有过多的同一民族的学生，每组学生的民族要有差异性。这样可以促进不同民族学生之间的了解和交流，避免形成过强的本民族意思。组成学习小组，在学习任务下达后，按各自的能力与专长分工合作。排座位时按照同组就近原则，便于小组成员相互讨论和帮助。

（2）要学生了解小组合作的规则。

合作学习效率低下的一个十分重要的原因是学生不知道如何进行合作学习。因此。教师首先要让学生明确合作学习的规则。在合作学习之前，要让学生明确合作学习的目标、方法、步骤和任务分工，知道学什么、怎样学、达到什么标准；只有在小组成员明白教师的指令和合作活动的任务后才进行活动。每一组都确定好组长，再由组长确定每次活动的记录员、汇报员等，这样就避免了为挑选临时组长，你推我让，或小组内为谁先发言而争吵不休，造成学习效率低下。并且，在合作过程中，老师要时时提醒遵循规则，从而提高合作学习的质量，提高课堂的实效性。“在学习过程中，只要有可能就必须贯彻‘以共同协商代替权威给定’这一原则，而且每个成员所持有的技能和知识高度分散，大家通过联合行动，共同解决问题。”在小组合作学习要求学生要有合作精神、团队意识和集体观念，要理解集体协作的重要作用，小组互动学习中要做到尊重对方，理解对方，善于倾听对方；不同见解，要等对方说完，再补充或提出反对意见；对对方的精彩见解和独到观点，要通过表扬、鼓励的形式，达到相互支持；碰到困难和分歧较大之处，要心平气和，学会反思，建设性地解决问题，并在小组互动学习中乐于与他人合作，愿意与他人分享各种学习资源。当然，这种合作意识是不可能一朝一夕习得的，要有意识地长期培养，潜移默化。在小组合作过程中，要最大限度地发挥同学间的合作效能。

此外，要有情感地处理对小组活动的评价。学生的潜能是巨大的，他们既有学习的需要，也有被激励的需要。所以，教师不能只关注学习成绩的评价，还要关注学习动机、学习态度、学习情绪的评价，从“片面评价”向“全面评价”转变，体现情感关怀，进行鼓励，并给予更多的机会，同时还要让学生对自己进行个人评价，老师要关心学生的成长。具体而言，“全面评价”是指教师在问题对话的过程中要根据解决问题的发展事态，不断施以激励性、赏识性、启发性评价。这是一种全程性评价、真实性评价，并不是传统意义上的教学后、学习后评价，而是融入学习过程与方法的全方位评价，也是学生“三维”目标生成的过程评价。合作学习把“不求人人成功，但求人人进步”作为教学评价的最终目标，把学生个人计分改为学习小组计分，把小组总成绩作为奖励或认可的依据，形成“组内相互合作，组间相互竞争”的局面，使得整个评价的重心由鼓励个人竞争达标转向小组合作达标。每次活动结束后，老师可对小组学习的情况进行评价。对优先的组进行表扬，对落后的组既要重视对小组的评价，也要重视对个人的评价，激励学生学习，帮助学生有效调控自己的学习过程，使学生获得成就感，增强自信心，培养合作精神，提高课堂的实效性。

3. 小组学习的意义

小组合作学习能够培养学生的参与意识，激发学生的学习兴趣，有利于培养学生的责任感。传统的“老师讲、学生听”的填鸭式教学过于枯燥，不能使学生参与到探究知识的过程中，不利于学生的学习。在小组合作的过程中，学生和教师的沟通是全方位的、多层次的。小组中每个人都有机会表达自己的观点和看法，也乐于倾听小组其他成员的意见，使学生在快乐轻松的氛围下进行有效的学习。小组成员可以充分发挥自己的创造性思维，各民族学生之间互相交流与帮助，使他们在学习过程中产生愉悦的情感体验。教师在布置完任务后，对各小组进行旁听、纠正、指导、帮助等，这样可以形成轻松快乐的学习氛围，师生之间、学生之间的互相帮助，有利于学生顺利完成学习任务，有利于师生间的有效沟通，能增进民族学生间的彼此了解，促进民族学生相互监督、相互鼓励，培养合作能力和团队精神，从而为他们建立亲密、融洽、团结的民族关系奠定情感基础。

综上所述，作为民族预科的英语教师，应结合民族预科学生及英语学科的特点，积极挖掘民族团结教育素材，以情感教学为主线，使民族团结教育与英语学科教学有机结合起来，真正发挥情感教学在民族团结教育中的主渠道作用，不断提高民族团结教育的时效性，从而促进和谐校园建设。

参考文献

[1] 王升．苏霍姆林斯基主体参与思想评析［J］．外国教育研究，2000，27（6）14.

[2] 陶行知．陶行知全集（第四卷）［M］．成都：四川教育出版社，1991.

[3] ［德］H. 曼德尔．从知识管理到学习共同体［J］．教育大讲堂（朱小蔓主编），2012（6）．

[4] 韩立福．新课程有效课堂教学行动策略研究［M］．北京：首都师范大学出版社，2006.

新形势下做好民族预科学生社团工作探讨

张　海

[摘　要] 民族预科院校的学生社团在加强学生综合素质、提高思想道德素质和加强校园文化建设方面起着不可替代的作用。在我国加快改革开放和民族地区发展的新形势下，如何做好民族预科教育的学生社团工作，以便更好的培养民族人才服务民族地区，无疑是民族预科院校学生社团需要研究和解决的问题。本文从学生社团的特点和功能出发，研究和探索了学生社团在新形势下社团管理的对策和建议。

[关键词] 民族预科　学生社团　管理

在十八大之后，随着我国高等教育改革进程的不断深入，学生社团在校园文化建设和民族预科学生素质全面发展方面具有越来越重要的作用。学生社团是民族预科院校的重要组成部分，作为学生进行自我教育、自我管理、自我塑造、自我提高的重要阵地更是蓬勃发展，学生社团是民族预科院校实施素质教育的重要途径和有效方式，它弥补了课堂教育缺乏实践性的不足，在培养学生的综合实践能力方面发挥着重要作用。与此同时，新时期民族预科学生的价值取向趋于多元化，若仍以传统的学生社团管理模式进行管理，则难以发挥学生社团育人的作用。因此，新时期预科院校预科生社团管理面临着严峻的挑战。

一、民族预科学生社团的特点和功能

《中国大百科全书·教育》中对学生社团一词解释为：“中国中等学校和高等学校学生在自愿基础上自由结成的群众组织。”我国《普通高等学校学生管理规定》中给民族预科学生社团的定义为：“学生社团是本校学生自愿组织的群众性团体。”即由民族预科学生依据兴趣爱好自愿组成，按照章程自主开展活动的学生组织，学生社团要接受学校职能部门的指导和监督。上述两种对学生社团的介绍基本一致。学生社团组织以学校的实际情况为依据，利用学生的课余时间来开展形式多样、丰富多彩的文化活动，以达到互相交流、相互切磋、增长见闻、增进友谊、共同进步的目的。由于学校认识到学生社团是学校推行素质教育的重要载体，因此对学生社团的发展大都持积极的支持态度。

（一）民族预科学生社团的特点

民族预科学生社团成立是由同学们结合当下的社会形势、聚焦问题，结合所学专业和自身的兴趣爱好而组建的，又经民族预科相关部门考察与审批同意设立，确定其合法地位。民族预科学生社团作为一种自发性的群众组织，有其基本特征，具体表现为以下几点：

1. 社团的开放性

学生在参加社团活动时因为活动的内容丰富多彩、形式多样，接收信息和传播信息的方式灵活，使社团成员较为广泛，便于开展跨社团交流和与社会交流，提升发展空间。

2. 社团的爱好性

社团成员因为相同的兴趣爱好和共同追求而联系在一起。因此可以通过各种内容丰富、奇思妙想的活动体现出成员的价值，创造积极向上的生命力和创新力。

3. 社团的自主性

民族预科主要采取自我管理和自我服务的形式，更加强调自主性。学生社团能够为学生提供张扬个性、自我创新、自我管理的平台。社团成员可以利用这个平台积极开展实践活动，为成员提供锻炼自我的机会，增长见识，提升专业知识能力。

4. 社团的共同性

学生社团具有广泛的群众基础，成员完全在自愿的情况下加入其有兴趣的社团组织。学生社团具有鲜明的共同性和目的性，具有主动的学习态度、积极的创造力和健康向上的团队精神，大家通过合作、锐意进取、互相沟通、互相激励从而达到共同提高的目的。

（二）民族预科学生社团的功能

预科院校学生社团已成为预科学生学习生活不可缺少的重要组成部分，它不仅丰富了学生的课余生活，而且在丰富个人专业知识、拓展能力素质、提高道德品质、增强实际操作能力及综合能力方面有着不可替代的作用，是校园文化生活的主阵地。

1. 提升学生道德品质的功能

预科院校学生社团对学生的思想道德建设起着重要的作用，使学生的思想道德水平得到提高。一个优秀的学生社团会在成员参加社团后，通过社团的一系列活动和社团的管理工作，让所有的社团成员紧密结合，形成一个整体，完成一个社团成员从归属感——认同感——荣誉感——责任感的提升，这样就形成了良好的互动关系。这样，不仅对社团组织，也对社团成员的个人成长都起到了推动和促进作用。与此同时，优秀的社团组织对成员所倡导的优秀的价值观也在影响着社团成员的行为准则和思维方式，从而使其形成正确的人生观、价值观、世界观。

2. 拓展学生的素质与提高技能的功能

预科院校学生社团为学生的素质拓展提供了广阔的舞台。学生在积极参加社团活动的过程中，能够得到较好的锻炼，使学生在专业知识素养方面得到提升，也会加强学生的协作意识和团队意识，增进学生们的社会认知感和实践操作能力。我们知道，预科院校学生社团把具有相同文化背景和共同兴趣的学生聚集在一起，通过社团活动让学生们提出自己的想法和创意，不同的信息和理念在一起碰撞，不同成员之间互动，使创新的动力越来越强，这就提高了社团成员的创新意识。另外，一个社团由众多的社团成员组成，通过活动使成员与成员之间进行频繁的交流，正是由于每次的活动和活动后的交流，使社团成员交往的能力得到锻炼。

3. 增强社会服务功能，促进社团、社会发展

预科教育最终的目标是要培养对国家、对社会、对民族有用的人，符合社会的发展需要。要实现这一任务，预科生不仅要在校园内完善知识结构，更应走出校园，到社会的广阔舞台中经受锻炼。学生社团的非功利特点和与社会广泛接触的特点决定了学生社团活动的社会服务功能。从另外一个角度说，学生社团的社会服务功能体现了预科生的志愿者精神。学生社团的社会服务功能对建设和谐社会、加强社会主义精神文明建设起到了重要的作用，学生社团也在社会服务过程中体现了价值，完善了自身的发展。

从民族预科学生社团的特点和功能我们能够看到，民族预科学生社团对学生在预科学习阶段培养学生综合素质具有不可替代的作用。我们要充分发挥学生社团对学生教育的积极作用，但也要注意社团在发展中的新变化和新问题，我们要关注民族预科院校学生社团发展的现状，注意社团存在的问题，要正确利用好社团的特点和功能，通过不间断的指导为其“把好方向，掌好舵”!

二、民族预科院校学生社团发展现状和存在的问题

在民族预科院校中，学生社团主要分为思想政治教育类、公益志愿服务类、学术实践类、文化艺术类、体育竞技类、学生刊物类。但结合民族预科

院校和各个少数民族学生的特点，主要以学生的思想政治、公益志愿服务、文化艺术、体育竞技、学生刊物居多。民族预科社团具有强烈的民族性特点，同学们在加入后表现了极大的兴趣爱好，并丰富了他们的课余文化生活、开阔了知识视野、提高了自身修养、增进了同学友谊，培养了发现问题、分析问题、解决问题的能力，增强了集体观念和创新精神，有助于各民族同学互相了解，促进各民族大团结。以北京理工大学秦皇岛分校为例，在2013级预科生中，具有一定规模的各类型社团有近22个，其中很多同学同时参加2个以上社团并积极参与社团活动，其名称及活动情况如表1－1所。

表1－1　北京理工大学秦皇岛分校学生社团及其活动

序号	学生社团名称	2013年社团活动项目
1	摄像社团	校内摄影评比、民族文化摄影大赛
2	文学社团	创新文学交流、综合文学评比活动
3	书法社团	“孝文化”主题书法、“精实”书法交流
4	模拟联合国社团	关于全球气候效应问题、“模拟联合评比”活动
5	演讲与辩论社团	口才与生活讨论活动、论“少数民族”辩论赛
6	唱吧社团	青春歌舞剧汇演、“唱出新篇章”歌词大赛
7	民族社团	关于“未来人才”讨论会、如何促进少数民族参政议政
8	话剧社团	预科生话剧汇演
9	科学社团	原子结构讨论会、“生活中的化学”活动
10	魔方社团	“巧手杯”魔方联赛、华北预科生魔方交流
11	英语社团	英语“一帮一”活动、“英语角”活动
12	韩语社团	韩剧观影活动
13	手工社团	“手动青春”活动
14	健走社团	健走训练、校内健走大赛
15	天文社团	了解宇宙星空、观看天文现象
16	知识共享社团	探讨“民族起源”、科学知识共享活动
17	数学社团	趣味数学大赛、生活中的数学讲座
18	新闻社团	国际新闻纵谈、国内新闻短评
19	博弈联盟社团	校内博弈大赛、棋类起源讲座
20	志愿者协会	看望孤寡老人活动、清扫白色垃圾公益活动
21	读书社团	对现代文化现象的研究、读书汇报活动
22	清代历史研究协会	“现代政治与清代政治的联系”讨论会、关于清代覆灭问题的探讨

在预科院校学生社团蓬勃发展的同时，由于受学校内外各种因素和自身条件限制的影响，也逐渐出现一些不利于社团发展的问题。主要有以下几种：

（一）在专业教师指导深度不够的时，表现出社团活动层次不一

从整体看，高校学生社团基本上都配备了专业或兼职指导教师。但在民族预科院校，专业的指导教师很少，即使有，也是“凤毛麟角”，且教师基本都有自己的事业，指导社团完全是义务指导；再者，指导教师也是在社团的“大方向”上给予指导，而在具体的活动中很少见到他们的身影，所以在指导教师指导深度不够的情况下，就会出现社团活动层次较低、活动质量不高的情况。

（二）在社团活动中经费与场地不足

《大学生社团管理条例》明文规定，社团的活动经费采取学校支持与自筹相结合的原则。由于我国高等教育资金不能满足高等教育发展的需要，所以在社团活动经费上就更是“捉襟见肘”。民族预科院校同样也存在这样的问题。在场地问题上，除了一些社团有固定的场地外，其他的基本没有固定活动场地，这给社团的发展带来了一些具体的困难。

（三）社团在发展中结构失衡

社团在发展中结构类型不平衡。民族预科院校学生在社团类型上存在结构失衡的情况。学生在加入社团时主要考虑个人的兴趣和爱好，比较喜欢娱乐性较强的社团，对一些有关政治理论和思想道德类社团则少有问津。从中可以看出兴趣爱好和学术科技类社团是民族预科院校学生社团的主要类型。而对于一些像政治理论和思想道德类社团，能真正体现民族学生的文化修养、精神面貌并能帮助、引导教育主流的社团发展不尽如人意，有两极分化之势。

（四）对学生社团的地位和作用认识不够

学校领导和教师对预科院校学生社团作用认识不到位，在学生社团发展的重要性上认识不全面。许多预科院校只把学生社团活动简单地定义为校园文化活动的一部分，没有从战略发展的高度来看。很多领导认为社团就是学生“搞活动”的地方，他们看中的是课堂教学，没有从思想上认识到学生社团活动对学生思想和道德的引领作用。

（五）缺乏技能和个人潜能锻炼空间

应该说预科院校的学生社团为学生在锻炼拓展技能、提高技能方面提供了良好的环境。学生根据自身的爱好，加入某一类社团，在发展兴趣爱好的同时不断地使自己的某一方面得到锻炼和提高，掌握一技之长。但是有些预

科院校社团却没有重视这个方面，忘记了学生个人潜能的发展能提高学生的自信心，使得学生从主客观两方面共同发展的作用。各学生社团都有自己的活动纲领和宗旨，这给社团成员提供了发展个性和发掘潜能的特定氛围，应该利用这个有利特点，让学生在社团活动的过程中相互切磋、取长补短，进而获得深层次的认识与理解，锻炼和提高学生的个人技能。

三、在新形势下，加强民族预科院校学生社团管理的对策和建议

通过分析民族预科院校学生社团的管理现状及其存在的问题，并借鉴其他少数民族地区民族预科院学生社团的管理经验，我们试图探讨我国民族预科院校学生社团管理的有效途径，这也是最终的目的和价值所在。因此，紧密结合学生综合素质教育的实施目标，我们对如何更加科学有效地管理、引导预科院校学生社团的良性发展提出了几点肤浅的对策，以期能为开创预科院校学生社团管理的新局面提供一些借鉴和启示。

（一）坚持民族预科院校学生社团健康发展的指导思想

民族预科院校学生社团作为大学生思想政治教育的重要阵地，必须坚持执政党的指导思想，高举中国特色社会主义伟大旗帜，以邓小平理论、“三个代表”重要思想、科学发展观为指导，深入学习贯彻党的十八大精神，坚定信念，牢记使命，脚踏实地，锐意进取，团结带领广大团员青年满怀信心地紧跟着党，为全面建成小康社会、加快推进社会主义现代化、实现中华民族伟大复兴的中国梦而奋斗。大学生社团是由高校学生依据兴趣爱好自愿组成，按照章程自主开展活动的学生组织。高校学生社团活动是实施素质教育的重要途径和有效方式，在加强校园文化建设、提高学生综合素质、引导学生适应社会、促进学生成才就业等方面发挥着重要作用，是新形势下有效凝聚学生、开展思想政治教育的重要组织动员方式，是以班级年级为主开展学生思想政治教育的重要补充。要充分结合民族预科院校的特点，大力宣传民族团结、各民族和谐相处、共同努力、共建中华民族的伟大“中国梦”。

（二）民族预科院校应加强对学生社团的管理和引导，加大支持力度

1. 民族预科院校管理者应充分认识到学生社团在预科教育中的重要地位及其特色，改变管理社团的理念

学生社团的管理是一项复杂的工程，需要民族预科院校各级领导齐抓共管，同时要转变思想、更新观念，认识到社团在当前高等教育中的重要作用。值得注意的是，学生社团是建立在学生的共同兴趣、爱好、价值观基础上的群众性组织，有其自身的发展规律，民族预科院校学生管理部门的领导在对

学生社团的管理中要遵循科学规律，在不违反相关规定的前提下，给各种学生社团以独立的发展空间，减少领导者个人意志对于社团活动的干预。要发挥民族预科生的特点，走民族大团结、多元化民族文化融合的道路。民族预科院校的管理者必须认识到：对于学生社团来说，只有通过社团成员集体的力量，才能走上自我发展的道路，才能不断壮大，才能增强社团的凝聚力和吸引力，才能使社团成员通过活动满足自身的需求，实现自我发展，才能彰显学生社团的教育功能。对此，民族预科院校及相关部门应树立管理学生社团的新理念——“变管制为服务”，在管理方式上变“以管制、束缚为主为以评估、激励为主”，在途径上要变“口头和思想上重视，而人力、物力投入不足为加大投入，加快社团发展”，在保证社团规范性的同时，要保持社团的民间性、自主性；在对社团活动进行指导和规范的同时，保障社团的民主性、公开性、公平性，以促进社团运作效率和活动质量的提高，更好地发挥学生社团为学生成长成才服务的育人功能。

2. 建设符合民族院校预科学生社团发展需要的管理体系

通过建立健全新社团，成立基本标准和审批制度，严格把关申报、审核、批准的三个关键环节。对学生社团的组建，要有一定数量的发起人组成社团成立筹备小组，有完善的组织机构和规章制度，包括以下几点：

（1）社团全称、组织机构及其职责。

（2）宗旨、活动范围（原则上为校内）。

（3）会员资格、权利、义务及会员管理。

（4）民主的组织管理制度、执行机构的产生程序。

（5）负责人及主要学生干部的条件和任免、考核程序。

（6）资产管理和使用原则。

（7）章程的修改程序。

（8）社团终止程序和终止后经费的处理。

建立一个社团，要考虑以下几点：是否有专业的指导老师和稳定的指导单位，是否有社团自身的特色和品牌活动，还要衡量该社团成立是否符合学生成长成才的需要，是否有利于拓展学生素质，是否有助于促进学校培养、育人的目标实现等。通过建立准入制度，可以从根本上杜绝社团发展泛滥的现象，有效阻止社团成立之初积极性特别高，成立之后无所作为，最终被撤销的现象。建立健全完善的社团准入制度，保证社团发展的规范性，正确引导学生社团的发展方向。

3. 构建学生社团激励制度，促进社团发展动力

在预科院校学生社团规范化管理的基础上，建立科学的激励制度，以调

动指导教师、社团干部和社团成员工作的积极性和责任心。学生社团管理部门应综合精神激励、物质激励和目标激励，对社团工作、活动中涌现的先进集体和优秀个人给予学分激励、工作量化激励、表彰激励等，以提高社团整体的积极性。

为确保社团管理制度的有效性，首先，要增进学生社团的发展动力，建立科学的学生社团激励制度，考核、评估是关键。考核固然重要，为避免考核过于形式化和指标化。为使考核科学、合理、有效，社团联合会可以通过与学生社团的有效沟通，建立学生社团划分类型的指标考核体系，为使考核更具有针对性、科学性，按照不同类型的学生社团，采用不同的考核量化指标。其次，要把学生社团负责人也纳入考核的范围，因为学生社团作为一个学生组织，其负责人的能力、水平和工作思路和方法会对社团有着较大的影响。通过考核，增强学生社团负责人的竞争意识，从而提高自身的综合能力，如考核不合格，将予以罢免。另外，要将社团指导老师的工作量纳入考核激励的范畴，对于认真负责、关心学生社团工作的指导老师给予精神上和物质上的奖励，可以更好地调动和提高指导教师的积极性和责任心。当然，在社团活动中，加强活动的针对性和吸引力，对在活动中表现突出的成员，在学习成绩中计入相应学分，给予一定的表彰；当然，在学生社团工作和活动中结合大学生素质拓展计划，把考核纳入学校素质教育整体评价体系中，形成完善的激励机制，也是一种很好的激励措施。

4. 建立社团淘汰制度，保障社团良性发展

在学生社团管理中，制定科学规范的评价体系，除了激励之外，还要引入学生社团淘汰机制。对于每年考核不合格的学生社团，限期整改，经过限期整改后由社团联合会评估。对于评估验收确定为没有开展工作和活动能力的或者不具备准入条件的学生社团予以淘汰，准予撤销。比如在社团管理中以下情况出现两次的社团，社团联合会将对此社团予以撤销。一个学期内无一次社团活动；一个学期内无一次会员大会；经费管理混乱，账目不清；负责人连续三次无故不参加社团联合会理事会例会；无民主选举程序产生社团负责人；招收新会员、开展活动、私自编印刊物、建立网站不提前报批；逃避社团联合会对社团工作的考核和监督；私自向会员收取会费；无正式负责人及组织机构；机构疏于管理，活动组织不力，会员意见大，造成恶劣影响；违反国家法律，严重触犯校规校纪；活动范围和内容与社团宗旨、章程相违背，影响恶劣；利用社团从事以营利为目的活动；骨干成员侵占、私分、挪用学生社团经费或者所接受的捐赠资助；盗用指导单位或其他组织名义，引起严重后果；连续被评为“不合格”的社团，社团联合会将予以解散。建立

健全完善、合理的社团淘汰机制，以保证社团的健康发展。

（三）预科院校学生社团特色建设

预科院校主要是坚持民族特色发展之路，具有在长期的办学实践中形成的比较持久稳定的发展方式和被社会公认的、独特的办学风格、办学模式。办学特色不仅体现在办学性质、类型上，而且体现在办学定位的准确性、办学风格的独特性、教育思想的独到性、人才培养模式的鲜明性等方面。民族预科院校更是民族团结和民族文化的凝聚地，预科院校学生社团活动是预科院校办学特色凝练的组成部分，当然也要注重培育社团风格。

1. 努力创造展现各民族文化的纽带作用

预科院校学生具有多样性、民族性和层次性的发展特点。它会随社会进步而变化，会受学校教育的影响。现代社会要求尊重每一个学生的权利，尊重学生的兴趣和需要。少数民族大学生有着自己区别于汉族和其他民族的一些特点，预科院校在学生社团的建设过程中要满足各族学生自我发展的需要，鼓励各民族学生互相学习文化，增进友谊，进一步促进各民族间的交流，加强民族团结。

2. 突出以民族预科学生为主体的原则

在社团发展上，管理者要坚持学生社团自我管理的原则。学生的自我管理即学生的自我教育，要求学生对社团的发展负责任，应该管好自己，通过学生的自我管理促进自身发展。在社团管理方式上，管理者要坚持以放为主的原则。以放为主就是要求管理者充分相信学生、尊重学生的意见。就是要调动学生的积极能动性，放手让学生对社团进行管理，促进学生对社团的自我管理。

3. 构建互帮机制，吸引学生参与学生社团

刚入学的少数民族学生由于语言、文化、生活习惯、思维方式等的不同，需要一段时间适应，通过民族社团，可以学到很多的有益经验，缩短适应期，使他们更快地融入预科学习生活中。例如：新疆地区的少数民族学生包括维吾尔族、哈萨克族、柯尔克孜族、乌兹别克族、俄罗斯族等20多个民族，各少数民族在千百年的历史发展中，形成了具有各自民族特色的风俗习惯、历史传统、心理素质、道德观念与价值取向等，因此，各少数民族学生喜欢参加各种老乡会、小团体聚会，他们大部分时间只跟自己同一民族的同学在一起，与其他民族的同学交流很少。但是，如果加入到自己感兴趣的、有特色的民族社团中，少数民族学生的心理压力减轻，更愿意向其他的社团成员请教学习经验和方法，也可以在社团内部提出可行的方案，进行有针对性的学

习，在激发社团成员学习兴趣的同时，也提高了社团成员的学习能力。此外，少数民族学生社团在少数民族文化的保护和传承方面也起着重要的作用。

民族预科学生社团已经活跃在校园文化中，成为一支非常重要的校园文化建设队伍，它对于加强和改进预科学生的思想政治素质、提高学生的综合素质、培养学生的自主创新能力等起到了很重要的作用，成为预科院校对学生进行素质教育的主要阵地。预科院校学生社团的研究对于当前进一步深化预科院校的教育改革，提高思想政治教育的实效性，繁荣校园文化建设，培养更多适合社会主义的建设者和民族地区的优秀接班人具有重要的现实意义。

努力探索具有中国特色、时代特征、青年特点的民族预科院校学生社团的创新管理模式，根据科学管理原则、自主参与原则、民族大团结原则构建新时期民族预科院校学生社团的创新管理模式；建立社团准入制度、构建社团激励制度、创建社团维权制度、完善社团考评制度、建立社团淘汰制度，正确引导社团发展方向、增进社团发展动力、确保社团和谐发展、加强社团规范管理、提高社团活动质量；在新形势下，如何做好民族预科学生社团工作的研究，把握其特点与规律、明确其职能与任务、了解其现状和问题、创新其管理机制与工作模式，对于促进民族预科院校学生社团进一步繁荣健康发展具有非常重要的意义。

参考文献

[1] 程勉中．现代大学管理机制［M］．北京：人民出版社，2006.

[2] 深千帆．社团人——来自北大的青春故事［M］．北京：中国画报出版社，2004.

[3] 毕监武．社团革命［M］．山东人民出版社，2003.

[4] 团中央．高举团旗跟党走 奋力实现中国梦——在中国共产主义青年团第十七次全国代表大会上的报告［N］．中国共青团中央网站 2013－06－17.

[5] 团中央，教育部．关于加强和改进大学生社团工作的意见［N］．中国教育报，2005－06－10.

[6] 王名，刘培峰．民间组织通论［M］．北京：时事出版社出版，2004.

[7] 郭广银，杨明．新时期高校校园文化建设的理论与实践［M］．南京：南京大学出版社，2007.

[8] 丁建洋．构建以促进学生发展为目标的高校学生社团建设模式［D］．大连：辽宁师范大学，2004.

[9] 曾颖．大学生参与社团的原因分析［D］．重庆：西南大学，2007.

论当代民族预科生法律意识的培养

张 海

[摘 要] 当代有些民族预科学生的法律素养比较低，而推进素质教育、改革民族预科院校管理体制、加强学生的自我保护、发展社会主义市场经济及推进依法治国方略的实施，都要求加强民族预科生的法制教育，提升民族预科生的法律素养。本文章认为，提升民族预科生的法律素养，应采取三项措施：增加基础法律教育的内容，加强法治的实践环节；构建和谐的法治氛围校园，建设健康网络环境；充分发挥地方法律读本的作用。

[关键词] 民族预科学生 法律素养 提高措施

少数民族预科教育是从少数民族地区的实际出发，为少数民族地区培养合格民族预科生而设立的高等教育特殊形式，是我国高等教育的重要组成部分。少数民族预科教育的对象是少数民族学生，这些少数民族预科学生大多来自少数民族聚集地区，例如西部地区、边远省份等。民族预科阶段的学习主要是弥补地区教育差异，拓宽民族预科学生的视野，培养出合格、优秀的民族预科生，以便将来能更好地服务社会，加快少数民族地区的经济发展速度。少数民族预科教育学制较短，一般为一年制。民族预科教育不仅要让学生扎实根基，而且也要注重预科生的人生观、价值观的培养，帮助民族预科生尽快完成角色转换，适应新的生活。在此期间，加强民族预科生的法律素质教育，是全面推行民族预科生素质教育的当务之急，也是关系到少数民族地区的发展与和谐的重要问题。

一、加强民族预科生法律素质教育的必要性和重要意义

民族预科院校肩负着为民族地区培养思想高尚、品德优良，具有一定技能，面向少数民族地区第一线的高技能人才的使命，在加快民族地区发展，促进各民族大团结、和谐相处方面具有不可替代的作用。近年来，民族预科教育蓬勃发展，为国家培养了大批高素质的技能型人才。但随着我国改革开放的深入，在依法治国的时代背景下，培养我国公民的法律意识，提高公民

的自身素质，直接影响到我国建设社会主义法治国家、和谐社会的进程。民族预科生法律意识的培养是提升民族预科学生综合素质的必然需要，是提高民族预科院校人才培养质量的必然选择，是构建和谐校园的必有之意，是维护社会稳定、建设和谐社会的必然保障以及依法治国的必然要求。我们要认识到民族预科学生的法律意识对于民族地区的发展起着举足轻重的作用，民族预科学生社会主义法律意识的培养需要社会、学校、家庭共同努力，这样才能使民族预科生的法律意识得到大幅度提高。

二、民族预科生法律意识的现状及原因分析

目前，我国预科院校学生的法律意识不容乐观，法律意识存在种种不足，具体表现在以下几个方面：有增强法律素养的愿望，但主动学法意识不强；存在法律工具主义价值取向，通过法律维护自己的权益的意识较弱；法律知识欠缺，对法治现状不太满意；部分学生对于法的权威表示质疑，违纪现象严重，犯罪行为凸显；自觉守法意识不强，权利意识略显不足，对法律现象的价值判断标准模糊，往往从自身的利益出发，理性判断缺乏；现代市场经济法律意识淡薄；诚信意识不足，契约意识较差，宪法常识缺乏，公民意识、平等意识不强；民族预科院校学生自信心不足，叛逆性强；学习积极性不高，学习效率低，畏学、厌学、逃学现象大量存在，大多数学生都带着以前不好的学习和生活习惯；许多学生对于学校的规章制度置若罔闻，旷课逃课、打架斗殴、盗窃赌博等违纪现象日益严重，有的甚至已经构成了违法犯罪，也给学校的整个人文环境带来恶劣影响，加大了民族预科院校的学生管理工作难度。但是，这种状况的形成并不是单方面的原因，而是受多方面因素的影响。本文将从社会环境因素、家庭因素、学校教育与预科生自身因素四个方面来分析造成预科院校学生法律意识现状的原因。

（一）社会环境因素

1. 文化意识形态因素

（1）传统文化的影响。

在民族预科院校学生法律意识的形成过程中，本民族的传统文化对其产生着重要影响。预科院校学生虽然没有直接接受过系统的传统文化教育，但传统观念在他们的遗传基因里根深蒂固地存在着。传统文化在社会发展的每一个发展阶段都在不同程度上起着积极作用，但我们也要承认传统文化中也存在着许多消极、不适应现代社会发展的因素，对民族预科院校学生法律意识的形成有着不可忽视的阻碍作用。

（2）在我国改革开放不断深入的进程中，新情况下的文化意识形态领域的变化给民族预科生的法律意识的形成带来影响。

随着改革开放的不断深入，我们在借鉴世界各国包括西方资本主义国家的先进经营方式和管理方法促进我国社会主义生产力的发展和整个社会经济的发展的同时，也带来了一些资本主义腐朽、消极的东西，而这些东西无疑会使我们的社会环境，主要是精神文化环境变得更加复杂，呈现出多种文化意识形态并存的局面。这些资本主义腐朽、消极的东西，主要是资本主义腐朽的意识形态、生活方式、价值观念等侵蚀了民族学生的思想，给民族预科生的思想意识造成了很坏的影响。预科院校有些学生难免盲从，违纪违法行为时有发生，遵纪守法意识受到削弱，这就给民族预科院校学生提高法律意识造成很大阻碍。

2. 社会道德因素

我国正处于社会大转型时期，不可否认，市场经济的发展给我国社会发展带来了巨大的积极作用，但同时市场经济自身的弱点和消极方面，也不可避免地在人们的思维方式、道德观念、人生价值和人生态度等方面引起了一系列变化。

（1）市场经济的求利性会使人们产生“一切向钱看”的诱惑力，导致社会上出现唯利是图、利己主义、以权谋私、权钱交易、只讲索取不讲奉献等思想行为。

（2）市场经济的自主性容易使人产生极端个人主义，导致无政府思潮和自由化思潮泛滥。这就使一些社会领域出现道德失衡、诚信缺失、欺骗欺诈的活动，以权谋私等消极腐败现象也会屡禁不止。这样的大环境使一些民族预科院校有些学生心理失衡，拜金主义、享乐主义、极端个人主义等思想有所滋长，有的民族预科院校学生为了追求物质享受和奢侈的生活，丧失理智，不择手段，有的最终导致犯罪。民族预科院校学生人生观念、价值观念的变化以及行为的失衡阻碍了其法律意识的构建，给自己的成长带来了不可忽视的负面影响。

（二）家庭因素

家庭是学生的第一课堂，也是人格形成的重要场所。家庭环境、父母的言行对子女有着潜移默化的影响。现代社会有许多家庭虽生活水平提高了，但在家庭教育上却存在着不少问题。有许多家长疲于应付生存和社会的压力而忽略了对子女的家庭教育，也有许多家长尽量满足孩子的物质需要，而轻视对孩子的思想教育，法律意识的教育更无从谈起。同时，也有许多家庭忽视教育孩子养成良好的生活、学习、行为习惯。

（三）学校因素

1. 对法制教育重视不够

近年来，许多民族预科院校为了谋求做大做强的自身发展，把大部门精力放在了课堂教学和改革上，但在预科学生知法懂法教育中却投入的精力较少，只是简单地“交给”思想政治理论课堂，没有深入地剖析法律意识对民族预科学生的重要性。同时，法制教育轻描淡写，普法被形式化，以致许多同学已经大学毕业，却对法律知识知之甚少。

2. 校园文化缺乏一定的影响力

预科院校的校园文化可塑性极大，对民族预科学生的人生观、世界观和价值观的形成发挥着十分重要的德育功能，它能够通过一定的物质环境和精神文化氛围，使生活在其中的每个学生在耳濡目染、潜移默化中受到引导和熏陶。校园文化还在学生的思想观念、行为方式、价值取向等方面产生影响，从而内化成他们的习惯、觉悟、信念和精神，最终形成社会所期望的思想品德，尤其是在预科院校学生法律意识的建设上，可以起到无法比拟的作用。但目前，许多预科院校的校园文化尚处于建设之中，存在诸多不足，比如把校园文化简单地等同于单纯而轰轰烈烈的文体活动，缺乏专门教师的指导、缺乏科学而系统的规划，建设基础不扎实等，学生参与的积极性及活动效果都不理想。导致建设的简单化、低层次化，其科学性、系统性还需要进一步加强，影响力还需要进一步提高，所以，对于培养民族预科院校学生的法律意识难以取得理想的效果。

（四）民族预科生自身因素

1. 文化知识基础差，文化素质与文明修养程度相对较低

近年来，高等教育大众化加速发展，进入高校的门槛越来越低，高等教育学生的综合素质也在明显下降。学生的素质特别是文化课的成绩也成了最头疼的问题。预科院校有些学生的文化素养相对浅薄，知识面比较窄，缺乏文、史、哲、艺等方面的知识，造成他们对事物分辨力相对较差，缺乏教养，知行脱节，社会公德失衡，文化素质与文明修养相对较低，法制教育的悟性较差。

2. 自我管理、自我约束意识不强，缺乏责任感

民族预科阶段是学生人生观、价值观形成的重要时期。此时的民族预科生正处于意识觉醒的时期。一方面，他们的思想逐渐走向成熟，开始认真考虑人生的相关问题；另一方面，他们处于青年初期，正处于躁动的年龄阶段，

对世界充满好奇，但观察、分析问题不够全面，意志力弱，自我控制力较差，容易感情用事，盲动或盲从。同时，民族预科院校有些学生人文素养相对薄弱，是非观念模糊，对事物分辨力较差，而在高中阶段又未形成良好的生活、学习习惯，自我约束力不强，自我管理能力欠缺，又把这些不好的习惯带到了民族预科阶段。此外，许多民族预科院校学生进入民族预科之后，放松了对自己的理想、道德、修养的要求，从而变得胸无大志、缺乏修养、随波逐流、行为失衡，违纪现象频发。一部分民族预科学生不懂得关心他人，不尊重他人的正当权利，更不懂得关心集体、社会和国家，缺乏应有的社会责任感。

民族预科院校学生的这些特点影响了他们对法律知识的学习和理解，法律信仰构建缓慢，难以内化为他们的法律意识和法律观念。

总之，许多民族预科院校学生的法律意识现状是社会环境、家庭环境、自身因素和教育环境的影响、熏陶、个体的素质状况共同作用的结果。他们相互影响、相互作用，形成巨大力量，对民族预科院校学生法律意识的形成与提高起着决定性的作用。

三、民族预科学生法律意识形成与培养的措施

身处当今时代的民族预科生，是民族地区的未来和希望，必将成为民族地区经济发展的栋梁和骨干力量，通过学校教育、社会教育和自身学习，学生本身必须清醒地意识到自己肩负的历史责任。在任何社会，人们都要具备一定的法律素养，这是人们立足社会的基本条件、基本要求，民族预科生要发展民族地区的经济、要立足社会，也应具有一般公民所应具备的法律素养。同时，我们要看到全面提高民族预科生法律素养是一个系统工程，要做的事情很多，面对的情况也很复杂。根据民族预科生自身的特点和在校学习的时间以及身心发展的状况，决定了学校是民族预科生法律素养培育的主渠道，学校要利用课上、课下的时间和不断提高的现代传媒，培育民族预科生的法律素养。同时，加强法律科学的实践性，这对民族预科生法律素养的培育和提高也能起到重要的作用。此外，民族预科生所处的社会环境也会对民族预科生法律素养的培育带来深刻的影响。因此在培育民族预科生法律素养的过程中，要有的放矢，针对当前民族预科生法律素养的现状，下面就民族预科生法律素养培育的途径和方法提出些解决思路：

（一）开设民族预科院校法制课程

加强民族预科生法律素养重在教育，开设法制课程是民族预科生法律素

养培育的关键。就目前而言，大学生法制教育的主渠道是法律基础课，它在普及法律知识、培养和提高民族预科生的社会主义法制观念和法律意识方面，发挥了其他课程所无法替代的作用。所以，在进行民族预科生法律素养的培养过程中，我们必须开设并依托这些课程，把它们作为民族预科生法律素养培养的主阵地。

加强法制教育的关键是要情理互动，是要开设法律基础课，民族预科生法律素养是建立在知、情、意、信、行的基础上并相互转化的过程。动之以情、晓之以理，是民族预科生法律素养培养的有效经验。

1. 民族预科法制教育的重点是观念而不是知识

民族预科法制教育的重点是培养法律意识与法律信仰，养成依法办事的行为习惯，这是提高民族预科生法律素养的关键。因此，在具体的操作过程中，必须正确处理法律知识传授与法律素养的培育的关系。一般来讲，法律素养的培育离不开法律知识的传授，法律知识是法律素养培育的重要内容，也是法律意识和法律信仰的重要条件。通过对法律知识的学习、掌握和运用，能更好地培养民族预科生对法律的神圣情感和坚定信念。但我们也要看到，法律知识的多少与法制观念的有无、强弱并不必然成正比。“虽然法律意识的培养可能与法律知识的学习有关，但是，不能由此得出结论说：法律知识掌握得越多，法律意识就越强，不具有法律知识的人就没有法律意识。”“对法律知识的掌握，只能说明其对法律思想和法律制度的了解程度以及对法律条文的熟悉情况。对法律意识的培育是一项综合工程，并非仅仅以对法律知识的掌握程度来衡量。”因此，对于民族预科生而言，他们需要掌握一定的法律知识，才更容易培养和提高他们的法律素养，但是不能因此就可以说法律知识掌握得越多，他们的法律素养就越高。不能在教学中单纯追求知识掌握的多少而忽视法律意识、法律信仰以及用法能力的培养。所以，民族预科法制教育的重点是观念而不是知识。

2. 配以民族语言帮助培养预科生法律意识的提高

民族预科院校的很多学生来自偏远的山区或不发达地区，那里的汉语水平相对较低，这些学生来到内地时，有一部分学生使用汉语时对汉语的理解存在困难，因此在法律问题的理解上也可能存在很大的偏差。我们要针对具体情况，利用民族语言对来自偏远山区或不发达地区的预科学生进行法制教育，使其不至于用偏差的理解产生不良后果。法制教育是一项政治性、理论性、知识性、实践性很强的综合性教育，不仅要有明确的目标、规范的内容和相对稳定的教育渠道，而且必须有受过正规培训、具有一定理论水平和实践经验的法律教师队伍。所以，预科院校要加强具有能力的法律教师队伍的培养，配合以懂得民族语言的老师，宣传法律常识、阐述法律内容，结合法律案件，议案讲法，以法论案，配合各个民族的风俗习惯让学生以多种形式参与其中，帮助学生提高分析和解决法律问题的能力，让汉语相对较弱的学生在预科学习阶段中法律意识能进一步提高，在法律方面不会出现“盲区”。

（二）加强法治的实践环节

法律素养是直接经验和间接经验共同作用的结果，学生所学的法律知识转化为法律意识与法律信仰，都离不开经验的支持。经验的获得，需要学生在理论联系实际的应用中去感悟和体验，因此，实践活动是预科生法律素养培育中必不可少的环节，它关系到这种教育能否真正取得实效。民族预科生法律素养的实践活动，主要就是要解决“说得多、做得少”的形式主义倾向，有效开展预科院校法制教育实践活动，要做到这点，教育者需要注意以下几个方面：

1. 设立相对稳定的活动场所和实践基地

民族预科院校法制教育实践活动，多是对环境和操作有特定要求的。如模拟法庭需在仿真的法庭中开展，辩论要放在仿真的辩论赛场举办。法庭旁听、社会调查、参观考察等实践活动，自然更要在特定地点进行。因此，学校应采取措施在校园内外设立较稳定的活动场所和实践基地，以确保活动情景设计的需要和活动及时稳定地开展。首先，就校内的实践活动而言，虽然理论课教室经过布置也可以使用，但是这种教室一般都是大教室，多缺乏必要的设备。加之学生对理论课教室的认识惯性，使他们难以进入有效的活动状态。所以，要有效开展实践活动，特别是一些较复杂的活动，需要在校内设立一个专门的法制教育活动场所，并配备专门的教学设备，如模拟法庭的道具等。其次，在校外建立实践基地。根据需要，学校可以和当地司法、执法、行政等机关和有关媒体的法制栏目组建立联系，必要时可以签订合作协议，以此建立较为稳定的实践活动基地。定期组织学生旁听庭审、参观考察或开展其他活动。

2. 建立有效的学生参与实践活动的激励机制

预科院校法制教育的主体之一是预科生，需要学生积极、主动地参与，而这就需要建立体现公开、公平、公正原则的激励机制。特别是在市场经济条件下，学生的经济意识较强，为将来发展而锻炼能力的愿望较强，我们可以根据学生这些思想特点，针对不同的实践活动，建立相应的奖励机制，并及时给予相应的精神和物质奖励，以此调动学生参与法制教育实践活动的积极性和主动性。

（三）构建和谐的法治氛围校园

随着民族预科学校教育体制改革的不断深入，办学形式越来越多样化，招生规模日益扩大，为了适应不断变革的教育体制改革，学校的育人模式也在不断发生变化。在学校教育中，“教书育人、服务育人、管理育人”是教育的宗旨。教育是核心，管理是保证，服务是拓展。校园文化是学校教育的重要组成部分，对学生的熏陶、教育作用不能忽视。可以在以下几个方面开展法律教育活动：

（1）组织、成立各种类型的法律社团或法律兴趣小组，举办各种法律学术活动，并鼓励学生积极参与，以加深他们对法律的认识，提高他们学法、守法的自觉性和对国家、对社会、对他人的责任感。

（2）利用各种文体设施，适时开展法律知识竞赛、法律问题辩论赛等知识性、思辨性、能力性、趣味性较强的活动，也可以在学校的广播电台、有线电视台播放法制教育节目、法制影视等作品，使学生在潜移默化中接受教育。

（3）在学校的宣传栏、年级和班级的活动园地中开展专题板报活动，内容可以是法律知识宣传，也可以是法制文学创作，风格尽量生动活泼。

（4）从一些学习和生活方面的具体行为规范入手，培育民族学生在校期间就养成遵纪守法的好习惯，如一些学校开展的“四不”（不酗酒赌博、不打架斗殴、不迟到早退、不考试作弊）、“三遵守”（遵守社会公德、遵守公共秩序、遵守校纪校规）、“三文明”（做文明人、办文明事、创文明班集体）活动等，都是行之有效的培养预科学生法律素养的好方法。

（四）建设健康的网络环境

21 世纪是信息时代，而大学生又是 21 世纪国家建设的主力军。高校学生是接触网络人数最多的群体，预科院校也不例外，受网络的影响较之社会上其他群体更大，网络给他们的学习和生活带来积极影响的同时，也不可避免地会产生一些消极的影响，因此，建设良好的网络环境非常重要。

1. 建立健全网络管理的法律法规

网络环境的自由开放使人们的行为和思维发生了很大变化。一部分大学生置身于网络社会中容易产生自由感和放纵感，很多时候对合法与非法、罪与非罪难以判断清楚。对大学生来说，网络秩序的维护仅仅依靠大学生的道德素质还远远不够，必须建立健全网络管理的法律法规。对于民族预科学生来说，更应该加强这方面的管理。

2. 加强互联网的监督管理

网络管理部门要充分发挥作用，建立、健全相应的规章制度并利用有效的技术手段，及时过滤可能对预科学生产生消极影响的负面信息；并组建网上环保队伍，培养一支具有较高理论水平并且掌握网络技术的管理人员队伍，维护网络环境。此外，政府、高校和相关社会力量，应该加强对未来信息社会和网络发展趋势的综合预测，对预科学生进行媒介素养教育，加紧研究学生的网络需求和信息接受心理，分析网络对学生的成长环境和法律素质产生的影响，制定切实可行的措施，为预科学生的健康成长创造有利的条件。

3. 建设高校法律教育网

网络负面作用的扩大在一定程度上反映了网络法律教育的滞后。高校应该运用信息化的手段，营造法律教育的新平台，利用网络为预科学生的生活、学习提供服务，同时注意对互联网上有关法制网站、网页、贴吧的建设和管理。

（五）充分发挥地方性法律读本的作用

充分发挥地方性法规对内地学生的学习指导和管理作用，是培养民族预科生健康成长的有效手段。以新疆维吾尔自治区的《内地新疆学生法律法规及政策读本》为例，教育学生应当在学习过程中，树立正确的世界观、人生观，以及自尊、自律、自强的意识，增强辨别是非和自我保护的能力，引导学生树立遵纪守法的理念，自觉抵制各种不良行为及违法犯罪行为的引诱和侵蚀。让学生在人生最关键的成长期，既学习好文化知识，又养成自律自强的良好品格，成为身心健康的优秀青少年，成为社会有用的栋梁之材。

对少数民族预科学生法律素质培养是一项系统工程，仅靠学校是不够的，学校教育要和整个社会的教育相结合，充分利用社会资源，优化育人环境，坚持校园内外互动的原则，注意学生法律意识现状的形成是受到社会、家庭、学校、自身因素等多重因素的影响。积极构建学生、学校、社会三位一体的教育体系，促使学生在潜移默化中不知不觉地养成认真学法、自觉守法、善于用法、勇于护法的思想观念和行为习惯，树立崇高的法制观念，使法制教育事半功倍，最终实现法制教育的培养目标，为培养良好、团结、和谐的社会氛围贡献力量。

参考文献

［1］苗连营. 公民法律素质研究［M］. 郑州：郑州大学出版社，2005.

［2］周金恋. 大学生法律素质及其培养自议［J］. 郑州：华北水利水电学院学报：社科版，2002（8）.

［3］陈兴华. 大学生法律素质培养初探［J］. 中国冶金教育，2004（2）.

［4］嬴志卿. 论大学生法律意识培养团［M］. 洛阳：洛阳师范学院学报，2004（6）.

［5］刘庆华，等. 当代大学生法律意识的现状与对策研究［J］. 湖南农业大学学报：社会学版，2008，（5）：36－38.

［6］钟佩霖. 大学生法律素养的现状与对策［J］. 中国成人教育，2007，23（5）：57－58.

做好校园广播工作，推动校园文化建设

裴　超

[摘　要] 校园文化作为一种文化形态，它所包含的内容是十分广泛的，它通过丰富多彩的内容和各种各样的形式对学生价值观念、道德情操、思想内涵和行为模式的形成和发展起着较深的影响。广播作为一种新闻传播媒体，有着快速、灵活、覆盖面大等优势。高校广播以高校广大师生为受众，广大师生员工作为其主要体现者，起到了高校的舆论宣传阵地和精神文明建设的多重作用。

[关键词] 校园广播　校园文化　建设

在今天，一个学校的发展，不仅仅体现在高质量的教育教学上，更体现在富有特色和个性的校园文化建设上。校园文化是师生精神风貌、思维方式、价值取向和行为规范的综合体现，是在教育教学和管理实践中逐渐创造生成的，不仅彰显着一个学校发展的理念，更彰显着一个学校的发展方向，可以说校园文化是一个学校发展的内涵式品牌。所以，把握校园文化特征，加强校园文化建设，是践行科学发展观的需要，也是构建和谐校园的需要，更是提升教育内涵、促进教育可持续发展的重要途径。

一、校园广播的定义和特征

广播作为一种新闻传播媒体，有着快速、灵活、覆盖面大等优势。高校广播是以高校广大师生为受众的。广大师生员工作为其主要体现者，起到了高校的舆论宣传阵地和精神文明建设的多重作用。对弘扬传统文化、树立良好校风以及促进校园文化的多元化发展产生直接的作用；对于思想政治教育和文化素质教育起到了很好的推动作用。近些年，随着各种电子传播媒介特别是网络的兴起，校园广播这一传统媒介，逐渐在许多高校中处于边缘化。虽然这其中存在校园本身所特有的劣势，但这其中也不乏由于高校相关部门及人员对广播的媒体特征、广播技术的更新和发展、校园广播节目及校园信息化建设等知识的认识和应用不够而产生一定的分歧。所以首先为大家介绍一下校园广播的定义和特征。

（一）校园广播的定义

对广播作定义现在多引用《辞海》中的定义，它是这样表述的："通过无线电波或通过导线向广大地区播送音响、图像的节目，统称广播。"很多辞书、专著、教材都使用这一定义，有的在文字上略有改动。从广义上来说，我们可以用辞海的定义来定义广播，但这其中会显得比较笼统，也容易产生分歧。现在许多专著上更喜欢这样来定义：通过无线电波或导线，向一定范围播送声音节目的大众传媒媒介。其中，不得不解释的是，中间较为重要的一个要素——"广播节目"是社会的有机组成部分，是科技创新的发源地，是培育人才的摇篮，在国家与社会发展中有着举足轻重的地位。"高校广播作为校园特有的舆论工具，以高校师生这个特殊群体作为受众，长期以来在加强和改进大学生思想政治教育，加强学校精神文明建设，促进优良学风的形成，活跃和繁荣校园文化方面发展有着重要的作用"，高校广播承担着向广大师生宣传党和国家的重大方针政策、及时通报学校各项工作任务的重要职责，而且还发挥着联系学校与师生们的桥梁和纽带作用。

（二）校园广播的特征

相比其他媒体而言，校园广播是单一利用声音传播功能，借助语言、音乐将各种媒体信息加工为特定的声音信息。主要特征如下：

1. 校园广播简便而快捷

广播信息的制作和播出依赖的是对声音的存储、播放、传输、放大等技术，不需要太复杂的设备和太大的投资。相对于其他高校校园主导媒介，广播信息制作和传播都比较简单方便，制作成本不高。从信息受众的角度看，广播信息的接收比较简单，是获取资讯信息较实惠和经济的方式。校园内收听广播的自由度比较大，可不用专门的时间和专门的场地，不受时间地点和场所以及计算机操作水平等的限制。广播是一种伴随性很强的媒体，收听随意性好，可以做到"一心两用"，而用其他媒介接收信息时，则不方便做其他事情。广播媒体信息制作周期短、传播迅速、时间灵活，可以传播与接收同步，能确保传播的时效性。

2. 校园广播的听觉魅力

广播是靠声音进行传播的，诉之于人的听觉。从生理规律来看，听觉是较容易被调动、被激发从而产生兴奋的器官。广播通过抑扬顿挫、声情并茂的播音，能打动听众，感染听众的情绪。尤其是比较强调艺术性的气息，听众可以直接"听"到信息，有身临其境之感，能够在"声"的愉悦中产生共鸣，在情的氛围中被同化，从而达到较强的传播效果。

3. 校园广播的优势

由于广播的传播方式是依照时间流程展开线性传播，选择性差，稍纵即逝，听众如果不是专门收录，广播信息是无法保存和重复收听的。报刊网络和电视信息展示的是二维空间或三维空间，报纸也可以反复阅读，读者的主观选择性很强。相比之下，广播节目是一维性质的，听众对广播信息的感受性和形象思维能力及对信息的认知全面性较差。所以，广播难以展现较复杂的知识和信息。广播信息如果没有听众想象力的参与是很难完成其预期效果的。而且，广播具有伴随性特征，听众在收听时并不是很投入，注意力并不易保持且收听习惯较不稳定，只能靠个人的强制性和信息内容的精彩和重复播放来弥补。

校园广播正是由于其多种优势正在各大高校以及中小学普及。并且在各大高校都已经纷纷发展成熟并形成自己的特色品牌。树立了风格多样、影响显著的校园文化，并已深入人心。对于校园文化的发展，最终反映到的是社会文化。

和谐的社会文化是校园凝聚力、向心力和感召力的源泉，对加强大学生的思想政治教育，优化育人环境，培养优良的校风、教风、学风，具有极为重要的意义。校园广播作为高校重要的传媒之一，是及时高效的舆论宣传阵地和精神文明建设的窗口，又是沟通师生的桥梁和纽带，以其传播速度快、覆盖面广、信息量大、时效性强、易产生共鸣等特点，在构建和谐社会文化中具有非常重要的作用。

二、加强校园广播建设，促进和谐校园文化建设

“创新是一个民族进步的灵魂，是一个国家兴旺发达不竭的动力”。在当代构建社会和谐文化的时代背景下，高校广播能更好地发挥在建设和谐社会文化中的积极作用，所以，要用优秀的广播作品引导人、塑造人、鼓舞人，就要重新思考定位，更新管理理念，不断创新节目内容，提升节目品质，提高服务质量，打造校园媒介品牌。

（一）坚持正确的政治方向，提高舆论引导能力

高校校园广播作为和谐社会文化建设的重要阵地，肩负着以科学的理论武装人、以正确的理论引导人、以高尚的精神塑造人、以优秀的作品鼓舞人的重任。因此，校园广播要始终坚持正确的政治方向，增强政治敏锐性和政治鉴别力，牢固树立政治意识、大局意识、责任意识、阵地意识，积极宣传

党的理论和路线方针政策、中央的重大决策部署，及时传播国内外以及校园的信息。要牢牢把握正确的舆论导向，提高舆论引导的能力，营造良好的舆论环境。以正面宣传为主，唱响主旋律，不断增强舆论引导的针对性和实效性，提高舆论引导的权威性、公信力和影响力。要始终坚持社会主义先进文化的发展方向，用社会主义核心价值体系引导青年，加强中国特色社会主义共同理想和共产主义远大理想教育，加强爱国主义、集体主义和社会主义思想教育，弘扬以大学核心价值体系为支撑的主流文化，引导广大师生用马克思主义中国化的最新成果武装自己，用中国特色社会主义共同理想引导自己，用民族精神和时代精神激励自己，用社会主义荣辱观规范自己，牢固树立正确的理想、信念和世界观、人生观、价值观，把个人的抱负与国家民族的前途紧密结合起来，在全校范围内形成奋发向上的精神力量和团结和睦的思想氛围，为和谐社会文化的建设奠定坚实基础。

俗话说："无规矩不成方圆。"校园广播要办好办精，有效运作，就离不开健全、科学的规章制度作保障。规章制度不仅要科学规范，而且要充满人文关怀，利于激发工作人员的聪明才智，调动其积极性和创造性。

（1）明确校园广播各部门职责，完善负责人选拔、培训、考核、奖惩、任免制度，明确成员职责，健全财务制度、例会制度、值班制度等基本制度，规范档案管理，完善工作流程，采、编、审、播各个环节责任落实到人，使日常工作有据可依、有章可循。

（2）建立科学的节目评价机制，扩大节目听频范围。当前校园广播电台运转普遍缺少这一环节，有的即使有听评，也仅限于电台内部人员。校园广播应请广大师生参与到节目评价中及时收集听众对节目的意见和建议，根据听众需求创新节目形式和内容。

（3）建立节目动态的管理机制，适时进行节目的改革和创新，要坚持局部调整与全面调整相结合，对收听率低的节目要果断调整。通过节目调整，能够在提高广播影响力的同时，促进人力资源更加科学合理的配置。

（4）建立学习和借鉴机制。校园广播可以和其他高校广播甚至社会广播建立学习伙伴关系，开办经验交流会，互相学习、借鉴，学校也应为学生提供更多的培训机会，也可与当地报社、电台、电视台联系，推荐优秀人员去实习，以加强队伍建设，增强凝聚力和战斗力。

（二）坚持"三贴近"原则，打造校园媒介品牌

和谐社会文化的基本原则是以人为本，尊重人、理解人、关心人，促进人的全面、自由发展。校园广播无论是节目定位还是节目制作播出，首先要

坚持以人为本，以师生的需求为本，坚持“三贴近”原则，贴近实际、贴近生活、贴近听众，深度挖掘，增强广播的亲和力、吸引力、感染力，增强舆论引导的针对性和实效性，通过高值信息、优质节目打造校园媒介品牌，提升广播的发展空间。

传播学理论表明，随着社会生产力的发展以及人类智力文化水平的提高，人们对信息从喜好形象的、浅层的传播转向深度的、思辨的、全方位的追求。高校广播的听众是受过高等教育具备高层次文化知识和较高欣赏品位的高校师生，要真正满足他们的需求，充分发挥广播的职能和优势，就必须避免对外界媒体的照搬，积极主动加强与听众的联系，充分利用传受互动的各种平台，深入听众，与听众交流，倾听听众意见，掌握听众心声，把传受互动意识贯穿到校园广播节目中。在栏目设置上，增加对话式、现场类、听众回馈类节目，强化选材的贴近性和听众的参与性，注重内容的丰富性、针对性和实效性，寓教于乐，寓乐于教，努力使节目体现时代性、把握规律性、富于创造性。要注重挖掘身边的典型事迹和先进人物，因为这些人物和事迹是听众所熟悉的，有较强的感染力和号召力，通过来信来稿、谈感想、谈体会、互动交流等形式，加深广播对听众心灵的震撼和情感升华。校园新闻栏目要及时报道与学生密切相关的校园动态，选择最重要、最新鲜、最吸引人的新闻报道，挖掘新闻个性，找准新闻角度，准确表达主旨。

（三）网络媒体相融合，增强传播效应

进入21世纪，信息技术的发展和网络媒体的崛起对现代传媒业的结构形态产生了重要影响，任何单纯以传统方式在媒介领域独占鳌头的传播模式都将失去更大的发展空间。早在20世纪90年代，美国传播学者罗杰·非德勒在他的著作《媒介形态变化：认识新媒介》中关于新旧媒介的关系作了以下论述：“新媒介出现不是自发产生的，新媒介是从旧媒介形态变化中逐步产生的，新媒介的出现并不意味着旧媒介的消亡，旧媒介要在新媒介格局中演进变革。”作为高校校园广播，应顺应时代潮流，与网络媒介相融合，借助网络媒体技术，积极拓展传受互动的多层空间，以期获得一种整合传播效应。

根据互联网消息中心（CNNIC）《第21次互联网络发展状况统计报告》显示，截至2011年12月31日，我国网民总数已达2.1亿人。网络以其传播的便捷化、载体多样化、内容互动性以及时空的无限性和虚拟性等特点，成为在校大学生学习、交流和娱乐的重要方式之一。高校校园广播可根据听众这一特点，在原有传统广播的基础上，制作相关网站，将节目进行上传。由于网络广播弥补了传统广播受时间、空间限制的缺点，而且网络广播可以结合文字、图片、声音等多种传播载体，使得节目多时空、多渠道传播成为可能，大大增强了听众信息选择的自由度和主动性，使广播节目直达目标受众体，加强了传播效果。校园网络广播也可以通过电子邮件、聊天室、论坛、博客等多种方式与听众进行密切快捷的沟通，从根本上改变传统媒体单向流动性的特征，给予听众前所未有的传播主体性和双向互动性，极大地调动师生参加节目的热情。同时，广播与网络相结合，为各高校广播节目的相互交流提供了可行性平台，真正搭建起高校沟通的桥梁，有助于兄弟高校间的联合与社会传媒的优势互补，促进各高校文化的融合与进步，推动和谐社会文化建设。

三、高校校园广播在构建和谐社会文化中的功能

校园广播是高校重要传媒之一，具有特殊的渗透力和影响力，这种影响融于校园生活的各个层面、各个角落，对和谐社会文化的构建起着不可低估的作用。

（一）价值导向功能

随着我国体制改革的不断深入，各种利益群体、社会阶层出现，世界范围内各种思想文化交流、交融、交锋也更加频繁，人们的价值取向和道德观念日趋多元化。当代大学生思想非常活跃，求新求异意识比较强，但同时部分大学生自主能力和辨别能力较弱，自我控制力较差。校园广播通过及时宣传党和国家的大政方针、马克思主义中国化最新理论成果、学校办学宗旨和理念等，把握舆论阵地，用中国特色社会主义理论体系武装青年学生，从而引导广大青年学生对多元化进行正确的判断、选择与继承，克服思想上的模糊性和行为上的盲从性，坚定理想信念，树立正确的人生观、价值观和世界观，形成良好的意志品德。

（二）舆论监督功能

舆论监督是新闻传媒具有的共同特征，新闻舆论监督是民主政治的重要内容，是公民实现民主权利的一个重要方面，而学校的新闻舆论监督同样是学校师生员工实现民主权利的重要途径，是学校自警机制的重要环节。学校广播通过对一些校园现象、校园焦点进行报道、评论，反映广大师生的意见、愿望、呼声，形成舆论聚合力，激浊扬清，实现快速、及时、有效的监督，有效避免广大师生产生政治倾向偏颇，出现过激言行等，从而促进积极向上、民主和谐、生动活泼的校园文化的形成。

（三）营造氛围功能

作为一种舆论工具，校园广播通过生动活泼、形式多样的节目，牢牢把握正确的舆论导向，弘扬社会主义先进文化，倡导科学精神、人文精神，营造积极向上、健康高雅的校园文化氛围，促进良好校风、教风、学风的形成。特别是能利用时间、空间等独特优势，为校园文化活动营造氛围，包括活动前的舆论制造、活动中的宣传报道、活动后期的舆论延伸等，使丰富多彩的校园文化活动充满生机，使和谐校园文化进一步深入人心。

（四）陶冶情操功能

心理学研究表明，人的情感总是在一定的情景中产生的。学校广播通过关注师生内心，制作丰富多彩的节目，为师生提供丰富的精神食粮，发挥社会主义先进文化在师生中的渗透力和影响力，提高广大师生的审美情趣和鉴赏水平，为师生提供利于内化的情感体验与感悟，构建师生健康人格，增强校园文化的凝聚力和创造力，形成广大师生万众一心、奋发进取、共创和谐的强大精神力量。

（五）自律规范功能

校园广播犹如“润物细无声”的春雨，能以微妙的方式进入广大师生的心灵深处，是优秀的隐性课程之一。特别是通过生动、形象、全面地展示全社会和校园内的先进典型，增强思想政治教育的吸引力、说服力与感染力，利用先进典型的示范作用引导师生自觉学习先进，争当先进，激发广大师生员工的进取精神，有效推进校园中的个体不断调整、规范自身的思想行为，用和谐的理念认识事物，用和谐的态度对待问题，用和谐的方式处理矛盾。

四、高校校园广播中存在的问题及应对策略

（一）高校校园广播存在的问题

1. 各高校校园广播设施落后

广播站对于大学来说可以说是唯一的有声媒体，它可以给同学们的生活增添很多乐趣，为学生提供很多信息，同时它也可以从一方面代表一个大学的实力，所以它的发展对一个大学来说是很重要的。

（1）硬件设施是高校广播电台传播和建设发展的前提条件，广播铺设覆盖的密度和广度从根本上会影响到节目的传播。目前大多数学校的广播系统都使用了十年左右，还有的使用了十几年甚至二十几年，设备陈旧、功能落后，有的学校因新校区建设发展较快，相关设备没有跟上，新校区发展的步

伐使这些学校的广播系统都处在需要更新、改造、升级的阶段。

（2）播音室设计不够正规。在理论上，一般小型广播电台的基本要求是一座包括一间播音室和附属控制室的用于播出的主综合建筑，以及可作为第一播音室后备的用于录音和编辑的第二播音室，主播音间内也需要具有一定覆盖面的专业吸音壁，而且对于办公室的设计有严格要求，而校广播台只有几间简单的宿舍作为录音、办公之用，这些硬件设施的滞后严重阻碍了高校广播事业的发展。

2. 观念落后，体制不完善

传播理念落后、体制不完善是高校校园广播所面临的同样问题，主要表现在以下几个方面：

（1）传播理念跟不上时代发展步伐。校园广播一般而言都在高校党委宣传部门的管理之下，由专职指导老师管理，以广播台的形式招收在校大学生进行具体操作。“这种模式使得广播媒体传播者包含学校相关部门人员和学生两方，学校方对媒体的认识很多仍停留在强化、喉舌的功能上，因而未能将校园广播作为一个事业、产业来发展。”这里的主要原因是校园广播长期被放置于象牙塔中而与外界媒体发展脱节，未能受到外界媒体变革的影响而导致很多新的传播理念、发展思路不能被引入并且运用于校园广播的发展当中。对于一些新的思路和方式，学校方面也是从大局出发，心存顾虑，不敢开拓创新，加之多数管理者没有关注广播发展实际，这也就自然不能对校园广播的创新发展作出整体规划、提出具体思路，由于未能认真分析校园广播自身的处境，未能意识到现实和未来发展的生存窘境，使得校园广播大多缺乏媒体竞争意识和创新意识，大多校园广播的发展仍处于自然发展状态。此外，从学生角度来看，很多校园广播工作者虽满腔热情，但对广播媒体的特点，尤其是校园广播的特殊性、校园内受众的需求、传播理念的更新等并没有太多的理性认识，理论上的匮乏和理念上的落后都难以使这些校园广播的操作者真正完成承担发展创新的重任。

（2）办台视野狭窄，缺乏创新。校园广播在节目播出上往往受到相关政策制约，而且还受到播出时间短、定位模糊等方面的影响，主要表现为办台视野窄，开办栏目的思路短，缺乏创新。

（3）广播节目制作制度不完善。就一般的广播节目制作而言，一个流畅的节目生产链往往需要三种机制：节目创办初的激励机制、节目播出中的保障机制、节目播出后的评价机制。三种机制构成一种制度链，有力地激活了节目的创新、稳定和发展。但是由于高校广播创办理念落后等因素的影响，高校广播节目大多只有审查和播出两个环节，甚至在节目定型后，只有播出环节。这样一来，节目就形成了缺乏革新、缺乏保障、缺乏评价的局面，节目制作者的创新构想往往得不到激励，很多很好的节目在播出过程中由于缺乏保障而中途流产，大多数校园广播节目都没有播出后的反馈评价，导致制作者逐渐丧失创新意识，节目投入少、保障差，剩下的都是形式单一、简单粗糙的节目，节目缺乏评价从而失去完善目标，制度链的缺失严重影响节目生产的质量提升，这也是高校广播生存空间萎缩的重要原因。

（二）高校校园广播的发展策略

1. 加快完善校园广播硬件设施

（1）制定和实施校园广播各项财务收支计划。校园广播电台应通过合理编制预算来组织台内各项收入，并按照预算计划制订年度支出和季度用款计划，统筹安排和节约使用各项资金，保证其正常运行。同时，通过对收支的实际进度加以必要控制，使其与预算进度相一致。

（2）建立健全各种财务管理制度。所谓财务管理，指在统筹资金的基础上进行合理分配，以促进资金的有效使用。对校园广播而言，首先要建立起组织内部财务活动的准则和行为规范，使管理活动有章可循、有法可依，各项财务管理制度的制定要注意做到既有利于加强财务监管和控制，又简单易行，具有较强的可操作性。

（3）加强财务检查监督。财务检查针对校园广播，是指各校园广播电台要定期检查监督各项财务计划和财务制度的贯彻实施情况，保证财务计划和财务制度在实际工作中得到遵守和执行。另外，由于校园广播电台机器设备多、价值高等特性，还应加强对固定资产的监督管理，通过登记、定期检修、专项人负责等制度化措施，提高硬件设施的使用寿命和效率。

2. 加强校园广播电台自身建设完善管理体系

要做到完善组织内部结构建设，加强部门之间横向沟通。通过对北京理工大学秦皇岛分校校园广播发展现状的分析不难看出，现有的校园广播电台往往采用职能式的组织结构，按照基本活动相似或技能相似的要求，分类设立专门的管理部门，这种组织构建模式突出了业务活动的重点，能够充分发挥学生们的才能，调动大家学习的积极性，强化组织的控制力，避免了职能的重叠。但是，职能化组织结构容易使各职能机构从部门利益出发，同级之间不能很好地配合，缺乏整体观念，导致组织效能低下。因此，科学的组织结构要求我们要探索加强组织内部沟通的途径。

总之，信息全球化的时代，我们应该抓住高校广播发展的有利时机，通过不断完善高校广播的硬件设施的建设，把握坚持正确的舆论导向，一切节目内容都从受众的实际需求出发，预防广播节目的过度娱乐化，加强校园广播的网络化结合，不断优化工作人员队伍，从各个方面把高校广播工作做好，推动校园文化建设。校园广播在校园中已发展几十年，凭借其传播速度快、覆盖面广、信息量大、时效性强、易产生共鸣等特点成为首批构建校园文化的媒介。高校广播这一宣传阵地能充分发挥校园文化的传播作用，构建高校文化，以其多方面的影响为校园文化的推进起着举足轻重的作用。

参考文献

[1] 胡正荣．传播学导论［M］．北京：北京广播学院出版社，2008.

[2] 郭庆光．传播学教程［M］．北京：中国人民大学出版社，2005.

[3] 张晓燕，王德芳．办好高校广播强化育人功能［J］．咸宁医学院学报，2000（4）.

[4] 李德龙．高校校园广播的生存困境与受限原因［J］．郧阳师范高等专科学院学报，2008（2）.

[5] 宦晓渝，陈涵．高校校园广播路在何方［J］．科技信息：学术研究，2008（36）.

[6] 高源．让广播做得更强［J］．声屏世界，2009（1）.

[7] 薛彬．增强新形势下高校广播宣传工作的实效性［J］．厦门广播电视大学学报，2006（1）.

[8] 高留才．网络时代高校广播发展的思考［J］．当代经济（下半月），2008（11）.

[9] 胡正荣．中国广播电视发展战略［M］．北京：北京广播学院出版社，2003.

[10] 石玉冰．高校校园广播建设刍议［J］．湘潭师范学院学报：社会科学版，2007.

[11] 李德龙．高校校园广播传受互动性浅析［J］．新闻知识，2007（9）.

民族预科生适应性教育浅析

裴　超

[摘　要] 预科是改变人生命运的重要阶段，而进入民族预科则是一个重要的适应阶段，对每一位民族预科生言，这既是人生成长道路上的一个新起点，也是人生道路上的重大转折点。进入预科后，面对人生新的发展机遇和挑战，面对自然环境和学习方法等较大变化，许多预科生在思想上、心理上产生了不适应的现象。预科生入学后的适应性问题愈加突出，常常出现诸多问题和矛盾，预科生要面临的是一段艰难的心理适应期。因此，重视预科生的适应性教育问题，切实做好预科生的适应性教育工作，帮助他们顺利度过适应期，是培养合格民族预科生的重要环节。

[关键词] 民族预科　适应性　教育

本文主要对少数民族预科生的学校适应情况进行分析研究，并以北京理工大学秦皇岛分校预科班为研究对象，通过分析了解少数民族预科生的学校适应性情况，以达到帮助少数民族预科生尽快适应大学生活的目的。本论文中的预科班，即少数民族预科班，是根据少数民族学生的特点，采取特殊措施，着重提高文化基础知识，加强基本技能的训练，使学生在德育、智育、体育几个方面都得到进一步发展与提高，为在高等院校本科、专科进行专业学习打下良好基础所开设的一种教学班制度。“适应”的概念被广泛应用于生物学、心理学、社会学、文化人类学和教育学等领域。心理学的适应概念引自进化论，但较广泛地指有机体对环境变化做出的各种反应，例如个体感官敏感度的变化、社会态度与行为的修正等。著名社会学者、结构功能主义大师帕森斯曾指出，“适应指社会系统和它们的环境打交道”，这个问题可以被区分为两个方面：“一是系统必须对于环境所强加的现实要求有一种顺应；二是有积极的情境改造过程。”

一、民族预科生适应情况现状分析

经历高考后，少数民族预科学生大都以喜忧参半的复杂心态进入大学校园。相对于其他高考落榜生而言，他们是幸运的，因为他们是享受国家民族优惠政策而顺利进入大学的，所以他们欣喜，因而对大学生活充满了美好的想象，希望在未来的生活中大展身手，但相对于其他直接进入本科院校的同学而言，他们又觉得失败，因为他们还要多读一年预科，还不是正式的大学本科学生。因此，预科新生入学后，他们将面临一个全新的环境，经历的将是一段艰难的大学前段的适应期。进入大学后，与周围的本科生相比，预科生的身份让他们感到尴尬，甚至心理自卑，不能完全顺利地实现从高中生向大学预科生的角色转换。另外，由于少数民族预科生大多来自偏远的农村和山区，经济比较落后，他们在就读预科阶段是免交学费的，根据规定，预科学生不能申请助学贷款，这使得很多贫困生在完成学业的同时背负着巨大的经济压力。同时，大城市多彩的生活和一部分来自富裕家庭同学的消费方式让他们感到自卑。大多数预科生不能正确看待这一问题，所以在入学初期产生抑郁、孤独、自卑等不健康心理和行为表现。

预科生在步入预科之初，由于气候环境、生活习惯、授课模式、管理方式的变化，都面临着从学习方式、行为模式到心理素质的全方位转变。如果能尽快实现转变，预科生就能迅速找准方向、明确目标，以积极的心态去面对预科生活；反之，则会出现相应的预科“不适应症”。学习欲望下降、奋斗目标模糊、意志消沉，严重的甚至将导致其不能按时毕业或被迫退学。所以，有效应对预科新生的“不适应症”，必须认真分析“不适应症”的存在形式和出现原因，进而有针对性地进行教育和管理。

预科学生中普遍存在的“不适应症”若不及时解决，后果是非常严重的。这种不适应通常有几种情况：

（一）对教学模式转变的不适应

在预科阶段，以“教”为中心的教学模式变成了以“学”为中心的教学模式，以教师为主导，以学生为主体，要让学生主动去发现、去探索问题。

（二）对信息量增大的不适应

预科学习的知识点密度大，知识难度深，课程进度快，而且预科的社会活动多，要求学生承担更多的社会责任，很多同学不能很好地分配时间，想学又学不进去。

（三）对现实的不适应

有些新生不能正确地认识、评价自己，不能及时地回归到现实中，一经挫折就会产生较长时间的焦虑自责、困惑失衡、心理落差等，如不及时调整，会产生诸如失落、自卑、焦虑、抑郁等心理问题。

（四）对人际交往的不适应

预科新生是从全国四面八方汇集到学校的，有着不同的日常生活习惯和思想文化背景，在预科环境中，他们的语言、思想、文化难免会发生碰撞。通过学前教育，使大家明确预科生活既是充实紧张的，更是温馨美好的；使大家能初步认识自身，彼此了解同学，为预科生活奠定良好的基础；使大家增强对学校、学院的认同，增加班集体的团结力和凝聚力，营造一种良好的学习生活氛围。

二、预科学生适应性问题的应对策略：指导预科生迅速完成角色的转换

每个人在一个新的环境中都必须找准自己的定位，认清自己扮演的角色，预科生在第一学年中的角色转换和定位尤为重要。预科生带着对民族预科生活的美好憧憬与对知识的渴求，来到预科这个新鲜而陌生的环境中，但是许多民族预科生并不能很快地、很好地适应预科的生活和学习。为此，作为学生工作者，我们应该积极指导他们、帮助他们完成角色转换，使他们又快又好地找准定位，认清角色。我们可以抓住预科生入学的有利时机，积极开展关于预科生适应性教育的相关活动，通过新老生交流会、师生座谈会等形式，让预科生初步了解即将开始的民族预科生活，让预科生把握预科的主旋律，帮助学生摆正自己的位置，让他们明白不管在中学阶段有过多么辉煌的成绩，都只能代表过去，进入预科校园后，新一轮各方面的竞争已重新开始，一切都要从零开始，大家是站在同一起跑线上的，是完全平等的。同时，预科阶段也是最容易产生分化、容易掉队的阶段，必须走好每一步，不然易发生“一步跟不上，步步跟不上”的现象。因此，预科生应及时、冷静地分析利弊，正确清楚地认识自我，认识他人，踏踏实实地走好预科生活的第一步。

（一）注重提高预科生心理适应能力

国外有个调查数据表明，在一个人成功的因素中，智商所做的贡献仅为30%，而情商占到了70%。经过十年寒窗的学习拼搏和严格的筛选考试，预科生进入了令人向往的象牙塔，他们在智力上不存在问题，他们在预科阶段成功与否更多地取决于他们对预科环境的适应能力，包括心理适应能力、学习适应能力、生活适应能力等，这属于情商的范畴。可以说谁能更快更好地适应民族预科生活，谁有更好的心理适应能力，谁就能走好预科阶段坚实而重要的第一步。心理适应能力的提高是一个渐进的过程，需要注意以下几点：

1. 自我认知与自我调控的统一

自我认知是接受和评估信息的认识过程，是产生应对和处理方法的过程，也是预测和估计结果的过程。通俗地讲，就是认识问题、分析问题、解决问题、预测问题结果的过程。我们知道，人的行为和情绪的产生有赖于对情景做出的评价，这些评价又受个体道德、信念、假设、人格特征、思维方式和生活经验等因素的影响。当一个人真正了解自己时，也就认识了自己的需要、价值观、态度、动机和情感，认识到自己内心的冲突，并根据真实自我自觉调控行为，同周围环境达成一致。

2. 角色定位与环境需求的统一

人们在工作和生活中往往以不同的角色存在，比如，工作中的上下级之别，家庭里的老幼之分，既为人妻又为人母，既为人父又为人子。多重角色本身并不构成矛盾，只是在进行角色转换时不能和环境保持一致，就会产生矛盾。如将家庭矛盾带到工作岗位，或将工作的琐事带回家里，这都会不同程度地造成人际关系紧张，家庭矛盾激化。正确的做法应当是：不能马上解决的问题先冷静地放一放，也许换个角度就能迎刃而解，不必当时就针锋相对。人始终离不开生存环境的制约，任何个体的角色定位都取决于所处的社会组织结构。不论面对怎样的环境需求，都要正确地认识自我，调整心态，不过高期望，也不过低评估。

3. 自我疏导与心理健康教育的统一

自我疏导就是自我学习、自我教育，心理健康教育则是向他人学习，“它山之石，可以攻玉”，若能将两者有机结合，便能很好地开阔视野，树立生活的信心和勇气。

（二）掌握预科的学习方法

记得有位教育家质问我们：“教育的本质是什么？”他告诉我们：“把你所学的知识全部忘记后，剩下的就是教育的本质了。”当今科技高速发展，我们在课堂上不可能学完所有知识，只有掌握了学习知识的能力，才能永远立于不败之地，俗话说，“授之以鱼，不如授之以渔”，就是这个道理。因此，我们必须掌握预科的学习方法，认真分析预科阶段学习的特点，才能在今后的学习中事半功倍。在预科阶段没有教师一遍一遍重复地教授知识，没有强制性的学习要求，没有父母经常的提醒、检查，在很大程度上都要靠自学，因此培养好的学习习惯和自学能力显得尤为重要，预科要让学生树立“预科之大在于大大地学习”的学习观念，引导帮助学生树立新的人生目标，不要让学生认为上了预科就可以松懈了；良好的预科学习方法也很重要，预科学习要着重于理解、思考、推理、联想、发散思维，能够举一反三，融会贯通，要经常将所学知识加以整理，使其系统化、条理化，能够站在较高的层次上对待学习，才能驾驭知识。另外，要引导学生自己制订学习计划，制定预科阶段的长远目标和各学期的短期目标，并按照学习计划、学习目标安排好自己的学习，要善于合理利用时间，寻找适合自己的学习方法。

预科的时间其实是很短暂的，所以我们应该好好珍惜这段时间，充分利用时间，认真学习，努力使自己的预科生活过得充实。在预科阶段，虽然各种各样的活动很多，但主要的任务还是学习，所以在时间安排上学生必须处理好。那么我们应该怎样学才能学得既好又轻松呢？

1. 应该端正自己的学习态度

学习知识是为了提高我们自身的价值，而不是为了他人而学习。在学习中，难免会遇到这样或那样的困难，但是我们不能灰心，应该保持一种积极向上的乐观的态度。不能一味地只看重分数，只注重结果而不去管过程，这样只是欺骗自己，所以要以一颗平常心来看待一切。

2. 要掌握正确的学习方法

学习方法是提高学习效率、达到学习目的的手段。钱伟长曾说过：“一个青年人不但要用功学习，而且要有好的科学的学习方法。”要勤于思考，多想问题，不要靠死记硬背。学习方法对头，往往能收到事半功倍的成效。在预科学习中，我们要把握住的几个主要环节是：预习、听课、复习、总结、记笔记、做作业、考试等，这些环节把握好了，我们就能为进一步获取知识打下良好的基础。

（1）预习时要把不理解的问题记下来，听课时才能增加求知的针对性，既节省学习时间，又能提高听课效率，是学习中非常重要的环节。

（2）听课时要集中精力，全神贯注，对老师强调的要点、难点和独到的见解，要认真做好笔记。课堂上力争弄懂老师所讲的内容，经过认真思考，消化吸收，变成自己的东西。

（3）课后及时复习是巩固所学知识必不可少的一环。复习中要认真整理课堂笔记，对照课本和参考书，进行归纳和补充，并把多余的部分删掉。每过一个阶段要进行一次总结，以融会贯通所学知识，温故而知新，形成自己的思路，把握所学知识的来龙去脉，使所学知识更加完整、系统。

（4）要独立完成作业。做作业是巩固消化知识的过程，要做到举一反三、触类旁通，养成良好的学习习惯。

（5）对考试要有正确态度，不作弊，不单纯追求高分，要把考试作为检验自己学习效果和培养独立解决问题能力的演练，找出薄弱环节，加以弥补。

在学习中抓住这几个基本环节，进行思考，在理解的基础上进行记忆，及时注意消化和吸收。经过不断思考，不断消化，不断加深理解，得到的知识和能力才是扎实的。

（三）注重培养预科生人际交往的能力

现代社会越来越多地强调团队合作意识，很多事情必须依靠集体、团队的力量才能成功，因此，作为一名合格的民族预科生，必须培养自己的团队合作意识，提高人际交往能力。良好的人际关系有助于增强民族预科生的身心健康，一个融洽、团结、互帮互助、积极进取的集体能为民族预科生顺利完成学业提供支持。预科生来自全国各地，每个人所处的地域、家庭环境等都有很大的差异，彼此的个性、生活经历、个人习惯都有很大不同，在一个新的集体中共同生活、学习，往往很难一下子就组成一个融洽的新集体。另外，随着独生子女逐渐增多，他们多数习惯以自我为中心，待人接物缺少多角度考虑的融通性，这对于预科生人际交往能力的培养产生了阻碍作用，不利于建立和谐的人际关系。我们建议预科生要真诚坦率地结交新朋友，对朋友多一份理解与宽容，多一些帮助，并不断地加强个性品德修养，严于律己，宽以待人，尊重他人的独立性和人格，以诚相待，将心比心，用真情去赢得他人的信任和尊重，得到他人的理解、支持和帮助。

1. 学会理解与宽容

在交往中，预科生应学会理解与宽容，能够设身处地替他人着想，理解他人，会善待和宽容他人。宽容是一种精神，是一种境界，宽容还意味着你不会再为他人的错误惩罚自己，对人对己都可成为一种无须投资即可获得的“精神补品”。适度的宽容，折射出一个人处世的经验、待人的艺术和良好的涵养，可谓是人际交往中的一种哲学。学会宽容，不仅有利于身心健康，而且对赢得友谊，乃至事业的成功都是必要的。宽容他人就等于宽容自己，苛求他人也就等于苛求自己。人与人的心灵沟通在人际交往中十分重要。生活中常常由于种种原因而导致不能很好地理解别人。但当你站在别人的位置，换位思考问题时，就会理解别人的所言所行，心理上的距离自然就缩短了。在与人相处时，应当严于律己，宽以待人，接受对方的差异。交往中，对别人要有宽容之心，不要苛刻待人，如果得理不让人，则最终将会成为孤家寡人。

2. 客观评价自我和接纳自我

预科生在交往中，能否和他人建立良好的人际关系，关键在于是否具有良好的、积极的心理状态。这种心理状态的形成和保持，一方面源于客观地评价自我；另一方面源于接纳自我，表现为一个人能客观地认识和对待自己的优势与弱势，既不自傲、自负，也不自卑、羞怯或敌视他人；要学会原谅自己，包括自己的失误和过失，注重自我修养，不断完善自己。这是改善人际关系的重要途径。由于大学生性格、家庭、生活环境不同，个性之间存在明显差异，因此在交往中要遵循真诚互助的原则。这样有利于大学生互帮互助，求同存异。

（四）注重预科生综合能力的培养

现代社会对人才的要求越来越高，人才竞争绝不仅仅是专业知识的竞争，更多地表现为综合能力的竞争，因此在预科阶段注重综合能力的培养十分必要。在民族预科生活中，学生课余时间相对较多，同时高校校园文化活动也十分丰富多彩。比如，各种社团活动、文艺活动、学术讲座、讨论会，学生工作者可以通过开展这些丰富多彩、积极向上的校园文化活动，营造和谐的校园文化氛围，引导预科生重视自身综合能力的培养，在搞好学业的同时，鼓励他们积极参加校园文化活动，施展自己的才华，在集体成功中成就自己，努力把自己培养成为全面发展的高素质人才。针对目前大学生综合素质的弱点和弊端，即过窄的专业教育、过弱的文化陶冶和过重的功利导向，高校应着重强调三个方面的教育。

1. 德育

随着社会主义市场经济体制的建立和发展，一方面，社会主义现代化建设迅猛发展，人们的生活水平极大地改善；另一方面，人们的政治生活、文化生活、精神生活也在发生变化，其中一些西方的政治观点、人生哲学和腐朽生活方式，通过各种渠道渗透进来，对现代大学生产生了诸多不良影响。有的预科生，不分青红皂白地崇洋媚外，有的甚至丧失人格、国格。这就对高校德育提出了新的课题和更高的要求。高校德育应坚持用马列主义、毛泽东思想、邓小平理论教育和武装学生，以“三个代表”重要思想引导学生，倡导马克思主义的世界观、人生观、价值观，坚持把爱国主义、集体主义、社会主义的思想教育搞得更加生动、扎实、有效。

2. 人文教育

据媒体反映，现在不少学生外语好，数理化好，经济头脑好，但不了解长城、黄河，不了解文天祥、史可法，不了解《大学》《中庸》《论语》等。对祖国的地理、历史、文化无知的人，怎可能有感情、有责任地为祖国服务和献身呢？在人的综合素质中，文化素质是基础。文化素质包括知识、能力、方法、仪态等，它是知识和能力的综合，有鲜明的民族特色。优秀的传统文化是爱国主义和集体主义的思想文化基础，对于培育大学生的人文精神，提高大学生的文化素质有着积极作用。它有助于提高人们的思想境界，开拓思路。

3. 创新教育

高校要突出创新教育，首先要改变过去整齐划一的弊端，采取灵活多样的办学模式，因材施教，注重学生的个性发展，树立学生的创新意识，唤起学生的创新激情，鼓励学生的创造尝试。要从创造型人才素质结构出发，优化课程结构体系，加厚加宽基础课程，培养学生的动手能力。要改革传统的考试内容和考试方法，以引导学生增强思想能力、应用能力和创新能力。要加强科研与教学之间的结合。

预科生适应性问题能否解决，直接关系到他们预科一年的民族预科生活及将来的发展，同时预科生适应性问题也需要学校、老师、学生和家长共同努力，采取行之有效的教育方法，帮助他们更快，更好地适应民族预科生活，顺利度过困惑时期，为今后的学习和生活创造良好的条件。所以，我们始终要坚持“以生为本”的工作理念，努力用细心、爱心、耐心、真心去服务学生，做学生学习上的导师、生活中的朋友，把培养德、智、体、美全面发展的高素质人才作为我们的工作目标。

参考文献

［1］常永才．文化多样性、心理适应与学生指导——对中国少数民族学生的初步研究［M］．成都：四川出版集团四川辞书出版社，2008.

［2］D. P. 约翰逊．社会学理论［M］．南开大学社会学系，译．北京：国际文化出版公司，1988.

［3］哈经雄．中国少数民族高等教育学［M］．南宁：广西民族出版社，1991.

［4］林耀华．民族学通论（修订本）［M］．北京：中央民族大学出版社，2007.

［5］宋太成．民族预科教育论丛（第一辑）［M］．北京：民族出版社，2006.

［6］季林海．浅谈大学新生的适应性教育工作［J］．教书育人，2006（11）：20－22.

［7］曲木铁西，黄秀华．试论少数民族教育的分类［J］．民族教育研究．2009，4（20）．

［8］杨立新．试论大学生适应能力培养的新途径［J］．大家，2010（11）．

［9］张大均，马正直，郭成．关于学生心理素质研究的几个问题［J］．西南师范大学学报：人文社科版，2000（3）．

［10］何爱晶．少数民族预科生学习策略调查报告［D］．江西师范大学，2006.

［11］蔺雯雯．大学生早期适应不良图式与亲密恐惧的关系及干预研究［D］．首都师范大学，2008.

［12］李泳波．蒙汉高中生自我概念与心理健康相关研究［P］．内蒙古师范大学，2007.

谈民族预科数学教师应具备的素质及提升素质的办法

冯心灵

[摘　要] 民族预科教育作为一项加速民族地区发展，实现各民族共同繁荣而施行的特殊政策，是民族教育事业的重要组成部分。少数民族预科生作为这项特殊政策下的直接享受者，其培养质量直接影响到该政策的实施效果。预科数学教师作为预科教育三大主干课程之一的任教者，其素质对民族预科教育有着重要的影响，因而对民族预科数学教师素质及提升办法的研究具有重要意义。本文从民族预科教师素质研究的意义出发，通过分析民族预科生的现状，结合教育部关于民族预科教育的目标要求，提出了四大项、八小项的素质要求及相关的提升办法。

[关键词] 民族预科　学生特点　教师素质　提升办法

唐代思想家韩愈有言："师者，传道、授业、解惑也。"观点也许不甚全面，但可见，作为一名教师，应具备的素质绝不仅仅是文化素质，讲解传授知识不是教育的唯一任务。实际上更早的《礼记》便有记载："师者也，教之以事而喻诸德也。"也就是说，为师者，不但要教授学生以"谋事之才"，还应引导学生树"立世之德"，即教书与育人应是并行的。而看似简单的两项任务，却有着丰富的内容——教书育人的原则、教书与育人之间相互关系的处理、教师角色在教与育过程中的多样转变等。在如今网络时代和知识经济并进前行的社会背景下，教育被赋予了更丰富的内涵，对教师也提出了新的要求。作为民族预科教育的工作者，除了具备一定的专业素质外，还应有与时俱进、改革创新的精神。本文就在新时代背景下，按教育部、国家民委提出的关于民族预科教育目标的规定，结合民族预科生的特点，提出几点民族预科数学教师应具备的素质及提升的办法。

一、民族预科数学教师素质研究的重要意义

纵观教育发展的历史长河，教师作为教育学里重要的研究部分，其相关

理论或论著何止千万。可以说到现在为止，关于教师的理论是比较成熟的。但是这些理论大多针对一般意义上的教师。而对民族预科教师及其相关理论的研究由于受到时代的限制等原因致使其目前仍处于探索发展阶段。

（一）对民族预科教师素质进行深入的研究是推动我国民族教育事业进一步发展的保障和动力

预科作为高等教育的一个特殊层次，于18世纪后半叶在一些西方国家的高等院校开始设立。新中国成立前我国的一些学校也专设过一年制预科，但后来由于种种原因而逐步取消。民族预科则是在新中国成立后，于1953年随着民族学院开设的民族预科班而出现的。1984年，教育部、国家民委在《关于加强领导和进一步办好高等院校少数民族班的意见》中，对有关民族预科班的教学和管理问题及预科阶段的任务做出了明确的规定，要求根据少数民族学生的特点，在教育过程中采取特殊措施，着重提高文化基础知识，加强基本技能的训练，使学生在德育、智育、体育等多个方面都得到进一步的发展，为少数民族学生在高中毕业后正式进入高等院校本科、专科学习专业打下良好的基础。

由此看来，民族预科教育有着较强的目的性和鲜明的时代与政治色彩，是国家为了加快少数民族人才的培养，加速民族地区的发展，实现各民族共同繁荣而施行的一项政策，是在少数民族学生的文化基础与普通高校本科、专科的入学水平之间建立起衔接、过渡、起承上启下作用的一项特殊教育工程。完成这项工程好比建造一幢高楼，必须夯实根基，掌握先进的建筑技术，使每份原材料在更合理的搭配与相互作用下尽可能地发挥应有的甚至更大的作用。而民族预科教师就好比建筑人员，其技术的高低将直接影响这项特殊工程的进度与质量。尽管少数民族预科生占少数民族大学生的比例不大，但是涉及国家政策问题，其发展效果的好坏直接影响到少数民族学生乃至相关民族地区的人民对这项民族教育政策的评价。因此，民族预科教师素质的高低对我国民族教育事业的稳定与发展起着重要的作用，提高民族预科教师的素质是推动我国民族教育事业进一步发展的保障。

从民族预科真正步入正轨至今的二三十年时间里，众多学者及工作在一线的民族预科教育人员进行了诸多的研究，民族教育事业取得了一定的成绩。然而，当前民族预科教师及其素质的相关理论研究仍不成熟，因此对其进行深入的研究，是推动我国民族教育事业进一步发展的一项动力。

（二）提高民族预科教师素质是推动我国民族教育事业进一步发展的迫切要求

当前，我国教育进入一个崭新的时代，特别是开发西北的战略决策实施以来，包括民族地区在内的众多地区皆进入快速发展时期，经济的发展对教育产生了巨大的影响。中共中央、国务院在《关于深化教育改革、推进素质教育的决定》中指出："到2010年，我国同龄人口的高等教育入学率要提高到15%。"之后高等教育在校生规模迅速扩大。据统计，2010年我国高等教育毛入学率达到26.5%，至2013年已达近30%，可以说我国高等教育进入了大众化阶段。少数民族学生的高等教育入学率不论在区内还是区外也在逐年提高，如2011年吉林省少数民族学生高等教育毛入学率便高出了全省平均水平；内蒙古自治区在2012年的48所高校招生情况显示，少数民族学生及蒙古族学生分别比上年增长3.28%和3.75%；2013年少数民族预科生的招生录取率也比去年同期提高了几个百分点，等等。这些数据体现了在新时代教育形势下，更多的少数民族学生将走进高校接受高等教育，而作为其中组成部分的少数民族预科生是国家民族教育特殊政策下的直接享受者，其培养质量直接影响到这项政策在民族教育发展事业上的施行效果。

而当前民族预科教师处于脱离高校主流团体却又受控于高校体制的尴尬地位，学科建设群龙无首，同时还面临专业知识的"失业"与萎缩、教学与教研疏离等情况，致使预科教师在教育教学过程中存在着不少有别于一般意义上的老师的问题，因此尽快地探寻更好的提高民族预科教师素质的办法，是推动我国民族教育事业进一步发展的迫切要求。

（三）民族预科数学教师的素质是民族预科教育的重要组成部分

民族预科课程在不同的预科教育培训基地会有所不同，但是数学与汉语、外语（主要为英语）一起构成了民族预科三大必修课程。在这三大主干课程里，数学又作为重中之重的科目存在。主要原因在于每届民族预科生中理工类学生比例明显高于文科，大约占到了70%。虽说大部分预科学生进入本科、专科后所学的数学课程各有差异，但是在预科阶段所学的数学内容始终关联着他们专业必修的重要基础理论课程，因而民族预科数学教师在整个民族预科教育中起着举足轻重的作用。预科数学教师的素质，影响着预科学生将来基础理论课程预备知识的掌握、重要数学素养的培养与形成。

二、少数民族预科学生的现状

上文通过分析民族预科的内涵及特点，我们了解到民族预科教师有着与一般传统意义上的教师不同的特点，要研究民族预科数学教师应具备的素质及提升办法，就应结合民族预科数学及少数民族学生在数学方面的特点有针对性地进行。

（一）民族预科生文化基础水平与高校入学水平差距较大，同民族间水平相当，而不同民族间水平参差不齐

普通高校招收少数民族预科生，是从当年参加普通高考的少数民族地区和散杂居地区的少数民族考生中，适当降分按志愿择优录取的。录取分数线在同批次分数线下，最高可降100分。这些预科生中有些成绩超过了录取线，但因分数不够理想未能被目标学校录取而选择填报预科；有些预科生的分数则是在录取分数线以下几十甚至上百分。另外由于不同少数民族地区知识文化水平发展的不平衡，导致不同民族学生的水平也呈现一定的差异。据不完全统计，目前全国一些偏远地区民族预科生的知识水平发展情况大致为，新疆为全国平均数的65.8%，宁夏为54.7%、内蒙古为56.6%、云南为48.7%、青海为44.2%、贵州为38.3%、西藏为32.0%，而北京、上海却相当于全国的5~6倍。总体而言，大多数民族预科生的文化水平离普通高校入学水平仍有较大一段距离，学生水平呈现参差不齐的情况。

（二）"优越感"与"自卑感"并存

由于入学时享受到特殊政策的照顾，预科生一方面为自己的少数民族身份自豪，另一方面又因自身为降分录取，自知文化水平不高，担心被教师或他人轻视，因而"优越感"与"自卑感"并存。另外，由于在地区发展过程中一些不能避免的文化差异，致使学生间存在着微妙的隔阂与排斥现象。

（三）数学学习兴趣与主动性普遍不高

由于预科数学教材第一个学期的初等数学与中学内容重复率高，而第二学期的高数与初等数学在难度以及思维方式上跳跃较大，致使在这种情况下，预科生不耐烦初等数学高中补课式的学习，又难以适应高数的新思维，若没有合理的引导，学生掌握知识的情况不容乐观。

民族预科生在数学上普遍表现出基础知识不扎实、缺乏一定的逻辑分析和数据处理能力、对数学不感兴趣、对学习数学缺乏信心等现象。在西南师范大学预科部的孙卫红老师的《关于高校少数民族预科学生数学教材学习评价的调查》调查问卷中，对初等数学包含集合、复数、数学归纳法等知识在内的有23项，对高等数学包含极限与连续性、导数的应用等知识在内的有16项。从问卷调查中可以看到，在"数学归纳法"和"导数应用"这两项较具代表性的内容中，仅有40%左右的学生感兴趣，而觉得有学习困难的达到50%，只有仅不到10%的学生能掌握。

三、民族预科数学教师应具备的素质及提升办法

上文对民族预科数学及少数民族学生在数学方面的特点进行了分析，而要进一步研究民族预科数学教师的素质，还应对教师素质概念进行理解和界定，以决定其素质研究的角度和切入点。

从马克思主义哲学对人的属性的认识角度可知，人具有自然性和社会性，因而人的素质也应包含自然性和社会性两个方面。而教师由于职业的特殊性，其素质的定义应主要着眼于教育活动本身，从自然性与社会性的角度概括起来看，就是以人的先天禀赋为基础，经过正确和严格的教师教育而获得的教育情境下的知识、能力和信念的集合。具体则由职业理想、职业责任、职业态度、职业纪律、职业技能、职业良心、职业作风和职业荣誉八个方面构成。

民族预科教师有着一些与一般传统意义上的老师不同的特殊性，因而其素质的具体体现较一般教师素质会有所不同。通过结合民族预科教育相关规定与要求和民族预科生的特点，笔者归纳得出预科数学教师应具备的素质及提升办法，具体如下：

（一）良好的政治、道德素质，为人师表，躬行实践，有意识地增强自身民族平等意识，培养民族团结互助精神

在所有的教师素质当中，师德作为教师素质的核心部分，历代为众多教育家所强调。它是教师在从事教育活动中所遵守的道德规范和行为准则以及与之相适应的道德观念、情操和品质。而在师德中，“为人师表”“躬行实践”又是常为人称道的准则。在大多数学生眼中，教师是社会的规范、道德的化身、行为的楷模，尤其在学生尚未形成成熟的人生观、价值观、世界观之前，教师的一举一动、一言一行、一颦一笑都可能影响到学生对世界、对人生的看法，对事情、对他人的判断。

对于民族预科生而言，他们自小接触到的人多为本民族同胞，特别是一些偏远地区或少数民族聚集区的学生，由于受到当地生活环境中浓厚的民族风土人情的影响，从小耳濡目染地形成了较明显的有别于其他民族的生活、学习习惯和特点；同时在他们进入预科阶段之前的学校教育中，其任课教师也多为本民族教师，这些民族教师的言传身教在很大程度上促使了他们世界观、人生观、价值观的基本形成。而进入到民族预科教育基地后，他们能接触到的人只有少部分为本民族学生，大多数是来自全国各地的其他少数民族的同学和朋友，教师也多半是汉族教师。在这样的一个大环境里，大部分民族预科生都需经历一个对其他民族学生及教师从排斥到接受再到融合的过程。

要使他们在预科阶段的一到两年时间里，在身心特点及思想观点最终形成的关键几年内顺利地完成这个过程，就需要预科教师的正确引导和潜移默化的影响。有人说细节体现关键，有时教师一些不经意的言行举止比直接引导更容易影响到学生的是非判断。因而在这样一个特殊的教育环境下，民族预科任何科目的教师都应时刻注意自身的行为与言论，避免任何影响民族团结与发展的过激言论。

为更好地提高民族预科生的政治、道德素质，增强民族平等意识，培养民族团结互助的精神，民族预科数学教师可以通过经常性地关注国家民族的相关政策，多阅读宣传有关民族平等、民族团结发展的书刊等方式，有意识地增强民族平等意识，培养民族团结互助精神，以使在这些意识和精神影响下的思想与观点能通过日常的言论表现出来，尽可能地传递正能量，在整个民族预科教育环境中形成学生之间、师生之间和平共处、团结互助的良好风气，从而使预科生在积极乐观的状态下提高各方面能力。

（二）过硬的心理素质，端正的民族预科教育态度，摆正自身在民族预科数学教育工作上的位置

心理素质包含相当广泛的内容，是性格品质和心理能力的综合体现。对民族预科数学教师而言，除了需具备一些与一般传统意义上的数学老师大同小异的心理素质外，还应调整好心态，端正教育态度，摆正工作位置。

当前大部分的预科教育基地都依附在高校之下，处于“脱离高校主体，又受控于高校体制”的“边缘状态”，民族预科教育在一定程度上是“说起来重要，做起来次要”，因而民族预科教师多半都站在这种边缘境地里默默地耕耘，承担着促进少数民族地区人才的发展、为民族教育事业贡献力量的责任，却很少得到相应的重视。然而只要有追求的教师，都希望将来有一天能桃李满天下。而预科教育本身目标的定位及规定的低年限教育，决定了民族预科教师很难能在预科教育阶段培养出在专业上有突出表现的学生，成就感自然相应降低。

另外，对预科数学教师而言，虽说是预科教育三大主干课程之一的任课教师，但根据预科数学教育的目标和要求——注意与高中知识的衔接，力求使预科生顺利过渡到高等教育阶段，在预科数学的课程安排上有较大篇幅内容仍为高中知识，即便涉及一些大学知识，但其高等数学部分的难度与真正的高等数学教育课程难度存在较大差距，尽管如此，却因大部分预科生文化基础水平普遍较低，致使实际教学时会根据学生的情况再次降低难度。这就出现了众多硕士、博士毕业的预科数学教师在讲解自认为内容浅显但学生仍

然一脸茫然的尴尬场面，使得不少预科数学教师常有“专业失业”及“英雄无用武之地”的感觉，久而久之，便对预科数学教育无激情，进而影响了教育教学质量。

实际上博士担任小学数学教师的都大有人在，甚至毛泽东的老师、著名教育家徐特立都曾言：“我一生的志愿就是当小学教员。”可见，不是非要教导多深奥的内容，也并非一定要教育文化水平相对优秀的学生才能体现自身的价值。相反，能将不管何种难度的知识都传授给学生，能将原本水平较差的学生提升几个层次才更能体现教师自身的价值。因此民族预科数学教师应“日三省吾身”，经常对自身的教育态度进行反思，及时端正态度，摆正在民族预科教育中的位置，方能更好地进行教育教学活动。

（三）具备终身学习的意识，用发展的眼光看待民族预科数学教育问题

就理科科目特别是数学而言，许多公式、定理、思想是死的，但是分析的方法、角度，传授给学生的方式却是活的，甚至其本身发展的方向也是活的。数学史发展到目前为止，共出现过三次危机，它们出现与解决的过程实质上是发现问题、解决问题、完善知识的过程。从初等数学到高等数学再到现在众多的数学分支，我们都可以看出，科学的发展是无止境的。另外，从民族预科数学的角度分析，虽然教育的目的很明确——加强民族预科生的数学基础知识和基本技能训练，用一到两年的时间使其数学水平达到高校入学水平，但是从几次的民族预科数学教材改革可以看出，教育的内容会随着时代的发展以及学生的情况而有所变化。因此，作为传授数学科学知识的教师，理应用发展的眼光看问题，不断地提高和完善自身的水平。

（四）具备专业的智能素质，有目的地提高民族预科数学教学技能、教师角色多样性的转换技能

授人以滴水，需内含以江河，这是毋庸置疑的。一个专业水平不过关的教师，绝不可能传授给学生合格的知识。因而扎实的数学专业基础及全面的数学文化知识是预科数学教师的必备素质。但是具备扎实的基础、较高的数学文化水平，不见得就是优秀的数学教师。就预科数学教师而言，其与数学科研人员甚至和高校数学教师不一样，能研究出几个重要的定理、公式，不见得就能把数学课上好；能把数学专业的博士生指导好，不见得就能把民族预科生教好；因为影响预科数学教育教学质量的主要因素是预科数学教师的预科教育教学能力。优秀的心理学家林崇德曾经提出：“优秀教师 = 教学过程 + 反思。”这也正是“教学相长”的体现。预科数学教师不应脱离预科生进行自我素质的提高，而应通过教学中的相互交流、相互沟通、相互启发和相互

补充，通过总结、反思等方式积累经验，以此来不断完善自我。

1. 掌握民族预科教学大纲，根据预科数学教育目标制定合理教学内容

由于预科数学教学有着明确的教育目标，大纲、教材统一，教学内容包含初等数学和高等数学两部分，几乎囊括了中学阶段的主要知识和高等数学的基础理论知识，内容较多，但是学习时间短。而预科生数学基础普遍较差，逻辑思维不强，分析能力较薄弱，因此，预科数学教师可通过对预科数学教学大纲进行全面的分析与研究，从宏观上对大纲和教学内容进行把握，结合学生的基础，确定可作为预科“补”与“预”的内容，在教学过程中努力做到紧扣教材，时刻抱着重在培养学习兴趣和捕捉知识的能力、重视知识的衔接性的意识，尽量减轻学生的压力，避免搞题海战术，增加学生的学习负担。

2. 了解学情，掌握学生个性差异特点，通过多渠道了解和研究因材施教的方式方法

预科生在数学方面表现为文化基础水平薄弱，对数学学习缺乏信心，并且呈现出同民族水平相当的特点。但是这一情况也只是从整体上而言。据不少预科数学教师反映，每批预科生中皆有一些数学基础较好的学生，数学文化水平较高，甚至参加全国奥林匹克数学竞赛获过奖；一些看似数学基础水平不高的学生，思维却很活跃，通过正确的引导能快速提高；一些学生成绩较差，思维不灵活，但是勤学好问；等等。因此，教师应具备通过不同渠道了解学生学情、个性差异的能力，从而结合民族预科生的特点，制订不同的教育计划，促进预科生数学文化水平的整体提高。

至于因材施教的具体实施办法，可借鉴众多有关因材施教、分层教育的相关理论。然后结合自己的心得施行，发挥学生的长处，弥补学生的不足，激发学生学习的兴趣，树立学生学习的信心，从而促进民族预科学生的全面发展。

3. 具备一定的创新意识，能经常性地探究提高预科生兴趣的办法

由于预科生数学水平普遍较差，对数学缺乏兴趣，而传统的教学模式和数学本身较强的逻辑推理性导致数学课堂大多枯燥乏味，加上大部分同民族的学生喜欢扎堆而坐，一人不认真听讲，很容易影响周围的同学，降低邻近同学的学习激情，而在网络时代和新事物爆炸的时代下，学生却又对学习以外的事情好奇、有热情，课堂上进行着与教学内容无关的思维跳跃，时常觉得数学课堂无趣。因此，吸引学生的注意力、提高学生学习数学的兴趣、创新教育方式，应成为新教育形式背景下预科数学教师的必备素养。

预科数学教师可通过问卷调查、日常沟通、同行间相互交流的方式积累提高预科生兴趣的办法，同时经常性地进行探究，借鉴一些他人较好的方式，

如开展数学实验、开设情景教学、尝试支架式教学等，来提高预科生学习数学的兴趣，以使其能在快乐中更快地提高数学知识水平。

4. 有良好的数学语言表达能力，有意识地探究一套适合预科生的数学语言

民族预科生自小多生长在本民族人民较为聚集的偏远地区，使用当地语言或者民族语言的情况十分普遍，汉语知识和汉语应用能力较差，甚至存在一些用汉语理解和交流有困难的同学。当然这些只是个别现象，可个别对待，但由于数学本身就有自己的一套较为简洁的语言，预科数学教师最好可以形成一套既体现数学特点又适合预科生的较规范的数学语言，结合简易的汉语，甚至结合学生民族语言特点与他们进行交流，可使讲授知识更容易，课堂更融洽。

5. 善于处理现代教育技术手段与传统教育技术手段在数学课堂上的相互关系

目前大部分的预科教育基地教学皆采用多媒体教学，这种教学载体作为现代教育的重要技术手段为众多教师所青睐，其可以更直观、更形象、更快速地展现教学内容，运用得当，能更有效地提高教学质量。然后对于许多从少数民族地区甚至偏远地区来的预科生来说，它是个新兴的技术，可能会存在不了解甚至难适应的情况，加之在数学教学过程中，许多公式、定理、计算的推理和演绎，一步步进行与一次性展示的教学效果显然是不一样的。因而要善于处理现代教育技术手段与传统教育技术手段（黑板板书手段）在数学课堂上的相互关系，合理利用两者的作用，更有效地开展数学教学，这也是当前预科数学教师需要具备的素质。

总之，对民族预科数学教师素质及提升办法的研究应根据民族预科教育的目标和要求，同时结合少数民族学生的具体情况来分析，在已有的一般教师素质要求的情况下，探究一些民族预科自身特点下预科数学教师应具备的素质。研究的最终目的是要更好地培养民族预科学生，使其达到民族预科教育的目标要求，以合格的身份进入高校，接受高等教育。

民族预科生水平分层指标体系建构

冯心灵

［摘　要］分层教学的一个难点和关键点在于学生水平分层，分层的准确与否直接影响到分层教学对策选择的正确与否以及分层教学的最终效果。本文从分层教学的四个理论支撑点出发，结合教育部对民族预科教育提出的教育目标，通过分析少数民族预科生的实际情况，运用层次分析法和指标体系构建方法，建立一套民族预科生水平分层的指标体系。

［关键词］民族预科　差异心理　水平分层　指标体系

分层教学的概念于20世纪80年代引入我国，施行至今走过了30多年的时间，已成为教育学重要的研究部分。实际上，分层教学最早出现在20世纪初美国学校的教学中，是当时美国在面对大量因移民而涌入的教育背景各异的新生时，为更好地、有针对性地进行教学而采取的一项措施。其与我国著名教育家孔子提出的“因材施教”一说有异曲同工之妙，两者皆要求在教育教学过程中根据学生的不同知识、能力水平和潜力倾向进行科学性的区别对待，选择适合各层次学生特点的学习方法来有针对性地教学，发挥学生的长处，弥补不足。分层教学的一个难点和关键点在于学生水平分层，分层的准确与否直接影响到分层教学对策选择的正确与否以及分层教育的最终效果。本文针对民族预科分层教学中学生水平分层的方法进行探讨，尝试建立合适的水平评价指标体系，以期能在一定程度上帮助预科教育工作者有效地开展预科分层教学。

一、民族预科学生水平分层指标体系建构的理论支撑

（一）差异心理学理论

传统差异心理学（主要研究智力和个性领域）的观点认为，人的能力和个性存在先天差异，先天的差异在很大程度上又影响着后天的表现差异。而性别差异心理学则指出人不仅存在整体差异，而且男女之间也存在较稳定而

明显的差异。

民族预科生是全国普通高校在当年参加普通高考的少数民族考生中适当降分并按志愿择优录取的，他们基本上都来自少数民族地区和散杂居地区。在这些相对封闭的少数民族地区里，由历代传承的基因逐渐形成的稳定特点构成了来自不同民族的预科生的先天差异。在先天差异与民族特色生活环境的双重影响下所造成的后天差异，使得民族预科生体现出较明显的心理、个性与智能特点。就心理特点而言，据有关民族预科大学生心理健康情况调查的结果显示，与常模比较，民族预科生在躯体化、人际关系、敌对、偏执四项中低于常模，但在抑郁、强迫、精神病性和恐惧四项中高于常模，差异性非常显著。

然而这些差别并非永久不变的，因为人是有后天可塑造性与能动性的。要使不同个性、智能水平的民族预科生个体或群体往某一目标方向发展，只要能寻求到合适的塑造办法，是可以实现其在平行方向上的前进的。但显然，对不同个性特点、不同水平层次、不同性别的群体皆采用同样的塑造方式，容易导致顾此失彼，达不到预期的塑造目标，因此需要针对差异进行分层塑造。

（二）多元智能理论

与传统的智力理论相比，美国心理学家加德纳在他的多元智能理论中指出，人类至少拥有八种智能，即语言智能、逻辑—数学智能、空间智能、身体—运动智能、音乐智能、人际关系智能、自我认识智能、自然观察智能。每个人都在一定程度上拥有这八种及以上的智能，每个人的整体能力基本上是由这八种能力相互结合而成。但是这些能力并非均衡地结合在一个人身上，个别能力或许会尤其突出，而另一种能力会相对薄弱。不同的结合结果便形成了人整体上不同的能力。这就好比人的指纹独一无二，人的能力表现情况有相近的时候，却不会一模一样。

据民族预科教师的普遍反映，少数民族预科生逻辑—数学智能、空间智能和自然智能较低，而语言智能、音乐智能则普遍高于汉族学生。可将他们的这些智能特点作为参考内容列入水平分层指标体系中进行科学的分层。

（三）目标教学理论

不同的教育目标分类下有不同的学生水平层次分类标准，在进行分层教学时不能笼统地将一些模糊不清的教学要求（如“掌握该门学科的基本内容”）或者难以应用到实际测量中的概念作为分层的标准。目前关于教育目标分类理论的研究中，大致有 5 种较著名的分类：布卢姆的教学目标分类、加涅的学习结果分类、罗恩特里的目标分类、梶田叡一的教育目标分类以及国内的教学目标分类。各种分类情况如表 1 所示。

表 1　教育目标分类

<table>
<tr><th>分类</th><th>目标领域</th><th colspan="3">层次（含义）</th></tr>
<tr><td rowspan="3">布卢姆的教学目标分类</td><td>认知</td><td colspan="3">识记、理解、运用、分析、综合、评价</td></tr>
<tr><td>动作技能</td><td colspan="3">感知、准备、有指导的反应、机械动作、复杂的外显反应、适应、创新</td></tr>
<tr><td>情感</td><td colspan="3">接受或注意、反应、评价、组织、价值体系的性格化</td></tr>
<tr><td rowspan="5">加涅的学习结果分类</td><td>态度</td><td colspan="3">通过学习形成的影响个体行为选择的内部状态</td></tr>
<tr><td>动作技能</td><td colspan="3">包括动作程序的精确和连贯的实际肌肉运动</td></tr>
<tr><td>言语信息</td><td colspan="3">通过学习后对诸事物的具体表述</td></tr>
<tr><td>智力技能</td><td colspan="3">通过学习获得使用符号与环境相互作用的能力</td></tr>
<tr><td>认知策略</td><td colspan="3">调节注意、学习、记忆和思维等内部过程的技能</td></tr>
<tr><td rowspan="3">罗恩特里的目标分类</td><td>求生技巧</td><td colspan="3">“智力”“人际关系”和“生理技能”</td></tr>
<tr><td>方法</td><td colspan="3">各个学科专门的探究模式和求知方式</td></tr>
<tr><td>内容</td><td colspan="3">在学习领域里认识和解释构成该领域实质内容的概念、原理和理论</td></tr>
<tr><td rowspan="4">梶田叡一的教育目标分类</td><td></td><td>认知领域</td><td>情意领域</td><td>动作技能领域</td></tr>
<tr><td>达成</td><td>知识</td><td>兴趣、爱好等</td><td>技能、技术等</td></tr>
<tr><td>提高</td><td>知识、理解等</td><td>态度、价值观等</td><td>熟练等</td></tr>
<tr><td>体验</td><td>逻辑思维能力、创造性等</td><td>感触、感动等</td><td>技术成就等</td></tr>
<tr><td rowspan="4">国内的教学目标分类</td><td>基础知识</td><td colspan="3">学科基础理论知识</td></tr>
<tr><td>基本技能</td><td colspan="3">动作技能和智力技能</td></tr>
<tr><td>基本能力</td><td colspan="3">观察力、注意力、想象力、思维能力和创新能力</td></tr>
<tr><td>健康个性</td><td colspan="3">健康的动机、兴趣、理想和信念等</td></tr>
</table>

表 1 中的几种教育目标分类虽内容上各有侧重，角度也不尽相同，但是基本上都从大的方向对培养目标给予了相近的定位，最显著的为知识、技能和情感领域的定位。然而在大方向目标定位下，不同地区或对不同类别的学

生通常有不同的详细的教育目标，如体育专业、舞蹈专业的学生与以文化课为主要学习科目的学生，他们的教育目标就有很大的差异，显然不能采取一样的水平分层标准。

教育部、国家民委在《关于加强领导和进一步办好高等院校少数民族班的意见》中指出，民族预科教育要着重提高民族预科生文化基础知识，加强基本技能的训练，使学生在德育、智育、体育等多个方面都能得到进一步的发展，为预科生在正式进入高等院校本科、专科学习专业之前打下良好的基础。可见民族预科是介于高中教育与大学教育之间的特殊教育阶段，最终目的是培养达到大学入学水平的预科生，主要要求学生在文化基础知识和基本技能上有所提高，在德、智、体等方面进一步发展。由此看来，上述几种教学目标分类中，布卢姆的教学目标分类最贴近预科教育目标的要求。在进行民族预科生水平分层时，笔者将主要结合布卢姆的教学目标分类中的认知、技能掌握情况以及我国教学目标分类中健康个性情况两个方面进行分析，根据民族预科生的特殊情况制定符合民族预科教育目标要求的水平分层方法。

（四）层次分析法

从上述关于教育目标分类的情况及预科生个性、智能等方面特点的分析可以看到，对民族预科学生水平的评价涉及多方面复杂的因素，要对其进行较准确的水平分层，就需要选取一种能对复杂决策问题进行有效分析的方法。而层次分析法便能做到利用较少的定量信息使决策的思维过程数学化，为多目标、多准则或无结构特性的复杂决策问题提供简便的决策方法。

二、民族预科学生水平分层指标体系的建构思想

（一）民族预科学生水平分层指标体系的概念

分析和评价民族预科生的水平层次如何，除了进行定性的描述和分析之外，更重要的是需对其进行定量的描述和分析，而要进行定量的描述和分析，需要寻求或建立一个度量标尺来测量预科生水平的具体情况。民族预科学生水平分层指标体系便是通过建立一个测量民族预科生水平的度量标尺，将抽象的学生水平分解成为具有行为化、可操作化的结构，并对指标体系中每一构成元素赋予相应权重，形成一个可测算的指标系统。

（二）民族预科学生水平分层指标体系的原则

建构民族预科学生水平分层指标体系旨在找寻一个科学的、全面的、可操作性较强的测量办法，以期及时地对民族预科生进行水平分层，继而选取

针对不同层次学生的不同教育办法来实现全体预科生的共同进步。

在建立指标体系过程中，笔者将遵循坚持科学性、全面性及可操作性的原则进行分析，选取较全面的评价指标，根据民族预科生的实际情况，通过科学的数据分析方法对民族预科生的水平进行评价，继而进行水平分层。

（三）民族预科学生水平分层指标体系建构的注意问题

1. 动态分层

民族预科学生水平分层要在开展教学前进行学生水平评估，它不是期末或学年终时教师给予预科生的定性评价，因而分层要体现提前性；同时教学不是一步完成，而是分阶段进行的，因而分层还应体现阶段性。学生在每个阶段的水平会有所变化，所以分层不能一棒子打死，而应进行动态分层，在不同阶段内根据学生的水平变化情况进行调整。

2. 教学阶段划分，评价力求立足有效

预科教育年限较短，一般只有一到两年的时间，因此在教学阶段的时间跨度上一般不能像其他长年限的教育一样选取，进行一学期甚至一学年的教学分段。事实上，预科教育的课程若选取以章节或内容属性作为教学分段的节点，会更有利于提高分层的准确性。

比如说预科数学，上、下两册讲授的内容依据大纲要求分别为 4 章节（复数、概率论、解析几何和行列式）和 5 章节（函数与极限、导数与微分、微分中值定理与导数应用、不定积分和定积分及应用）。上册有些知识是与高中知识重叠的，不同学生对这些基础知识掌握的情况不同，同一学生对不同章节内容的掌握也不尽相同。A 同学复数知识掌握的程度比 B 同学的高，而 B 同学解析几何掌握的程度比 A 同学的高，但是如果将两者综合起来的水平作为一个阶段里的水平，并且以此将学生进行分层教学，显然不利于有针对性地进行指导。又比如说大学预科语文，上册主要分文言文和现代文两部分（或者诗歌、散文、小说和戏剧四部分），学生对这些内容的掌握情况也不尽相同。教师应根据学生的实际情况选择分段的标准，进而在不同阶段里对学生进行分层。

整体上来说，民族预科教育教学阶段的截取和时间跨度的选取比一般的教育会相对更详细和更短一些。总而言之，民族预科学生水平分层应体现立足有效的特点。

3. 分层指标选取的侧重点

不同的教育目标要求下有不同的水平分层内容和方式，制定评价体系的时候就需考虑具体的教育目标。如进行文化知识提高的分层教学，应着重从文化知识掌握程度和应用技能掌握的情况方面来评价；而开展综合素质培养分层活动，则应着重从思想态度、技能、能力等方面来评价。本文的学生水平评价指标体系的建立旨在协助文化教学中的分层教学，因而指标选取的侧重点应主要放在对文化知识掌握的程度和应用技能的掌握上。

4. 地区和民族发展的不均衡性

民族预科生是从当年参加普通高考的少数民族考生中适当降分并按志愿择优录取的，整体上存在基础知识相对欠缺、基本能力相对薄弱、社会阅历相对较浅等问题。然而由于少数民族地区发展的不均衡性，导致不同地区的少数民族学生在知识、能力、情感和个性方面有较显著的区别。在进行学生水平分层的时候不应忽视民族预科生之间的差异而采取统一的分层方式，而应针对民族预科生的不同个性和特长区别对待。当然，要特别注意的是，这里的区别对待并非民族划分教育甚至民族歧视教育，而是在设置水平评价指标时加设一些带民族特色的个性和特长差异指标作为评价的参考。

5. 分层数据的人性化设置

传统的分层模式主要依据学生的文化成绩进行层次划分，并且通常是采用一次测验的结果作为划分依据，这显然是不全面和不够人性化的，因为人难免在一两次的表现中有失常的可能。因而笔者认为，最终的水平分层应以至少两次的评价结果作为依据，从一次评价的数据中发现问题，针对问题及时进行解决方法的寻求或教学策略的调整，同时根据学生的再次表现进行再次评价，最后对两次评价的平均分及其离散程度（即评分的标准绝对差）进行计算，作为最终的分层依据。

另外传统的评价方式以教师的评价作为主要的甚至唯一的依据，显然也是不合理的。因此在建立指标体系的过程中，笔者加入了教师、学生、小组的相关评价内容，以期更全面、更准确地进行评价，继而实现科学的水平分层。

三、民族预科学生水平分层指标体系的建构过程

（一）选取分层指标，建立层次结构模型

民族预科教育目标要求着重进行文化基础知识、基本技能的训练，促进

德、智、体的进一步发展。根据这一教育目标的要求，评价指标可以从认知、技能和情感三大方面选取，这也是上文提到的美国著名教育家和心理学家本杰明·布卢姆的教学目标。以此为依据可得出民族预科生水平分层评价因素的第一层指标。

进行第二层指标选取时主要从以下几点出发：

1. 体现“具体性”“可测量性”

就认知内容而言，不同预科教育科目一般有不同要求，但是整体上离不开几个方面，即理论知识、学科思想、知识结构等内容。理论知识指概括性强、抽象度高的系统而有普通意义的知识，在对学生进行评价时，如果笼统地要求对学生掌握理论知识的情况给予评价和分层，显然很难进行定量的分析。因而应对科目本身的理论知识进行具体的罗列与归纳，以此作为认知目标下的第二层评价指标的参考。理论知识包括基本结构（包含、延伸、对立等）、基本原理（公式、定理等）、基础性概念（公理、定义等）、规律性、专业性知识等。对这些内容的掌握情况是可以通过学生平时的作业、测试、课堂的提问与回答、课后的反馈体现出来的，具有可测量性。

就技能内容而言，预科阶段主要要求掌握基本技能，如口语、书面表达技能，数据、知识归纳技能，运算技能，推理分析技能等。其中尤其口语、书面表达技能，可以说与民族预科生息息相关。大部分民族预科生在预科之前的学习阶段主要以本民族语言作为主要的语言交流工具，甚至将民族语言作为教育内容的一个重要部分，因而来到以汉语为主要语言交流工具的预科学校，口语、书面表达能力的高低是学生水平评价的一项重要依据，因而将其作为评价指标便不足为奇了。这些包括语言表达技能在内的多项技能的掌握情况主要通过教师日常的观察、分析，学生自评或同学间的相互评价得到，具有一定的可操作性。

就情感目标而言，主要包括兴趣、动机、自信、意志和合作精神等方面的内容。同样，这些内容表现的情况主要也是通过教师日常的观察、分析，学生自己的评价或同学间的相互评价得到的。

2. 体现全面性和科学性

要对学生进行较准确的评价，单独选取各教育目标下的部分领域是不行的，指标选择应全面而科学，不能以偏概全。

根据预科教育的目标要求，结合预科生的实际情况，笔者认为，民族预科生水平分层评价的层次结构模型如图 1 所示。

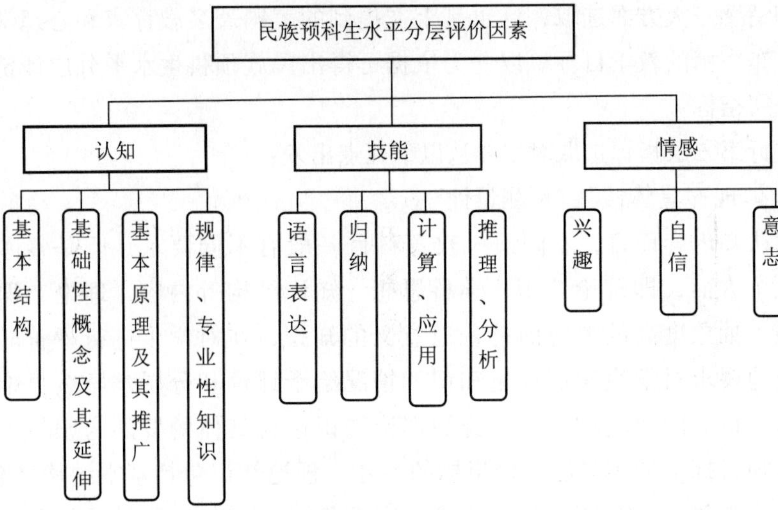

图 1　民族预科生水平分层评价的层次结构模型

（二）确定二级指标层次

教学目标理论中的三个目标领域有着各自的亚领域。这些亚领域实为各目标领域的层次，是对目标实现程度的评价。认知领域的亚领域主要有识记、理解、运用、分析、综合和评价，技能领域主要有感知、准备、有指导的反应、机械动作、复杂的外显反应、适应和创新，情感领域的亚领域主要有接受或注意、反应、评价、组织、价值体系的性格化。

而实际上对预科生二级指标层次的选取并不需要完全依据布卢姆的教育目标理论中的目标层次。因为预科生的整体水平不高，并且层次水平较为集中，如果选取较多的层次进行分析，反而将学生层次分散了，不利于进行集中分层教学。再者，在进行评价时，过高的层次会在一定程度上降低学生的学习信心，不利于自信的培养。当然不排除部分预科生水平层次超出评价办法中的水平，对于这部分学生可以直接按照最高层次情况进行评价，不影响其评价结果。

（三）水平分层测评表的建立

通过结合预科教育的目标要求，运用层次分析的方法，笔者对影响民族预科生水平的因素做了上述分析，确定了预科生水平分层指标体系的一、二级指标及二级指标的层次，对指标加以适当的权重，同时为遵循公平、公开、合理的原则，对民族预科学生水平评价采取教师评价、学生自评和小组互评的方式，进行二次评价，制定了如表 2 所示的民族预科学生水平分层测量表。

表 2　民族预科学生水平分层测量表

<table>
<tr><td></td><td>一级指标</td><td>二级指标</td><td colspan="5">二级指标层次</td></tr>
<tr><td rowspan="18">民族预科学生数学水平分层指标</td><td rowspan="5">认知 0.5</td><td></td><td>识记 0.3</td><td>理解 0.5</td><td>运用 0.7</td><td>分析 0.8</td><td>综合 1</td></tr>
<tr><td>基础性知识 0.25</td><td></td><td></td><td></td><td></td><td></td></tr>
<tr><td>基本原理 0.25</td><td></td><td></td><td></td><td></td><td></td></tr>
<tr><td>基本结构 0.1</td><td></td><td></td><td></td><td></td><td></td></tr>
<tr><td>规律、专业性知识 0.4</td><td></td><td></td><td></td><td></td><td></td></tr>
<tr><td rowspan="5">技能 0.4</td><td></td><td>感知 0.3</td><td>反应 0.5</td><td>机械动作 0.7</td><td>适应 0.8</td><td>创新 1</td></tr>
<tr><td>语言表达 0.2</td><td></td><td></td><td></td><td></td><td></td></tr>
<tr><td>归纳 0.2</td><td></td><td></td><td></td><td></td><td></td></tr>
<tr><td>计算（应用）0.3</td><td></td><td></td><td></td><td></td><td></td></tr>
<tr><td>推理（分析）0.3</td><td></td><td></td><td></td><td></td><td></td></tr>
<tr><td rowspan="4">情感 0.1</td><td></td><td>接受 0.3</td><td>反应 0.5</td><td>评价 0.7</td><td>组织 0.8</td><td>价值体系性格化 1</td></tr>
<tr><td>兴趣 0.3</td><td></td><td></td><td></td><td></td><td></td></tr>
<tr><td>自信 0.3</td><td></td><td></td><td></td><td></td><td></td></tr>
<tr><td>意志 0.4</td><td></td><td></td><td></td><td></td><td></td></tr>
<tr><td colspan="2"></td><td colspan="2">教师评分</td><td colspan="2">学生自评</td><td colspan="2">小组互评</td></tr>
<tr><td colspan="2">一次评分</td><td colspan="2"></td><td colspan="2"></td><td colspan="2"></td></tr>
<tr><td colspan="2">二次评分</td><td colspan="2"></td><td colspan="2"></td><td colspan="2"></td></tr>
<tr><td colspan="2">最终评分</td><td colspan="2"></td><td colspan="2">层次等级</td><td colspan="2"></td></tr>
<tr><td colspan="8">注：1. 各指标后的数字为该项的权重，各层次后的数字为等级评分；
2. 评分采用 100 分制，为指标得分乘 100 得到；
3. 一次评分后根据反映出来的水平层次情况进行教学策略调节，在短期内进行二次评价，综合两次评分结果作为最终评分；
4. 等级分 A、B、C、D 四个等级，55 分以下为 D，55 ~ 70 分为 C，70 ~ 85 分为 B，85 ~ 100 分为 A。</td></tr>
</table>

参考文献

[1] 黄永彪．民族预科生数学水平评估的探究［J］．企业科技与发展，2012（1）．

[2] 倪玉华．多元智力理论在计算机基础教育学生评价体系中的应用［J］．实验室研究与探索，2007（12）．

[3] 黎加厚，胡丽萍．Moodle之互动评价：信息化的评价活动［J］．中小学信息技术教育，2007（1）．

民族预科生全面发展与个性发展之我见

付玉晶

[摘　要] 民族预科院校担负着为少数民族地区输送人才的重任，学生的发展关乎着民族的未来。因此，要注重预科生的全面发展与个性发展。一方面，要倡导学生个性发展，鼓励学生发展自己的爱好和专长，以学生个性作为支点，在弘扬人的主体性中，提高预科学生的素质；另一方面，也要注重学生的全面发展，根据客观形势的发展要求，全面推进素质教育。全面发展和个性发展相结合，才能使民族预科生具备实现中华民族伟大复兴使命的特质。只有重视学生全面发展与个性发展的结合，才能使预科学生实现成长，才能使预科教育更好地实现全面人才培养的目标。

[关键词] 预科生　全面发展　个性发展

民族预科院校是我国高等教育体系中最具特色的重要组成部分，是中华民族大家庭的缩影，是展示中国民族政策和民族团结进步的重要窗口，担负着培养各民族优秀人才的重任，因此，处理好学生全面发展与个性发展的关系至关重要。胡锦涛总书记在庆祝清华大学建校 100 周年大会上讲话时明确提出："高等教育的根本任务就是人才培养。高校必须以提高质量作为教育改革发展最核心、最紧迫的任务。"并对高校全面提高教育质量提出"四个大力"，也对广大青年提出了"三点希望"，尤其是"希望把全面发展和个性发展紧密结合起来"，这一论点的提出，为今后高等教育工作指明了方向，明确了高校人才培养的重心。为此，在本文中，我们拟围绕培养预科生全面发展与个性发展这一课题进行有益的探索和实践。

一 、明确全面发展与个性发展的内涵

（一）预科生的全面发展

人的全面发展在不同的地域和不同的时期有着不同的发展内容。在新时期，《国家中长期教育改革和发展规划纲要（2010—2020 年）》（以下简称

《纲要》）明确提出："全面贯彻党的教育方针，坚持教育为社会主义现代化建设服务、为人民服务、与生产劳动和社会实践相结合，培养德智体美劳全面发展的社会主义建设者和接班人。"可见，培养出德智体美劳全面发展的社会主义建设者和接班人是不同教育阶段所追求的共同目标。同时《纲要》也明确提出"树立科学的质量观，把促进人的全面发展、适应社会需要作为衡量教育质量的根本标准"。因此，受教育者是否能实现全面发展，已经成为衡量教育质量高低的根本标准之一。在这一历史条件下，探讨当今预科生的全面发展意义非凡。

1. 预科生全面发展的内涵

关于预科生发展的全面性，并没有学者提出这一概念。依据前人的研究，笔者认为，预科生发展的全面性是由预科生全面发展（德智体美劳）、个性发展、创造性发展和专业发展共同构成的。部分学者在研究过程中将预科生发展的全面性片面地理解为预科生的全面发展（德智体美劳），笔者认为有些不妥。如近几年有学者结合马克思主义人的全面发展理论，提出所谓的"结合说"和"综合素质说"。

所谓"结合说"，认为预科生的全面发展是多种因素相结合的结果，突出的是预科生的整体发展、多方面的发展，追求身心和谐及各方面才能的协调发展，而并不是仅仅追求某方面的特长。具体包括德才兼备、身心健康、知能结合。知能结合则是说："全面发展的大学生不仅要具有广博的知识，而且要能全面发展自己的能力。而在未来快速发展的知识经济社会里，创造能力尤为重要。"可见，此处的能力即创造性和个性的发展。

所谓"综合素质说"，是以素质教育作为大前提的，侧重于从素质教育的角度来界定预科生的全面发展，具体包括合格的政治素质、科学的思想道德素质、健康的身心素质、全面的文化素质以及综合能力素质。其中"全面的文化素质"即包括"扎实的专业知识"，而较强的能力素质即具有组织管理能力、办事能力和创新能力。所以无论是"结合说"还是"综合素质说"，都是预科生发展全面性的具体体现。二者本质相同，只是表述不同而已。

2. 全面发展（德智体美劳）具体要素的分析

2007 年 10 月，胡锦涛在党的十七大上提出："要全面贯彻党的教育方针，坚持育人为本、德育为先，实施素质教育，提高教育现代化水平，培养德智体美全面发展的社会主义建设者和接班人，办好人民满意的教育。"综上所述，我们可以确定，新时期所谓的大学生全面发展的要素包括德育、智育、体育、美育和劳育，即德智体美劳。

德育，"道德教育"的简称。教育者按照一定社会或阶级的要求，有目的、有计划、有组织地对受教育者进行系统的影响，把一定的社会思想和道德转化为个体的思想意识和道德品质的教育。智育，即教育者有目的、有计划地向学生传授知识、技能和组织发展学生智力的教育活动，是全面发展教育的重要组成部分。体育，指“向学生传授健身的知识技能，增强体质，培养自觉锻炼身体习惯的教育，是全面发展教育的另一重要组成部分”。“体”即体质和体魄、体育运动习惯、体育运动知识和技能。美育，又称“审美教育”，是培养学生认识美、爱好美和创造美的一种教育。劳育，即“培养学生的劳动观点，形成劳动习惯，并使学生初步掌握一定的劳动技术知识和技能的教育”。时代的使命要求大学生成为有理想、有道德、有文化、有纪律的社会主义新人，成为全面发展的人。正确认识大学生全面发展的内涵，对于促进大学生全面发展、推动社会进步乃至提高民族素质有深远的历史意义。

（二）预科生的个性发展

个性是一个人的独特性，就其心理特征来说，包括气质、能力和性格。它是在遗传的基础上，受环境、教育的影响，在社会实践中逐步形成和表现出来的，是评断一个人的可靠性根据。

目前，高校教育普遍忽视大学生的个性发展。虽然进入 21 世纪后，根据国内国际形势变化，高等院校正在积极转变教育观念，拓展专业途径，改革教学课程和教学方法，改进考评制度，重视培养学生的创新精神和创新能力，在教学改革的主要方面取得了新的进展，为培养和造就能够迎接时代挑战，能够全面适应 21 世纪的高质量人才做出了重要贡献。但是，我们还应该看到由于长期实行应试教育，应试教育的阴影还时隐时现，有的老师怕提个性，甚至把个性与个人主义画等号，不敢理直气壮地提出培养和发展个性的要求；有的老师仍把传授知识当作教学的唯一目的，忽视了预科生的个性培养；有的老师用一把尺子（学习成绩）作为考评学生优劣的标准；还有的老师在教学方法上仍习惯于满堂灌，不注重因材施教。这一切都在很大程度上阻碍了预科生的个性发展，摧残了学生的创新意识、创新精神和创新能力。创新是一个民族的灵魂，是一个国家兴旺发达的不竭动力，是时代赋予学生的任务，是预科学生教育的核心。我们目前正处于期盼创新人才的时代，实现人才培养的多样化，更快培养出一批富有独特个性、善于创新、出类拔萃、能适应新时代要求的优秀人才，是高校教师责无旁贷的重任。这就需要我们在全面推进素质教育中、在强调全面发展的同时，重视预科学生的个性发展。

二、对预科学生全面发展与个性发展关系的阐述

全面发展是使学生成为一个完整的人和实现自我价值的过程，是促进社会进步的源泉和希望。积极的人生态度和生活方式会推动每个人实现成长、走向成功，党和国家高度重视人才培养工作，学校一切工作的出发点和落脚点是实现学生健康成长和促进学生全面发展。因为一个全面发展又具有个性特质的人，才会有发明创造。“学生全面发展和个性发展紧密结合起来”的论点，体现了党和国家对青年人才培养的高度重视。事实证明，“只有个性充分发展，人才能逐步实现个人的自主性、自觉性和创造性，实现自己的个性发展。”因为，个性发展是实现学生全面健康成长、成才的条件和基础，只有注重培养学生的全面发展与个性发展，才是实现教育发展的根本途径。全面发展和个性发展相结合，才能使民族预科生具备实现中华民族伟大复兴使命的特质，只有重视预科学生全面发展与个性发展相结合，才能使他们成人、成才，才能使高校教育更好地实现培养全面人才的目标。

（一）全面发展与个性发展是辩证统一的

全面发展与个性发展不是对立的，而是存在内在的统一，是辩证统一的关系。基本素质的全面发展是个性发展的基础，个性发展是在基本素质全面发展基础上的各种特长爱好的和谐发展。

1. 全面发展与个性发展不是对立的

在教育实践中，人们往往把全面发展与个性发展对立起来，要么片面强调全面发展，而忽视个性发展；要么片面强调个性发展，而不顾全面发展。其实，二者并非对立关系，而是相辅相成，相互促进的辩证统一的关系。

（1）全面发展与个性发展之间在逻辑上不是对立关系。全面发展在本质上反映的是人的发展在基本范畴上的相对完整性或全面性。从逻辑的角度，完整的对立面是缺失，因此，全面发展在本质上的对立面应当是人的发展在基本范畴上的不完整性即片面发展。在教育实践中，作为人的全面发展的对立面，片面发展主要表现为在德、智、体等基本范畴上仅仅在某一方面得到发展。忽略或缺失了在其他方面的发展。在现实中突出表现为忽略或缺失了在德 、体范畴上的发展。就此而言，全面发展在本质上的对立面不是个性发展。

个性发展是个体在需求 、生活习惯 、性格 、能力、兴趣、价值观念等方面形成稳定的特殊性。从逻辑的角度看，个性的对应面是共性，特殊性的对应面是一般性。显然，这里的共性和一般性主要是指在群体或社会中占主

导地位的共同的需求与兴趣 、普遍的生活习惯 、普适的理念 、规则和秩序等。因此，个性发展在本质上的对应面应当是人的发展的上述共性或一般性。这里，之所以称为“对应面 ”，是因为个性与共性、特殊性与一般性之间不一定是对立的。就此而言，个性发展在本质上的对立面也不是全面发展。因此，在培养创新人才的过程中将全面发展与个性发展对立起来，在逻辑上是不成立的。

（2）全面发展并不影响或阻碍个性发展。从哲学的角度看，全面发展在本质上只是要求人的发展在基本范畴上的相对完整性或全面性。因为完整性的对立面是缺失性，而不是特殊性；全面性的对立面是片面性，而不是个性，所以人的全面发展并不影响或阻碍人的发展在某些方面的特殊性，并不是以牺牲个性发展为代价的。个性发展的对应面是共性发展，只有当在群体或社会中占主导地位的共同的需求与兴趣、普遍的生活习惯、普适的理念规则和秩序等排斥个体正当的特殊需求，排斥个体提出的反映历史进步的理念、规则和秩序时，共性发展才会成为个性发展的对立面，影响或阻碍个性发展。在此前提下，个性发展的对立面是共性发展，而不是全面发展。因此，在培养创新人才的过程中将全面发展与个性发展对立起来，在哲学上也是不成立的。

2. 全面发展是个性发展的基础

个性发展是以全面发展为前提的。人的个性总是体现着一定的社会关系的性质，离开人的社会性，自然因素在人身上的表现即不可理解。当代预科学生的个性发展应该是：坚持四项基本原则和社会主义共同理想基础上的发展，而并非随心所欲。那种对个人健康成长和社会发展无益甚至有害的个性，是必须坚决予以反对的。正如裴斯泰洛齐所说：“教育的宗旨不是孤立地发展个人，而是把个人放在将人类缚在一起的大链条的位置上，使整个人都得到发展。”在个性发展中，个体发展、实现个体自身的独特需求和较高层次的需求，必须以发展和实现自身与社会的基本需求为基础和前提，个体形成的各种独特的生活习惯，都必须以生活习惯的科学性为基础和前提，否则将损害自身的身体健康。个体发展中独特的性格，包括纠正不良性格如优柔寡断、急躁、孤僻倾向等，培养优良性格如刚毅、果断 、稳重 、合群等，都以基本的价值标准为基础和前提。个体发展自身的各种能力如社会活动能力、科学研究能力、艺术创新能力等，都必须以一定的知识 、技能和品德为基础和前提。个体的多元价值选择，也必须以尊重并遵守人类共同的基本价值规范 、遵守国家宪法和法律等为基础和前提。而上述基础和前提，正是全面发展的主要内容和目标。因此，全面发展是个性发展的基础。

3. 个性发展是在全面发展基础上的各种特长爱好的和谐发展

尽管全面发展强调的是人在发展范畴上的相对完整性或全面性，但是当国家在德、智、体等基本范畴上规定了所有的受教育者都应达到，绝大多数受教育者都能够达到的基本标准时，全面发展的基本标准就是所有受教育者发展的基础性标准。在此意义上，全面发展就是一种共性发展。然而，当这样一种共性发展是为所有个体的生存所必需并能够普遍实现时，个性发展是不能背离或超越这样的共性发展的，表现为在全面发展基础上的不同特长爱好的和谐发展。“教育的全部任务就在于有效地促使受教育者的社会化和个性化的形成，但任务的中心应该是形成受教育者的个性，帮助他们发展自己的兴趣、爱好、特长、自主性和创造性。”“单纯地消极适应社会只能保证社会的简单延续。”人类社会的发展进步绝非简单的延续，而是不断创造和开拓的过程。在全面发展的同时，强调对个体健康个性的培养是社会发展对教育的必然要求。对个性束缚的教育，将使人类在未来的社会中丧失应对能力和生存能力。个体绝不是在德、智、体、美、劳诸方面平均地发展，而是在某一方面，或几个方面突出地、和谐地发展。个体是千差万别的，人的个性发展教育其实就是对个性的解放，即个人的一切才能和精神力量的发展和解放，使个体所具有的天赋、志趣、才能和性格特征得到充分自由的发展。

（二）促进预科生全面与个性协同发展，坚持人才培养创新探索和实践

1. 促进全面与个性发展必须坚持多种方法和途径

实现学生全面发展与个性发展就要坚持科学创新，把思想政治教育工作作为培养高素质创新型人才的出发点和落脚点。注重全面发展的基础性，注重个性发展的双重性。个性是千人千种，有利也有弊。积极的个性立身益世，消极的个性害人害己。坚持遵循个性的形成和发展规律，将学生个性中的积极因素、利于健康成长的因素加以“内化”，将学生个性中消极的、另类的、所谓的“个性”，加以遏制和消除。坚持以学校教育为主、社会实践为辅的教育培养模式，坚持学生思想和心理的系统引导，实现学生理性观念完整建立、优秀品德传承发扬、探索精神积极体现、社会责任勇于担当的高品质。重视社会和家庭教育作用，共同促进学生全面发展与个性发展。依据心理学、教育学原理，结合青年学生的思想认识规律和理解水平能力，循循善诱，时时促进，坚持对每个学生思想、情感、心理、言行等多方面的引导培养和激发促进，塑造出“德才兼备、全面发展、身心健康”的完美个性，使青年学生努力成为可堪大用、能负重任的社会栋梁之材。

2. 实现人才培养必须采取多方面的实践探索

促进学生全面发展与个性发展，逐步形成高校浓郁的教育教学氛围和鲜明的办学特色，创新高校教育、管理、服务模式，大力营造利于人才成长的育人环境。因为个性的养成除了先天素质、教育之外，还有一个重要的因素，就是环境的影响。坚持开展“特色教育”，激发学生多方面的创新创造能力，创建考评促进机制，建立人才评价体系，将学生的创造能力和综合素质的考评纳入日常考核之中。坚持“快乐教育”，让每个学生都能自觉、愉快地享受教育。推进贴近学生思想和生活的“谈心教育”，掌握学生内心世界。坚持融入社会的“实践教育”，通过开展多种形式的社会实践和调查活动，让学生在实践中检验自己的思想认知。坚持开展培养学生完善心理的“挫折教育”，形成抵抗挫折的能力和战胜困难的毅力，以良好的心态去迎接未来的机遇和挑战。坚持开展“创新教育”，结合教育要求和学生成长的规律，提供展现个性发展和水平能力的平台。坚持实现“自我教育”，实现学生自强、自尊、自立、自律的成长目标。

三、坚持全面发展与个性发展的意义

（一）全面发展与个性发展辩证关系的实践意义

教育实践中，在追求人的全面发展的同时倡导个性发展，已是素质教育应有之义。首先，教育工作者在思想认识上要处理好全面发展与个性发展的关系。既要给学生更多自由的空间，又要严格要求学生掌握过硬的基础知识；既要强调个性发展，使优秀人才脱颖而出，也不能抛开全面发展这一主旋律，片面地、孤立地强调个性发展。其次，高校教育工作者应积极获取学生反馈的信息，帮助学生创建适合其兴趣爱好发展的多种活动平台，促使更多学生顺利成才。在学生成才的评估理念上，要紧密联系社会生活实际、联系学生实际，针对学生的具体特点进行科学评价和正确引导。在学生成才的评估指标上，围绕“合格 + 特长”的目标，在学生全面发展的同时注重个性的培养。

1. 坚持德才兼备，全面发展的要求

素质教育作为一种全面提升学生各种素质的教育模式，不同于应试教育按照统一的考试规格、培养“千人一面”人才的教育模式，而是从教育对象的实际出发，有针对性地根据学生的兴趣、爱好、特长、学识、能力、品质等进行因材施教，并注重教育过程中学生德智体美的全面发展，体现了全面发展与个性发展的融合。育人为本、德育为先是素质教育的理念，这一理念主导把人才培养的全过程融合在德智体美各个方面，体现了党的教育方针的全面要求和预科学校培养目标与素质规范的深刻内涵，也必然引领学生在德智体美劳方面相互促进，在有机融合中实现思想道德素质、科学文化素质、身体素质的全面发展。

2. 融洽师生关系，关心尊重学生，为个性发展奠定基础

良好的师生关系是学生主体性发展的根本保证，是促进教育教学成功的重要因素，不仅直接决定着学生学习成绩和智力的发展，而且决定着学生的个性发展，也影响着学生创造力的发展。作为辅导员，要特别尊重学生人格，尊重学生的选择权，在教育教学过程中，要保证学生的主体地位，在教与学的互动中，要共同进行创造性的劳动，让学生积极地、主动地、快乐地学习。与此同时，辅导员要协助任课教师确立热爱学生、尊重学生人格的思想，做到合情、合理、细致、耐心，要多鼓励、引导，要做到宽容。要倡导同学之间互相尊重、信任、支持、帮助的团结互助精神，使学生养成自觉接受教育、自我完善、自我管理的良好习惯，从而使学生的个性品质得到全面和谐发展。

3. 针对学生实际，坚持因材施教，为个性发展创造条件

学生的健康成长是德、智、体、美、劳有机结合的全面发展，但不等于要求每个学生的各个要素都平均发展。因为人的禀性、性格、爱好及所处的环境是不同的，有的人往往在某方面有才华，而在另一方面却表现平平，甚至有缺陷。如果要求所有的学生都门门全优，项项有才华，那不仅是不现实的，而且会埋没、扼杀人才，也会使学生各项素质都一般，无特长。因此，作为辅导员，在培养目标上必须针对学生个人的实际情况，坚持因材施教的原则，突出发展学生的个性，让其学有所爱，爱有所长。同时，还应“鼓励冒尖，允许落后”，即鼓励学生在某一方面充分展示才华，冒尖超过一般人，也允许他在另一方面表现一般或落后他人。这样才能使学生各得其所，使其个性、才智得以充分发挥，从而让才华横溢的人才不断涌现。

（二）现代人才观对学生全面发展与个性发展的时代要求意义

全面发展是使学生成为一个完整的人和实现自我价值的过程，是促进社会进步与保持活力的源泉和希望。积极的人生态度和生活方式会推动每个人实现成长、走向成功。党和国家高度重视人才培养工作，学校一切工作的出发点和落脚点是促进学生全面发展和实现学生健康成长。因为，一个全面发展又具有个性特质的人、一个体现自我价值的人，才会有发明创造。“学生全面发展和个性发展紧密结合起来”的论点，体现了党和国家对青年人才培养的高度重视。事实证明，“只有个性充分发展，人才能逐步实现自己的自主性、自觉性和创造性，实现自己的个性发展。”因为个性发展是实现学生全面健康成长、人人成才的条件和基础，只有注重培养学生的全面发展与个性发

展，才是实现教育发展的根本途径。全面发展和个性发展相结合的人才具备实现中华民族伟大复兴使命的特质，只有重视学生全面发展与个性发展，才能使广大青年学生成人、成才，才能使高校教育更好地实现全面人才培养的目标。

总之，注重学生的全面发展和个性发展、注重创新人才的培养，是实现教育长期稳步发展的历史使命和关键所在。只有在今后的工作中，坚持科学发展观，坚持遵循预科学生个性特点和个性形成的规律，坚持探索人才培养的方法和途径，才能实现全面发展和个性发展相结合的人才培养目标，实现预科教育早出人才、多出人才、快出人才的美好愿景。

参考文献

[1] 马克思，恩格斯. 马克思恩格斯选集（第1卷）[M]. 北京：人民出版社，1995.
[2] 袁稻香. 论新时期大学生的全面发展 [J]. 湘潭师范学院学报：社会科学版，2005，(5)：148－149.
[3] 马克思，恩格斯马克思恩格斯全集（第3卷）[M]. 北京：人民出版社，1960：515.
[4] 张念宏. 教育学词典 [Z]. 北京：北京出版社，1986：125、471、247.
[5] 顾明远. 教育大辞典 [Z]. 上海：上海教育出版社，1989：67.
[6] 徐国棨. 中国大百科全书——教育 [M]. 北京：中国大百科全书出版社，1985.

创新民族预科文体形式，促进民族优秀文化交流

付玉晶

［摘　要］预科生是祖国未来的建设者及传统文化的传承者。校园文体活动是促进预科生全面发展的重要内容，对学生的政治素质、思想品德、法律意识、审美素养的形成都有不可替代的重要作用，是对学生进行爱国主义、集体主义教育，弘扬民族精神、传承民族文化的重要途径。校园文体活动是体现高校校园文化的载体和形式，是展示大学生综合素质的重要舞台，是体现大学精神和特色的重要方式。校园文体活动形式多样，包括声乐、器乐、舞蹈、歌曲等，适当增加互动环节，以激发学生的参与热情，让观众在参与中快乐，在快乐中展现自我风采。

［关键词］民族预科　文体形式　文化交流

民族预科教育是我国高等教育的特殊层次，是提高少数民族素质、培养少数民族人才、振兴少数民族地区经济的重要举措，也为众多少数民族的青年学生圆自己的大学梦架起了桥梁。民族高校的学生能歌善舞，在校园文化活动特别是文娱、体育活动中十分活跃，他们因出众的表演才能、竞技成绩受到同学们的喜爱。丰富多彩的文体活动贯穿着同学们的整个预科生活，开展积极健康的文体活动可以帮助他们不断攀升一个又一个新的高度。

一、文体形式的创新

校园文体活动的内容要做到思想性与艺术性的统一，具有创新性，体现时代特征、校园特色和学生特点。但近年来，各高校文体活动建设虽然取得了一定的成效，但是广大学生日益提高的精神需求与校园文体活动建设之间仍有矛盾。所以要创新文体形式，主要在以下几个方面：

（一）组织形式上的创新

(1) 文体活动是丰富学生生活，提升学生品位，陶冶学生情操，增进学

生交流的平台，是学校文化建设的重要组成部分。因此，在组织形式上要做到“两个结合”：一是与庆祝节日相结合，如元旦、五四青年节、开学典礼等节日的活动；二是与政治教育活动相结合，如知识竞赛，观看电影教育片，赴李大钊纪念馆接受革命传统教育等。

（2）学校的文娱活动，除了组织学生进行合唱、舞蹈等文艺演出外，还可以组织学生参加篮球赛、摄影书法比赛、轮滑比赛等喜闻乐见的活动。

（二）活动形式上的创新

在活动形式上，学校在文体活动中要注重“四个方面”：一是注重搭建交流平台，以便于同学们交流思想、融洽感情，营造温馨的学习生活氛围；二是注重适应季节气候的变化，选择适合活动的天气。如春天踏青（去学校附近的联峰山捡垃圾），冬天跳绳拔河；三是注重形式多样，活动内容尽量不重复；四是注重培养团队合作精神，多组织一些团队竞赛的活动。

（三）内容形式上的创新

民族预科生要积极参加多层次的文体活动，这些活动内容按形态划分可以分为长智型、休闲型、脑力型、艺术型、观赏型、运动型和网络型等。

1. 长智型

（1）知识竞赛、演讲比赛：代表性的活动如党的知识竞赛、古代文学的知识竞赛或某一主题的演讲，等等。这类活动能够增长知识，培养学生的自信与口才，提高其表达能力；同时还带有一定的趣味性。

（2）“学习论坛”报告会：先进事迹、形势教育、理论辅导等报告会，它有利于帮助学生认清形势，开拓视野，提高政治理论水平。

（3）知识讲座：如邀请专家教授开展专题知识讲座、科普知识讲座等，有利于拓展学生的知识面，为他们进入目标学校打下良好基础。

2. 休闲型

（1）“农家乐”休闲观光：如去集发观光园参观农作物、摘果子、体验自然人文景观等，使大家心旷神怡，既亲近了大自然，又拉近了距离。

（2）趣味比赛：培养人的耐心和毅力。

3. 动脑型

主要有围棋、象棋比赛。益处是：一能切磋技艺，相互学习；二能活跃思维，提高判断能力；三能融洽感情，得到乐趣。

4. 艺术型

（1）书法、绘画、摄影：这类活动为兴趣爱好者提供了一个展示自我、相互学习的空间，同时还能培养参赛选手的竞争意识。

（2）歌舞类：包括歌咏比赛（个人或团体）、舞蹈比赛、时装表演、迎新晚会等。这些活动可以培养大家的兴趣爱好，充分发挥个人艺术特长，为其走艺术之路搭建舞台。

5. 观赏型

如音乐会、电影展播（纪念×××诞辰100周年或历史纪录片展播）、“学校历史”图片展览等。这类活动能使学生增长见识，了解学校的历史，增强荣誉感，懂得一些深刻的哲理和人生道理。

6. 运动型

（1）球类活动：代表性的活动有篮球赛、排球赛、网球赛、乒乓球赛等，这些活动可以锻炼身体，增强团队的凝聚力，培养队员的合作意识。

（2）大众广播体操：这类活动可以引导学生去发现美、欣赏美、创造美，有利于陶冶他们的情操。

（3）益于身心的体育比赛。如爬山、校内趣味运动，对于培养学生齐心协力、团结协作、努力拼搏，增强学生的身体素质很有益处。

7. 网络型

网络是人们的“第二世界”，由之而来的网络型活动也应运而生。这类活动传播迅速，波及面广，而且不受时间、地点的限制，容易组织、容易宣传，而且影响力很强。学校可以根据学生计算机水平的高低，开展一些微电影剪辑比赛、计算机程序设计比赛、网页设计大赛等。这些活动不仅可以提升学生的计算机水平，也可以让学生学会充分利用网络资源进行学习。

（四）文体机制上的创新

1. 建立切实可行的甄选机制

校园文艺节目的选排，对学校德育的影响至关重要。首先学校要有一个大的指导方向，以国家文化发展方向为引领。学校的文艺活动内容应该有助于培养学生热爱祖国、弘扬民族精神、传承民族文化，培养学生健康的心理和高尚的情操，形成团队精神，提高集体荣誉感，培养学生增强法律意识和道德规范，使学生增强辨别是非的能力，始终追求真、善、美，树立正确的人生观、价值观、世界观。

2. 建立科学的校园文艺节目评比标准

校园文艺节目的评比应该以什么为标准呢？我认为有两个方面：一是教育性，二是艺术性。首先，文艺节目应该体现以培养有理想，有爱国之心、有报国之志，有民族自尊心、自信心和自豪感的社会主义合格公民为方向。引导学生树立正确的思想观念、心理素质、价值取向、思维方式等，有利于传承、发扬传统文化的精髓，有利于调动学生的兴趣，提高积极性、参与性，寓教于乐，有利于培养学生的竞争性、团体合作精神，提高学生的德育水平。其次，节目本身在艺术上要符合预科学生的喜好，充满着朝气和活力的服装、道具应该使用恰当，节目内容健康，形式有所创新。

二、文体形式的创新有利于各民族优秀文化的交流

（一）文体形式是民族文化交流的载体

我国是一个多民族国家，这个民族大家庭拥有丰富多彩的民族文化瑰宝。各民族文化之间，应彼此平等，互相尊重，各享自由。但随着社会经济的发展和现代化进程的加快，我国灿烂丰富的少数民族文化正面临着传承与保护的严峻挑战。民族院校如何借助资源优势担负起文化传承的任务，对此问题的思考显得尤为必要。民族文化传承是一项多位一体的系统工程，对于预科学校来讲，学生都是来自不同的少数民族，他们都是自己民族文化的传承者，而文体活动作为民族文化传承的途径之一，发挥着巨大的作用。所以，为了更好地传承各民族文化，学校要组织形式多样的文体活动，利于同学们将各自民族的文化呈现在大家面前。

进入新世纪，我国对于民族文化的保护与非物质文化的传承都给予高度的重视并积极推广。

（1）借鉴和传承优秀的少数民族文化，是加快少数民族地区经济发展的必要途径，是全面构建社会主义和谐社会的必然要求，各民族文化在相互吸纳和融合中为社会的安定与和谐发展提供了一个充满凝聚力、向心力的积极氛围和宽松环境。

（2）在西方强势文化的渗透、扩张下，中国民族文化存在着被边缘化，甚至被颠覆的危险，与此同时，在目前的教育体制下，少数民族学生认同主流文化而疏远甚至抛弃本民族文化现象的出现也是实际存在的问题，因此，我国多姿多彩的少数民族文化正面临传承和保护的问题。民族预科教育阶段应通过文化的交流、观念的碰撞发现各民族的优秀文化，发挥民族文化传承阵地的作用。民族预科阶段是少数民族学生升入高校学习生活期间所融入的最初集体，在此阶段组织文娱活动，有利于帮助民族预科学生从其他民族文化的视角来观察自己民族的文化，激发民族预科学生对本民族的理解和接受能力，提高自身的价值，增强自信心，有利于其以最佳状态面对本科乃至研究生阶段的学习和生活。

长期以来，党和政府对传承弘扬少数民族文化一直采取积极态度，制定

了一系列法律法规保护少数民族传统文化。例如《中华人民共和国宪法》《中华人民共和国文物保护法》《中华人民共和国民族区域自治法》都有继承、保护、传承优秀少数民族文化的重要条款。由此可见，传承民族文化是国家民族文化政策的体现。

（二）民族预科生文体活动的特色

民族预科生与普通大学本科生相比，由于历史地域不同，他们能歌善舞，丰富了校园文化生活。就当今大学生而言，学习虽然占据着主导地位，但文体活动、休闲娱乐也是他们生活中不可分割的一部分。对于同学们来讲，积极的娱乐与文体活动不仅可以提升他们的审美意识，使他们健康成长，积极向上，度过美好的预科生活，更可以帮助他们树立正确的人生观、世界观以及价值观，从而完善性格上的不足，提高个人能力。对于拥有少数民族学生的预科院校来讲，丰富的文体活动可以促进各个民族学生间的感情交流，有利于各民族的团结，构建和谐的校园文化。

预科生的文体工作也是校园文化建设的重要组成部分，是展现校园整体风貌、增强学生体质、实现学生全面发展的有效途径。步入预科的学生，涉世未深，心智还尚未成熟，他们需要合适的人与正确的方式来指引，而积极的文体活动可以正确地引导他们。我校学生会文体部自成立以来，一直致力于为同学们提供丰富多彩的课余文体活动，让同学们在繁重的学习任务中得到放松自我、锻炼身体的机会，并提供了一个交流平台，大大促进了本校师生之间的交流。2013 年一年中，组织的文体活动大致如下：举办迎新典礼、演讲比赛、歌咏比赛、古尔邦节晚会、拔河比赛、协办重阳晚会、敬老院慰问演出、协办世界读书日活动、协助区团委完成五四活动、协助社团部进行汇报演出。在这一系列活动中，同学们得到了锻炼，提高了政治素养，考验了大家的临场应变能力、组织能力、团结协作能力，也使学生会各部门加深了沟通和了解。文体部的干事们也作为一个团队走在了一起，并慢慢形成一个团结、合作、相互信赖的有机整体，为他们以后进入目标学校打好了坚实的基础。但是积极的娱乐与文体活动不能靠强迫学生，而是要提高活动自身的吸引力，通过活动创新，以同学们喜闻乐见的形式去影响和引导他们。就文艺活动来讲，不仅要培养同学们的积极性和参与度，更要培养同学们发现美、表现美以及创造美的能力。就体育活动来讲，实现强健体魄的同时，更要培养同学们的团队合作力和集体凝聚力。我们要为同学们构建一个丰富多彩、积极向上的活动氛围。

（三）在活动中促进民族文化的交流

丰富的文娱活动促进了各民族学生间的交流，有利于各民族的文化传播。民族预科教育作为文化传承的一个重要阵地，不仅要担负起传承本国主体民族优秀文化的任务，而且要担负起传承本国各少数民族优秀文化的重任。民族预科教育是为民族地区培养人才的阶段性教育。主要是为本科高校输送民族地区的少数民族大学生，作为少数民族未来的接班人，民族预科生义不容辞地需要担负传承的使命。从世界各国的文化发展和交流看，教育最能体现一个民族和国家的民族性和独立性，保持自己教育的民族特色，民族预科教育对于保证民族文化的传承具有得天独厚的天然条件。学校通过举办文娱活动，让同学们充分展示自己民族的特色，特别是把一些稀有的民族语言通过表演的方式展现给大家，也让我们充分了解到该民族的文化。比如，在我校元旦联欢会时，有个摩梭人用摩梭语为大家祝贺新年。据最新研究显示，在有着中国母系氏族社会传统的摩梭人中，小于 20 岁的年轻人要么摩梭语发音“变味”，要么就根本不会讲。因其语言没有文字，文化传承靠口耳相传，虽然生长于丽江市泸沽湖畔的大于 60 岁的摩梭人能够流利地用自己的语言交流，但越来越多的年轻人放弃了对原有民族语言的传承。所以，摩梭语即将成为中国正在消失的语言之一。而通过这样的文娱表演，又使摩梭语重现在大家面前，无疑是对民族文化的传承。目前，我国少数民族文化受到冲击的趋势正在日益加大，抢救和保护工作已是刻不容缓。学校教育是人的一生中所受教育最重要的组成部分，而文体活动又是学生学习生活中不可缺少的一部分。从某种意义上讲，学校教育决定着个人社会化的水平和性质，是个体社会化的重要基地。而文体活动又是学校教育的方式之一，倡导和推动民族文化进校园，通过学校组织的文娱活动来传承民族文化，无疑是民族文化交流的最佳选择。

三、文体活动促进文化交流的意义

（一）有利于各民族的大团结

在开展文艺活动的过程中，各个少数民族的同学聚在一起，组织、策划、参加演出，增进了同学们间的了解，使他们学会正确处理个人与他人、个人与集体的关系，加强组织纪律性，增强团队精神，提高集体荣誉感。能够促进良好班风校风的形成和发展，更有利于各个民族的大团结，还可以促进某些特殊智力品质的发展，如观察力、判断力、随机应变能力等。

文体活动是一个大家共参与、齐欢乐、团结协作的活动形式。这种活动的开展打消了同学们间的隔阂，对增进学生间的沟通了解起到了推动作用。大家都以一种友好的方式来参加，互相协作不仅使活动取得满意的结果，更增进了同学间的感情。如：为纪念“一二·九”运动，我校举办了合唱比赛和拔河比赛，以班级为单位，每个同学都积极参加，“人心齐，泰山移”，在赛场上，同学们为自己的班级呐喊着加油，“加油”这种喊叫声体现着各民族同学的心齐聚一起，处处显示着各个民族的大团结。

丰富的文娱活动营造着民族团结的校园文化氛围，在开展节目的同时积极开展民族团结政策宣讲教育活动，尊重和弘扬少数民族优秀文化。如开展民族节活动、举办民族运动会、举行民族文化展览等。在活动中促进了各民族学生之间的交往交流，使各民族学生在交往交流中增进了解、增进感情；在活动中使各民族学生有机会深入了解各个民族地区的发展变化，加深各族学生之间以及和各族同胞之间的相互理解与认同，从而提高民族团结教育的说服力和感召力，最终收到真情动人、真诚感人、实践塑人的良好效果；在活动中，各个民族同学同吃同劳动，增进相互的了解和感情，增强各个民族的凝聚力和自信心。

（二）有利于构建校园文化

多彩的校园文体活动可以丰富生活，创造浓厚的文化氛围。作为校园文化生活的重要组成部分，校园文体活动不仅可以作为预科生紧张学习之余的体力、脑力回复的调节剂，而且可以进一步作为他们娱乐、享乐、愉悦身心的润滑剂。诸如歌曲舞蹈、相声小品等文艺形式，始终是大学生喜闻乐见的活动形式，而且北京理工大学秦皇岛分校地处北戴河，离市区较远，校园文体活动给大家提供了参与、展示的舞台，也让同学课余时间有了好去处，它近似一种消遣，从心理和生理需求来看，通过身体放松和艺术欣赏，为丰富大学生的精神文化生活提供了可能，从而丰富了校园的文化。

学校教育的本身就是进行文化传递，使学生通过对文化的摄取，陶冶自己的人格和灵魂。预科生正处在青年中期，生理发育已成熟，心理发育趋于成熟，但社会化成熟度还不够。因此，在面临当前各种社会现象和文化信息时，辨别能力不强，是非观不明，往往盲从，影响了和谐校园文化的建设。但是通过文体活动可以对学生的思想和行为加以引导、熏陶，增强其社会责任感，明辨是非，从而使他们逐步成长起来，为构建和谐的校园文化做贡献。

（三）有利于提升学生的综合素质

高校的文娱活动是实施素质教育的重要途径和有效方式，在加强校园文化建设、提高学生综合素质、引导学生适应社会、促进学生成才就业等方面发挥着重要作用，是新形势下有效凝聚学生、开展思想政治教育的重要组织动员方式，是以班级为主开展学生思想政治教育的重要补充。校园文化具有重要的育人功能，要建设具有民族特色的校园文化，必须加强预科生的综合素质教育，开展丰富的体育、艺术和娱乐活动，把德、智、体、美有机结合起来，寓教育与文化活动之中。而预科的文体活动是校园文化的重要组成部分，是文艺育人的重要载体，是培养学生的审美意识和能力、提高学生的艺术鉴赏能力、陶冶学生情操的重要渠道和手段。

校园文艺活动是校园文化的重要组成部分，是校园文化中最活跃、最丰富、最多样化的部分。文艺活动是指在课堂教学之外，由学校组织或由校外教育机关组织指导的，用来补充课堂教学、实现教育方针要求的一种教育活动，是根据受教育者的需要和自己的努力以及教育教学的需要，在教育者的直接或间接指导下，来实现教育目的的一种活动。学生可根据自己的兴趣、爱好、特长及实际需要，自愿参加选择。文艺活动能够反映大学生心智，是学生感情的自然流露，充满现代意识和创造力，可引人思索，催人前行。因此，文体活动不仅能充分发挥受教育者的积极性和主动性，而且能使受教育者的才能、个性得到充分的发展，有利于受教育者综合素质的提升。

大学生的综合素质是建立在自然特质的基础上，通过后天的教育学习，社会环境的影响，在各种社会实践中形成的稳定的属性，是在先天生理的基础上，经过后天的培养和提高，所形成的对大学生的发展和提高起着决定作用的，最本质、最基础、最重要的综合素养和品质，也就是说，它是大学生在思想道德、科学文化、身心状况等方面对客观世界的适应和改造的综合能力，具体应该包括思想道德素质、科学文化素质、身心素质、能力素质，即适应能力、实践能力、业务能力、创新能力等。丰富的校园娱乐活动与提升学生的综合素质的关系，主要体现在以下几个方面：

1. 丰富的校园活动有利于提高预科生的思想道德素质

思想道德素质包括政治观、世界观、人生观、价值观、道德观、法制观等内容。一些大学生在社会各种消极因素的影响和冲击下，观念和道德上产生了错位和倾斜，使得其思想也发生了变化，出现了理想追求淡化、社会责任感缺失等现象，而校园文体活动具备的时代性、思想性、广泛性等特点，如反映校园生活的小品、相声等，内容贴近学生的实际生活，可以增强学生识辨真、善、美的能力，使学生在潜移默化中受到教育。积极向上的内容所体现出来的价值观、人生观和道德观等都对提高预科生思想道德素质具有十分重要的作用。

2. 丰富的校园活动有利于提高预科生的身心素质

青年学生是富于创造力、个性突出的个体，他们希望在校园里自由地发展，渴望成长。预科生正处于个性成长和生理心理变化的重要时期，具有较强的独立性，需求广泛，自我意识增强；他们的情感十分丰富，表现欲强烈；他们既热情活泼有朝气，又常感到压抑与孤独。这就需要我们为他们提供表现自我的舞台、阐述自我观点的场所，为他们创造培养兴趣、展现特长的机会。而校园文体活动内容、形式多种多样，在一定程度上能够满足学生多方位的心理需求。校园文体活动有利于培养学生坚韧的心理品质，为学生提升自信心和竞争意识，为学生提高自身想象力、创造力、组织能力、协调能力及社交能力提供了途径，可使学生学到很多课本上学不到的东西。开展丰富多彩的校园文体活动，调动学生参与的积极性，是满足学生精神生活的一个直接而有效的方式，有助于提高大学生的身心素质。

3. 丰富的校园活动有利于提高预科生的科学文化素质

当前预科生文化知识结构失衡，缺乏对传统文化和高雅艺术知识的了解，存在重实用知识、轻人文精神知识的现象。丰富的校园文体活动如英语短剧、语言类节目、歌舞类节目等有利于提高学生的外语水平、人文知识，拓宽学生的艺术视野，进而扩大预科生的知识面。

4. 文体活动有利于提高预科生的能力素质

预科生通过参加校园文体活动，不仅精神生活得到满足和充实，又能提高适应能力、实践能力、业务能力和创新能力，向综合型人才方向发展。

（四）有利于提升学生的审美素质

开展丰富多彩的文艺活动不仅能丰富同学们的业余生活，更能提升同学们的审美品位。

大学生文体活动是高校学生学习和生活的重要组成部分，是高校课堂教学的补充和延伸，是加强大学生思想政治教育的有效载体。高校通过对文体活动的管理，可以进一步丰富校园生活，促进校园文化多渠道、深层次、高质量地发展，同时培养学生的创新精神、探索能力、研究能力、自学能力等。文体活动的丰富多彩，既充实了人们的精神境界，又提高和美化了人们的精神境界。它以特有的方式，起着审美陶冶的作用，使人们获得美的享受和精神上的愉悦与满足。

校园文艺活动能培养学生健康的审美情趣、良好的艺术修养、扎实的科学素养，引导他们向真、向善、向美，增强其辨别是非的能力，使学生形成正确的人生观、价值观、世界观，让其身心得到全面和谐发展，增强学校文化艺术环境建设，营造良好的班级艺术氛围，在活动中不断发现艺术方面的人才，使学生在学校得到全面发展，推进学校艺术的改革和发展。

校园文艺活动有利于提高学生的思想道德素养，有利于德育工作的展开。校园文艺活动是学校艺术教育的主要形式，各类优秀的艺术作品是真善美的统一。学生在接受艺术教育、欣赏艺术作品时，心灵会受到高尚、健康思想情感的熏陶与感染，从而促进学生身心和谐、健康发展。文学巨匠鲁迅先生曾经就艺术文化对道德和性格的养成做过精辟的阐述。

文体活动的本质是审美，它能够为预科生启迪智慧，完善人格，树立正确的审美观念，使预科生自身得以全面和谐地发展，在进行文体活动的整个过程中，无论在创造、表现还是欣赏中，都渗透着情感的因素。梁启超说："情感教育的最大利器就是艺术。" 2013 年，我校自开学以来举办了合唱比赛、演讲比赛、元旦联欢会，通过各种形式的文体活动，触及学生的情感深处，在活动中潜移默化地陶冶他们的道德情操，提高他们的审美水平和能力，激发他们感受美、表现美和创造美的能力。

四、结束语

民族预科教育作为高等教育的重要组成部分，担负着为党和国家培养更多少数民族高层次专门人才的历史使命。实施民族预科教育是党和国家切实贯彻落实民族政策，促进民族地区经济与社会发展，推动各民族共同繁荣，维护国家稳定统一，全面构建和谐社会的集中体现。可见，民族预科教育对我国具有深远而至关重要的社会意义。而校园文体活动又是民族预科教育比较重要的环节之一，是素质教育的一部分。不断促进学校德育的发展，而且能通过文艺活动为学生树立正确的思想观念、价值取向、思维方式等，培养学生的竞争意识和团队精神，更有利于对中国传统文化的传承。活动的正确开展能够促进同学们树立坚定的理想信念并引导树立正确的"三观"。内容应丰富，形式应多样化。好的活动的发展需要加强教育普及，宣传爱国主义，弘扬伟大的中华传统美德，扩大文体活动的影响度以及参与度，提升活动的育人功能。当今社会，各种文化复杂多变，面对这种局面，预科生应坚持社会主义先进文化的前进方向，用社会主义核心价值体系武装自己，坚持主流文化，发展先进文化，支持健康有益文化，改造落后文化，抵制腐朽文化。在坚持马克思主义指导地位的前提下，多元多样化发展校园文体活动，促进各民族的相互交流，促进各民族的团结。在文体活动的开展中不仅培养了预科生的基本能力，即自立能力、自学能力、独立思考的能力、表达能力等，而且也培养了同学们的实践活动能力、竞争与合作能力、创新能力、管理能力以及最优化解决问题的能力。

总之，丰富多彩的校园文体活动贯穿于同学们的整个预科生活，开展积极健康的文体活动可以帮助他们不断攀升一个又一个新的高度，带领同学们继续在洒满阳光的彩虹桥上不断前行，拥抱美好的明天！

参考文献

[1] 王军，董艳．民族文化传承与教育［M］．北京：中央民族大学出版社，2007.
[2] 史晓燕．现代教育评价［M］．石家庄：河北人民出版社，2004.
[3] 孙亚娟，曹秀能．学校教育促进民族文化传承的实践探索［J］．学术理论与探索，2007（6）.
[4] 曹承伟，王芳．我国民族文化保护传承的意义及政策透视［J］．大众文艺，2011（23）.
[5] 钟志勇．学校教育视野中的民族传统文化传承［J］．民族教育研究，2008（1）.
[6] 张广才．黑龙江世居少数民族教育与文化保护［J］．教育评论，2011（5）.
[7] 赵静．课外活动在美国［J］．高等教育研究，2002（4）.
[8] 马玲．提高大学生综合素质的思考［J］．安徽农学通报，2007（13）.
[9] 刘亚艳．创建健康校园文化，培养学生良好人格［J］．黑河教育，2004（1）.
[10] 张沛．高校艺术审美教育的现状及其对策分析［J］．鞍山师范学院学报，2007（6）.
[11] 张玉英．浅谈高校文娱活动［J］．河套大学学报：自然科学版，2006（1）.
[12] 赵曼．当前大学生综合素质存在的问题与对策［J］．科技咨询导报，2007（19）.
[13] 李晴晴．中国少数民族教育问题研究［J］．专业成长，2010.

预科语文教学中审美情趣的培养

郭秀丽

［摘　要］传统的教育模式把考试比作生命线，注重学生“智育”的培养，而忽视了学生其他方面的发展。素质教育的提出打破了这一传统，要求学生德智体美劳全面发展。其中十八届三中全会特别提出要提高学生的审美情趣。在诸多学科中，语文是一门基础学科，语文学科的主要任务就是培养学生的审美情趣，从而实现学生的全面发展。本文就如何在语文学科中培养学生的审美情趣阐述了自己的看法。

［关键词］语文教学　审美情趣　培养

为了打破片面重视智育，轻视德育、体育、美育和劳动技术教育，造成学生片面发展的“一手软、一手硬”的教育局面，各个学校应按照教育方针的指示，开展实施素质教育。即以全面提高学生的基本素质为根本宗旨的教育模式，这种教育模式是与应试教育相区别的。

一、素质教育与应试教育的区别

应试教育，顾名思义就是为应对考试而生的一种教育。应试教育能促使学生勤奋学习，积累知识。每一次的考试都是对学生知识掌握程度的一次有效的检测。这样也可以有效地培养人才，比较容易地体现每一位学生的强项和弱项，有利于取长补短。但任何事物都是一把双刃剑。现在看来，应试教育存在着很多弊端。它扼杀了学生其他方面的能力，把考试、升学当做了唯一的奋斗目标。它扼杀了学生的个性发展，使得教学中的因材施教成了空谈。它还造成了学校发展和学生接受教育的不平等，从而造成了教育资源的浪费。总之，应试教育在中国教育阵地存在数十年，已经完成了自己的历史使命，应该退出历史舞台了。

素质教育并不是与应试教育相对立的，而是取其精华，弃其糟粕。实施素质教育，其目的不仅要教授学生知识，更重要的是要培养学生的创新能力。它切切实实反映了基础教育的本质，即教育要面向全体学生，充分发展学生的个性，使学生在德智体美劳等方面全面发展。从而把我国教育真正提升为以人为本的生存教育、发展教育、个性完善的教育。

当前，在基础教育中，各学科教学都围绕着素质教育的目标相应地提出了本学科所承担的素质教育要求。学科教学只有切实地落实本学科的要求，完成本学科所承担的素质教育的任务，才可能使各学科互相渗透，形成综合效益，最终才可实现素质教育的总目标，即培养出德智体美劳全面发展的社会主义建设者和接班人。

少数民族预科是为少数民族学生举办的独具特色的办学形式，是民族教育的重要组成部分。少数民族学生担负着维护民族团结、地区繁荣、祖国稳定的重任。在少数民族预科实施素质教育同样是势在必行。

语文学科既是实行素质教育的一条途径，又是素质教育的有机组成部分。对素质教育所起的作用，是任何一门学科所不能比拟的。在众多学科中，语文学科是一门基础性学科。其他学科的学习，都要以语文这一学科作为媒介，要以听说读写的实践作为开展教学的手段。否则，一切教育教学活动都无从谈起。所以，语文是其他学科、其他种类学习的基础。在语文学科中实行素质教育毋庸置疑，是非常有必要的。

2013 年 11 月我党召开了十八届三中全会，其中明确指出：“全面贯彻党的教育方针，坚持立德树人。加强社会主义核心价值体系教育，完善中华优秀传统文化教育，形成爱学习、爱劳动、爱祖国活动的有效形式和长效机制。增强学生的社会责任感、创新精神、实践能力。改进美学教育，提高学生的审美素养和人文素养。”

千百年来，发现美、欣赏美、歌颂美、创造美，可以说一直是人类社会发展的一种内在动力。所以，仅仅有爱美的愿望还远远不够。爱美是一回事，能否正确地审美又是一回事。从爱美到能够正确地欣赏和创造美之间，还存在着很长的一段距离，要弥补和缩小这个距离，很重要的办法就是培养学生的审美情趣，提高欣赏和创造美的能力。语文素质教育的根本任务是培养学生听说读写的能力，在其过程中，对学生进行思想教育，发展智力，培养高尚的审美情趣。所以对学生审美情趣的培养，语文学科责无旁贷。

审美情趣，包括审美情感与审美兴趣。它是人的心理素质的重要建构因素，不仅是人们进行艺术审美的主观前提，而且是人们树立正确的世界观、人生观、价值观的感性基础，是实现理想化人格和德智体美劳全面发展的内在动力。正因为审美情趣对一个人具有重要意义，所以苏联的一位教育家——苏霍姆林斯基提出了“没有审美教育，就没有任何教育”的至理名言。

马克思的“人也按美的规律来建造”这一思想，说明在教育中穿插审美情趣对一个学生有着不可忽视的作用。培养正确的审美情趣对民族预科生来说，有着更特殊的意义。民族预科生有很多来自边远少数民族地区，相对发达地区的学生而言，他们所接受的审美教育比较少，参加美育实践的机会不多，因此，培养他们的审美情趣对于培养高素质的少数民族地区的合格人才更有着积极的意义。另外，民族预科生正处于青春期情感萌生、发展、成熟的关键时期，在审美情趣形成的过程中又存在着明显的弱点，有时缺少发现美的眼睛，有时对于区别美与丑的标准是模糊的，有时又在盲目地追求所谓的“美”。以上种种都在说明，学校老师必须培养预科生正确的审美情趣，为国家输送具有美好灵魂、身心健康发展、拥有完美人格的合格人才。

语文学科，同美结下了不解之缘。“文质兼美”的语文教科书展现了一个璀璨夺目的“美的世界”：崇高理想境界的美、爱国主义精神的美、艺术形象的美、文章结构的美、风格情调的美、语言形式的美等，异彩纷呈，美不胜收。

在语文教学中培养学生的审美情趣，这符合现代教育模式，是学生全面发展的一个基石。审美情趣的培养本身就是一种素质教育。语文学科给审美教育的开展提供了广阔的天地，作品中的美好人物让同学感受到了人物美和心灵美，反面人物让同学感受到了鄙夷和蔑视，从而告诉学生该做一个什么样的人；作品中的语言让学生感受到祖国语言文字的美的所在，并能自觉地学会在实际生活中驾驭运用美的语言；作品中的情感时而豪迈、时而激越、时而委婉、时而含蓄，使学生切实体会到人物心理活动的感染力，能够培养学生丰富多彩的感情。在语文教学中，培养审美情趣不仅能够提升学生的审美能力，还能够培养他们向上自信、积极乐观的学习态度和生活态度。

预科学生来自于祖国的四面八方、多个民族地区。他们当中有一些人来自于经济不发达、教育水平不高的边远地区。在本地区他们是学习拔尖、各方面非常优秀的学生，可是来到了内地学校之后，他们发现自己的优越感消失了，他们感到了一种前所未有的心理落差，于是悲观、失望。环境的不适应和学习进度的跟不上让这些原本优秀的学生很容易产生畏难情绪和惰性心理；另外，有来自维吾尔族、哈萨克族的学生，还要克服语言关，学习起来难度更大，所以容易导致自卑感的产生，这种自卑感使他们的学习兴趣下降，缺乏学习的积极性和信心，有的甚至放弃学习。

上述问题除了靠心理辅导之外，培养学生的审美情趣就是很有效的一剂良药。通过老师在课上的引导帮助，让全体同学参与课堂，在美文中去追求美、发现美、创造美。有人说：“心中充满了美，那么看这个世界才是美的。”审美情趣的培养就是帮助学生把美停驻在心间。心中拥有了美，我们就会变得豁达、乐观、振作、祥和，懂得热爱自己的学习和生活。

二、利用语文学科的优势培养学生的审美情趣

（一）要在教学过程中植入培养审美情趣的理念，使其深入人心

培养审美情趣是素质教育对学科教学的一种要求，它标志着我国教育观念的转变。在应试教育时期，传统的满堂灌的教学是不能达到培养审美情趣这种要求的。在应试教育中，语文学科除了讲授必要的“听说读写”技能外，就是围绕着考试进行授课。考什么，老师就教什么；老师教什么，学生就学什么，忽略了语文教材中各种形式的美。那些文学名篇中的美在应试教育下已经荡然无存，取代它们的是各种备考资料、复习资料。本应生动有趣的语文课却变成了枯燥乏味的、毫无生机的“一潭死水”。但在素质教育下，已经不再把考试当做学习的唯一目标，要培养的是学生的综合能力。就语文学科而言，除了学习基本的技能外，还要发掘作品中的美，让学生带着欣赏的眼光去认识作品的内容，老师引导学生去发现美、感受美、创造美。预科学生所用的《大学语文》教材囊括了从古至今、各种体裁的名篇。这些作品语言精练、文笔优美，是中华传统文化的积淀，是我国文学宝库的璀璨明珠，这其中文言文所占比例是相当大的。从语言特色看，这些文章或音韵谐调（如汉乐府《饮马长城窟行》、古诗十九首《行行重行行》）或写实朴素（如司马迁《刺客列传》），或气势磅礴（如《苏轼江城子·密州出猎》），或情景交融（如杜甫《秋兴八首》其一），或想象夸张（如岑参《走马川行奉送封大夫出师西征》）等。老师要鼓励学生，留给学生阅读经典的时间，把阅读主动权交给学生，调动学生阅读经典的主动性，从而真正发现美。

（二）语文教师要从自身的美感入手

教师要为人师表，为学生做出一个好的榜样。老师的言行举止会潜移默化地影响学生。如果教师想要培养学生的审美情趣，首先自己就应具有健康的审美情感和审美趣味，这样才有资格教育学生，才能更好更准确地培养学生的审美情趣。对语文教师来讲，要使自己的美育修养得到加强，用美的语言向学生传递出作品中美的信息，体现出语文教学的审美价值。于漪老师说过：“教师的语言不能是无生命的窗花、纸花，应该是带着生活露水的鲜花。”好的语言，不是蜜，但可以粘住一切。的确，美的语言对学生来说，不仅是一种美的享受，而且能使他们“耳醉其音，心醉其情”，像磁铁一样吸引他们深入到作品的美好意境中去，去探索美、感知美。这就要求教师在课堂教学中发音准确，言词确切达意，还要富于情感。比如在讲授《诗经·硕人》时，

对于庄姜的美貌描写就需要教师语言美的描绘。我们谁都没有见过这位美女，她如何如何美，学生也很期待知道，这时老师就需要结合诗歌，用现代最优美的语句配以形象的比喻修辞来向学生描绘这位美女。老师优美的描绘会在学生的脑海中形成一幅美女图，此时这位美女的轮廓在同学的意识中逐渐清晰起来，最终让学生感受到这就是诗歌中那个美女，从而让学生记住了庄姜，也记住了千古传颂美人之佳句。另外，每次上课，语文教师应当具有良好的精神状态。教师还应注意无声的语言——体态语，包括教态要和蔼可亲，举止要适当，衣着要得体，目光要亲切有神，还应配以恰到好处的姿态，把自己最美、最自信、最阳光的一面展现给学生。让学生感觉到美就在自己身边，生活处处存在美。

（三）在古诗词教学中注重学生审美情趣的培养

预科学生的语文教材《大学语文》上册95%的篇目都是古文，其中古诗词又占了很大比重。古诗词是中华民族审美理想和审美情趣的结晶，是古代文学最赏心悦目的一处美景。从古至今，古诗词陶醉了无数读书郎，对学生的心灵、情感的熏陶与升华、个性人格的健全发展起到了不可替代的作用。在素质教育大旗之下，我们不要一味注重诗义静态演绎，也不要把诗词的整体赏析变成单调的古诗词的局部分析，从而破坏或是掩藏了古诗词本身所蕴含的美。在讲授过程中，老师要带领学生去发掘古诗词中的美，在古诗词教学中培养学生的审美情趣。

1. 感受美，在古诗词中感受自然的优美与盎然

在诗词中，我们会看到这样的景致："日出江花红胜火"的春天、"映日荷花别样红"的夏天、"不似春光胜似春光"的秋天、"千里冰封"的冬天。这些会让我们感受到身心的愉悦与强烈的美感。在以后的生活中，学生自己在欣赏自然美的同时不忘对事物的细致观察与发现，从而感受到古代诗人的独到眼光，继而提升自己的审美情趣。

2. 体验美，在古诗词中找到与诗人的契合点，引起心灵的共鸣

情绪和情感是古诗词的基础，诗词与其他文体相比充分显示出了作者的品格和情怀，读诗词的过程就是探求作者灵魂的过程。学生在感知阶段已渐渐走进了诗人内心，此时教师应找到学生生活经验与诗词所述之情的契合点，恰到好处地点，拨激起学生已有的相似情感，体验作品的情境，实现"诗中有我"的融合。唤起想象，体验美感。

如教授古诗十九首《行行重行行》一诗，字面中描写了思妇对远行在外丈夫的深深思念。开头描写了夫妇的离愁别绪，难舍难分。那该如何让学生

对这种情感产生共鸣呢？在教学中，读了“行行重行行”一句后，我根据这句的一个特别之处，即一个“重”字连缀四个“行”字的特点，引导学生想象这个画面。行，是走的意思；重，是又的意思。这句的意思是走啊走，不停地走。解释完这句的意思，再结合这首诗的背景让学生拟定画面的人物、事件，然后老师进一步提示：同学们来到预科可能是第一次远离家乡父母，那么能回想起当时的画面吗？然后老师开始再现这首诗的场景：一个即将离开家去远方寻求生计的丈夫，在妻子恋恋不舍又无奈的注目下，拖着沉重的脚步，一步三回头渐行渐远……继而引导学生继续想象，想象离别之后妻子的生活与感受，让学生能真正体味到思妇的思念。这首诗正因为通过引导学生展开想象进行解读，诗的情感美才会在学生的心中展现出来。

3. 鉴赏美，在古诗词中感受诗人们所表达的真挚情感

优秀的诗篇承担着丰富和美化精神的使命，并启迪真理。学生在体验了诗词的情感之后，还应进一步反复品读，悟出诗词的“弦外之音”“象外之境”。唯有如此，学生的审美才能从“体验”的层次上升到“鉴赏”的层次。

例如，李白在《宣州谢朓楼饯别校书叔云》中情感起伏跌宕，变化多致。开头两句抒发了一种愤懑，中间却流露了对自己才能的自信，末尾两句用归隐江湖表达了一种无奈与潇洒。学生反复品读这首诗，会理解李白因政治上的不得志而愁，同时也看到了李白的洒脱与豪情。李白的人格魅力通过他的诗传递给了学生，让学生学会了乐观与超脱。北宋的大文豪苏轼在被贬密州时写了一首词《江城子·密州出猎》，这首词的上阕通过引用孙权的典故，表达了自己虽已年老但仍壮志不减的豪情；下阕最后两句典故，表达了渴望杀敌报国，建功立业的愿望。学生每读一遍都会有不同的感受，感受到了苏轼的狂，感受到了苏轼的豪情，感受到了他的爱国之心、忠义之心。苏轼的这首词激起了学生的强烈爱国情感。

4. 活跃语文课堂气氛，培养学生的审美情趣

预科学生处于青少年时期，这个年龄段的特征决定了他们的认识活动除了受思想意识支配外，还受环境的影响。教学环境对培养学生的审美情趣起着潜移默化的作用，所以创造语文课堂的活跃气氛是必要的。在现代技术还不发达的年代，语文课堂就是“课本 + 黑板 + 粉笔”模式。有些作品学生无法完全理解它蕴含的美，这样的课堂可以说无法收到审美的最佳效果。邓小平说：“教育要面向现代化，面向未来。”随着科技的进步，现代的语文教学采用了比较容易接受的现代教育技术，如电脑、投影仪等。教师运用现代教育技术手段进行教学是教育面向现代化的充分体现。多媒体教学是利用计算机把教学内容通过多种媒体（声音、图形、图像、视频等）有机地集成并展

示于屏幕上，借助声、光、电及形、色、图的神奇配合，使教学内容更形象、更生动，令学生进入一个新的学习境界，从而提高预科生学习语文的兴趣，调动他们学习语文的积极性，达到培养学生审美情趣的目的。

在讲授《诗经》时，为了让同学们感受到诗篇优美的语言，在上课之前我会通过互联网技术，搜索网上与课文同步的朗读录音，存在 U 盘里，在课上利用教室里的多媒体讲台播放给同学们听。一般诗歌都是配乐朗诵，悦耳的背景音乐加上诗歌优美的语言再加上专业的朗诵，学生听得是如痴如醉，有的同学想模仿，有的同学想“欲与天公试比高”。在讲授宋词《江城子·密州出猎》时，我也给同学们播放了配乐诗歌朗诵，在朗诵中那铿锵有力的声调、那昂扬勃发的情感，震撼了听者，教室中鸦雀无声，每个人都在专注地聆听。这首词的朗诵使同学们感受到了一种豪迈气概。在理解这首词的时候，通过之前的听，同学们就很容易理解这首词的情感基调和词风。听，能激发学生反复阅读，不仅培养了学生的节奏感，还使学生感受到了音乐美和语言美，从而培养了学生的审美情趣。利用现代教育技术教学，降低了诗词赏析教学的难度，化难为易，寓教于乐。老师教得轻松，学生也学得放松而有效率。

有时候我会在课上做引申，比如在讲《蒹葭》这首诗时，我会播放琼瑶的《在水一方》；在讲苏轼的《水调歌头·明月几时有》时，我会播放王菲的《但愿人长久》；在讲李白的《宣州谢朓楼饯别校书叔云》时，我会播放黄安的《新鸳鸯蝴蝶梦》。通过现代歌曲的播放，让同学们更好地记忆背诵国学经典。为了丰富课堂教学，我会安排一些音频、视频的播放，一是为了吸引学生的眼球，二是拓展学生的思维。在讲泰戈尔的《金色花》时，因这首诗主要强调了母爱，可是大爱中我们也少不了父爱，所以我播放了一些如周杰伦的《听妈妈的话》、筷子兄弟的《父亲》等当下很流行、大家很熟悉并能引起共鸣的歌曲。听完后，每个人都在思考，我们究竟为父母做了些什么？在思考过程中，我会提到“感恩”这个词眼，然后在课上发起讨论或在课下留成小作文。这样一来，一首小小的诗歌，就引发了大大的思考并带动了每个人的参与，活跃了课堂气氛，丰富了课本内容，效果出人意料。

讲诗歌借助专业朗读，讲戏剧借助影视片段，讲小说借助同篇电影。这些都借助不了怎么办？但丁的《神曲》内容不难理解，可是它的结构却很复杂，初次读起来有些头脑发懵，讲起来更是费周折。在多媒体技术下，我在课上采用了多幅图片并配以文字，还有图表的形式，使学生们跟随但丁游历了地狱、炼狱和天堂，让同学们感受到了真善美、假恶丑。《神曲》讲下来，每个学生的心中都有了对美丑、善恶的评价，知道自己该做什么，不该做什么。这也实现了语文课培养学生审美情趣的愿望。

（四）教师转变观念，以学生为主体，让学生拥有追求美的欲望，继而培养审美情趣

在以往以“考试”为轴心的教育模式下，我们陷入了“智育第一”的误区不能自拔。在语文教学过程中过分强调语文的工具性，忽视了语文教育是人的教育，忽视了语文教育更应该培养人的审美情趣。教师平时很少有意识指导学生发现和感受生活中美好的事物，对生活中的美熟视无睹，致使学生即使接触到了优秀的文学作品，也很难产生审美情趣。以前的课堂是以老师为主体，一篇作品整堂课由老师从头讲到尾，学生只是被动地接受。这样一来，学生除了被“填”的东西之外，什么也没感受到，就像是在走马观花。

现在老师要转变观念、转变思想。课堂不是哪一个人的独角戏。新教育模式要求坚持学生的主体性地位。学生是学习的主体，要让学生充分掌握学习的主导权。一位知名教师提出了“目中有人”的语文教学。“目中有人”就是让学生自主学习、自主发展。如果语文课想要更好地培养学生的审美情趣，老师就要做到“目中有人”。

一篇作品50分钟的时间，分析不能占用大部分时间。对有些作品，大量的分析不但达不到很好的理解效果，反倒破坏了作品自身的美感。我校预科学生有很大一部分来自于西北边远地区，他们的汉语水平较差，有的还是自己民族的母语教学。对于他们而言，汉语是“第二外语”，能听懂常用语已属不易。那语文课的分析对他们来讲就是“天书”，是一种折磨。我们不能在这些孩子的头脑中把语文课定义为“束缚人、折磨人、摧残人”的学科。为了避免这个，在课堂上，我会留出足够的时间交给学生自己，让他们自己去感悟、体味作品，鼓励他们根据自己的理解去诠释作品。有的同学会把作品排成话剧，有的同学会写成读书笔记，有的同学会上讲台侃侃而谈与人分享。不管对与错，这都是一种自身的理解。况且“一千个人眼中有一千个哈姆莱特”。整个学期下来，出现了较好的效果。同学们对语文有了兴趣，同学们在作文中会恰到好处地引用读过的诗词了。看来，只有更新教学观念才能使语文课的审美功能得到体现，才能更好地培养学生的审美情趣。

这些学生在预科班大课堂感受到了主人翁的地位，感受到了民族大家庭带来的温暖，也感受到了各个民族不同的美。学生通过自主学习与阅读，受语文教材中美文的熏陶，感受到了传统文化的博大精深，激发了他们热爱伟大祖国的真挚情感。在预科班他们学会了乐观，增长了自信，感受到的是优美的校园、美好的生活和美丽的自己。总之，语文教学中的审美情趣给同学

们带来了惊喜与进步。

有人说：“这个世界不是缺少美，而是缺少发现美的眼睛。”对于语文教师来讲，我们不但要在语文课堂教学中培养学生的审美情趣，让学生发现和体会美，而且要让学生到自然界中去感受美，使学生可以用双手进行“复印”，用鼻子进行“探测”，用耳朵进行“录音”，用眼睛进行“摄像”，通过心灵上的感悟，使学生能够拥有一双发现美的“慧眼”，拥有一支记录美的“神笔”，培养学生的优秀品质，指导学生形成良好的思维习惯，让他们描绘祖国美好的未来，不断地创造美、感受美和追求美。

以素质教育为主导，做好预科语文教学工作

郭秀丽

［摘　要］国际环境的竞争日趋激烈，使得社会对德智体美劳全面发展的合格人才的需要越来越迫切。以往的教育模式已经不再适用，素质教育的提出符合人才培养的要求，所以越来越受到人们的重视。语文作为其他学科的基础学科，也显得越来越关键，所以应该以素质教育为主导，做好预科语文教学工作，顺应当今教育的发展趋势。在素质教育的指导下，语文教学不再拘于传统形式，“传道”应与“授业”“解惑”相结合，为培养全面发展的合格人才做出贡献。

［关键词］素质教育　语文　教学

一、素质教育的内涵及在语文教学中贯穿素质教育的必要性

素质教育从提出到全面推进有一个过程：1985 年召开改革开放后第一次全国教育工作会议之后，教育界开展研究和探索有关素质教育问题的大讨论，并在一些中小学开展教改实验；1994 年召开第二次全教会之后，素质教育开始在基础教育阶段进行区域性实验并取得初步成效和经验；1999 年，改革开放后第三次全教会召开之后，实施素质教育作为党和国家的战略决策进入国家推进、重点突破、全面展开的进程之中。实施素质教育是我国社会主义现代化建设事业的需要，它体现了基础教育的性质、宗旨与任务。那什么是素质教育呢？素质教育是指依据人的发展和社会发展的实际需要，以全面提高全体学生的基本素质为根本目的，尊重学生的主体性和主动精神，注重开发人的智慧潜能，注重形成人的健全个性为根本特征的教育。

开展素质教育，有利于遏制目前基础教育中存在着的“应试教育”和片面追求升学率的倾向，有助于把全面发展教育落到实处。从教育面向现代化、面向世界和面向未来的要求看，素质教育势在必行。

与素质教育相对的是应试教育。应试教育，顾名思义就是为应对考试而生的一种教育。最初实行应试教育有它的历史根源，而且一实行就是数十年。从这一点看应试教育，有它存在的理由与优势。应试教育能促使学生勤奋学

习，积累知识。每一次的考试都是对学生知识的掌握程度的一次有效的检测。这样也可以有效地培养人才，比较容易地体现每一位学生的强项和弱项，有利于取长补短。用辩证唯物主义的观点看：任何事物都具有两面性。从今天对培养人才的要求来看，应试教育已经不再适合当今我国教育模式了。现在我们要培养的是德智体美劳全面发展的学生。应试教育只注重学生智育目标的实现而轻视其他目标的实现，这样，应试教育就陷入了“以升学为圆心，以分数为半径”的怪圈循环，采取急功近利的短期行为，从而忽视了人才培养的长远意义，不能从根本上保障学生素质的全面发展。所以应试教育已经完成了自己的历史使命，应该退出历史舞台了。

随着“知识经济”时代的到来，素质教育正向人们展现出一幅新的教育画卷。每所学校、每个教育工作者都在细细地品赏这幅画卷，从中发现它的美，从而描绘出中国教育的辉煌篇章。

倡导素质教育，这绝不是一句空洞的口号。如果要全面提高教育质量，当务之急就是实行素质教育。当前，在基础教育中，各学科教学都围绕着素质教育的目标相应地提出了本学科所承担的素质教育要求。学科教学只有切实地落实本学科的要求，完成本学科所承担的素质教育的任务，才能使各学科互相渗透形成综合效益，最终才能实现素质教育的总目标。

语文学科既是实施素质教育的一条途径，又是素质教育的有机组成部分。在众多学科中，语文学科是一门基础性学科。它主要是培养学生“听说读写”的能力，而其他学科的学习，都要以语文这一学科作为媒介，要以听说读写的实践作为开展教学的手段。否则，一切教育教学活动都无从谈起。所以，我们说语文是所有其他学科、其他种类学习的基础。语文学科既然为学好其他学科提供了必要条件，那就必然应成为整个素质教育的基础，所以在语文学科中实行素质教育是毋庸置疑的。

语文学科具有基础性，因为它包括了语言文字的基本知识，如语音、文字、语法、修辞、逻辑等，并运用语言文字进行实践活动，创造语文实践活动成果（如思维、写作、演讲、交际等），是一门分支广、范围宽、实践性强的综合学科，语文课除了向学生传授语文方面的基础知识、基本技能外，还承担着对学生进行思想道德教育和民族文化认同教育以及培养学生的健康心理等特殊使命，在实施素质教育中具有得天独厚的优势。

民族预科教育是我国民族高等教育的一个特殊层次，是从少数民族地区的实际教育情况出发，根据少数民族学生的特点，采取特殊措施，在高等学校设立的向本科教育过渡的特殊教育阶段。预科教育具有“补”和“预”的两重性。“补”是指对预科生进行基础知识和基本技能的强化训练，提高学生的思想政治觉悟和文化知识水平，为进入本科学习打下良好的基础；“预”则是根据预科生的心理特点和素质，按照高等教育的需要来培养，使其具备宽口径的“升本”所需的知识面，能够适应大学的学习方法、教学方法和生活环境，初步了解所升本科的学习内容，养成良好的思维和行为方式。

基于预科教育的这个特点，预科语文到底是专业性质课还是工具课呢？预科毕竟不是也不可能培养出各类专门人才，而是向各个专业输送基础扎实、将来能适应各门专业学习的学生。从操作上讲，预科语文课一般周学时六节，一学年下来也只能蜻蜓点水，所以，培养目标决定了预科语文应该是一门工具课。明确了预科语文教学的基点，就能够在素质教育的指导下更好地开展预科语文教学工作。

二、以素质教育为主导，做好预科语文教学工作的措施

心理学研究表明，学生在整个成长过程中，有意识的学习和模仿的对象主要是老师。在社会、家庭、学校人员的影响中，教师对他们的影响是最大的。老师的言行举止、仪表风度往往能引起学生的强烈兴趣，给他们以深刻的印象，以至多年不忘。所以，作为一名语文教师，可利用学生的这一心理特点，用自身的内在素质潜在地影响学生的思想，促进德育的渗透。

教师是素质教育的最直接执行者。“学高为师，身正为范”，这个道理古今皆然。作为一名教师，首先应把“师德”放在一个极其重要的位置，因为这是教师的立身之本。从踏上讲台的那天起，我就时刻严格要求自己，为人师表，力争做一个有高尚师德的人，为学生做个好榜样。那么，教师如何以素质教育为指导做好预科语文教学工作呢？这是语文教师当前需要认真研讨的一个重要课题。本人试就如何在语文教学中实施素质教育谈几点粗浅的看法。

（一）以素质教育为指导，在预科语文教学中坚持文道统一的原则，培养学生的品德

所谓文道统一的原则，即语文训练与思想教育相统一的原则。“文”，是指语文教育中的语文训练，即语文教育中听说读写四个方面的语文知识的传授及语文基本能力的训练。“道”，是指语文教育中的思想品质、道德情操等的教育。

语文的思想品德教育的作用是明显的。它与一般的思想品德教育相比，又有很大不同。首先是方式不同，前者靠形象和情感，是感性的；后者靠说理和法制，是理性的。其次是触及的范围和程度不同，前者较后者不仅使人

受到一般的政治思想、道德品质的教育，而且触及人性问题和人的心灵深处，这正是一般的思想品德教育所无法达到的。语文的思想品德教育弥补了一般思想品德教育的不足，二者互为补充，相得益彰，从而完善了素质教育中的“德”育。可以说，如果离开了语文的思想品德教育，是不可能形成素质教育中的“德”，不可能形成社会主义公民所应具备的“德”。

立德、树人，同心共筑中国梦。教书育人，要注重学生德育的教育，这是全面贯彻党的教育方针的重要一环。语文教学中要凸显德育功能，“授业”和“传道”不能脱离，这是语文素质教育的重要任务。语文素质教育的最终目的，是培养合格的社会主义的建设者和接班人。因此，在语文教学中，在向学生传授知识、发展学生的智能的同时，要充分地挖掘语文教材中蕴含的德育因素，适时地、有机地渗透思想道德教育，使学生通过知识的学习和智能的训练，潜移默化地受到爱国主义教育、传统美德教育、科学思想教育等，使学生树立远大的理想和坚定的信念，形成正确的世界观和科学的人生观。

一篇好的课文便是一个优秀的德育教育的舞台，它以丰富的德育内涵，对学生产生着不可小觑的影响。比如在讲授《社稷坛抒情》时，我们感受到了秦牧的“心游万仞，精骛八极”，以社稷坛为由头，驰骋思古之幽情。我们跟随他看到：充满神秘气氛的祭地典礼；会见脚穿芒鞋，头戴高冠，在莽莽苍苍、风声如吼的大地上吟咏的伟大诗人屈原；领略地球演进的历史，阅读先民胼手胝足开垦大地的记录；重温古代文明的发展演变及充溢神秘思想却又包含真理光芒的古代哲学；熟悉包含着辛酸的关于泥土的动人故事，为我们的祖国和人民而自豪。这篇散文让学生在感受知识的同时，通过老师的引导，感受到文中蕴藏的深意：作为一名中华民族的子孙，是多么值得自豪的一件事，从而激起每位预科学生的爱国之情。我国是一个多民族组成的国家，正因为每个人心中都怀有一颗强烈的爱国之心，才使得各个民族的人们拧成一股绳，团结在一起；才使得国家能够统一，才能够使中华民族千百年来屹立在世界民族之林。我校预科学生来自各个少数民族地区，他们身上担负着维护民族团结、国家稳定的大任，所以在教学过程中德育的渗透有助于培养他们的爱国心和感恩心。

在语文学科中，同一个德育的内容会在不同的课文中出现。如爱国主义思想，既可以融入当代散文《社稷坛抒情》中，也可以在古诗词《江城子·密州出猎》《摸鱼儿》中展现。比如在讲授《江城子·密州出猎》时，告诉同学们苏轼此时已经40岁了，由于他性格耿直，不愿遇浊则浊，所以政治仕途非常坎坷。可他并不悲观，“老夫聊发少年狂”“鬓微霜，又何妨”道出了他的心中依然充满了昂扬斗志，希望自己能够上前线杀敌报国，“持节云中，何日遣冯唐”是他的愿望，希望朝廷给他机会让他能为国家献上自己的绵薄之力。听到这里，同学们已经被苏轼的那种热情与豪情所打动。词的最后那句“会挽雕弓如满月，西北望，射天狼”的豪情壮志再次深深感染了同学们，让同学们读出了这个北宋大文豪的爱国情。自古以来，仁人志士都会为国家的安危而忧心忡忡；在这个和平年代，作为预科生的大家又该以怎样的态度来回报这个给你很多机会的国家呢？通过这首词，以小见大，引起学生的思考与感慨。

语文是一门具有很强的思想教育情感的学科，它由众多优秀的文学作品构成，具有生动性和形象性。学生在阅读文章的过程中，其实就是他们感情体验的过程，是他们的心灵受到熏陶感染的过程。正所谓“随风潜入夜，润物细无声”，语文德育教育的魅力就在于学生没有感受到是在接受思想教育，而自己的思想却在受到深刻的教育。比如美国作家杰克·伦敦的《热爱生命》，这篇小说讲述一个美国西部的淘金者在返回的途中被朋友抛弃，独自跋涉在广袤的荒原上，凭借顽强的毅力战胜了自然界的种种困难（饥饿、寒冷、病痛、野兽），最后靠着要活下去的信念最终战胜了一只病狼的故事。这个故事表现了对生命的执着和热爱。这只是一篇虚构的小说，但读起来却是那么真实。《热爱生命》打动了班上所有的同学，学生称小说中的他为“硬汉”。在分组讨论时，有的同学说这篇小说让他感到了生命的可贵，自己所遇到的挫折与小说中的“他”所遇到的挫折相比起来真是不值一提，这位同学表示要向硬汉致敬；还有一位同学说这篇小说让他感受到了人的无限潜力，人的顽强意志可以战胜一切，他自己虽然汉语不好，但他会以小说中的“他”为榜样，克服一切困难学好汉语。同学们争先发表自己的见解，都被小说中的“他”的精神折服，表明自己一定会更加珍爱生命，因为只有敬畏生命，热爱生命，才能让生命光芒四射。这节课对同学的感触很深，可以看出，一篇作品的精神散发的魅力真的超出了它的情节本身。针对我国青少年自杀率不断上升的现象，在这节课过后，我让同学们在课后写下了自己对生命的感悟。

（二）以素质教育为指导，在预科语文教学中坚持教师的主导性与学生的主体性相结合，充分调动学生的能动性

在实施素质教育中，学生是学习的主体，要让学生充分掌握学习的主动权。在应试教育中，教师与学生的关系成了主客体之间灌输与被灌输、强制与被强制的关系，教师忽略了学生的主体性地位。课堂成了老师的“一言堂”，老师讲什么，学生就听什么，整堂课下来，让人感觉是老师在唱着“独角戏”。这样的结果不但严重摧残了学生的智力与学力，而且不利于学生个性

的发展。

响应素质教育的要求，坚持学生的主体性与老师的主导性相结合的原则，重视学生的课堂地位，并不意味着老师地位的下降。教师在教学中起着主导作用，教师是教学的策划者和领导者。其具体作用体现在“导”上，主要是指引、指导和辅导。要提高语文教学效率，必须把教师的主导性和学生的能动性结合起来。要做到这一点，关键是如何调动学生的能动性。调动学生的能动性，就要靠教师来调动。调动起学生的能动性，才算发挥了教师的主导作用。要调动学生的能动性，就要运用适当的方法。

爱因斯坦说：“兴趣是最好的老师。”为了让预科学生喜欢上语文，克服他们对语文发怵的心理，就需要借助一些辅助教学手段，营造一种轻松的氛围，培养学生的兴趣，从而调动起他们的积极性。

在预科语文教学中引入多媒体作为教学的辅助手段。多媒体教学是利用计算机把教学内容与音频、视频、图形和图像结合在一起，集中展示在学生眼前，借助声、光、电及形、色、图的配合，使教学内容更形象、更生动。

比如现在的多媒体教学，改变了以往的“黑白”（黑板 + 粉笔）时代，进入了色彩时代。教师可以利用多媒体技术，运用 PowerPoint 办公软件，通过电脑操作，输入老师想要讲授的知识及与课文内容有关联的知识，上至天文、下至地理，古今中外，无所不有。PowerPoint 办公软件做出的幻灯片使语文教学内容变得图文并茂。我在上课之前会用心做幻灯片，目的是吸引学生的眼球，让他们去关注这堂课。制作精美的幻灯片是件费时、费力、费心思的事，在下一学年对幻灯片的补充与修改更不是一件容易的事，在每年的教学中我都深有体会。但一份耕耘一份收获，我的幻灯片基本上做到了赏心悦目，在授课时能给课堂增添一抹轻松愉快的色彩。一个预科学生说，看到那么多漂亮的幻灯片，在视觉上让人感觉挺舒服的，再加上还有那么多的开阔视野的知识，让人感觉学语文很有意思。为了丰富语文课堂，在讲授某一课时可以放些与之相关的影音资料，加深同学的记忆。另外，我还充分利用课间十分钟时间，放一些轻松有趣的视频片段或是学生点播的歌曲等，目的是提起学生的精神头，更好地开展下一节课。将多媒体技术运用在教学上，开拓了新的学习境界，能使学生的学习兴趣倍增。

有时在讲授某一篇小说时，运用多媒体视频可以起到事半功倍的效果。美国作家海明威的诺贝尔获奖小说《老人与海》里面的人物只有一个半，人物对话很少，故事情节也简单的不能够再简单。小说中的主人公圣地亚哥却是全世界“硬汉子”的代表。那么，语文老师该怎样讲出老人的“硬汉子”精神呢？《老人与海》的思想只可意会不可言传。海明威曾经说过：“如果一位作家对于他想写的东西心中有数，那么他可以省略他所知道的东西，读者呢，只要作者写得真实，会强烈地感觉到他所省略的地方，好像作者已经写了出来。冰山在海里移动很庄严宏伟，这是因为它只有 1/8 露出水面。”

为了让同学们能够更好地感受到硬汉精神，除了读原著中写在纸上的文字外，我还给同学们截取了表现硬汉子“硬”的方面的视频。使学生在头脑中丰富了这个不屈老人的形象。视频中的老人已经 84 天没有捕到鱼了，可他依然不放弃，第 85 天照常出海，因为他坚信今天会成功，因为不放弃，老人的好运气来了。老人与挣扎的大马林鱼比起来是那么的弱小，可是凭借不屈服的精神，老人终于捕获了它。归来途中，老人与鲨鱼比起来是那么的势单力薄，老人明知已经失败了，可他偏要拼一拼。因为“一个人并不是生来要被打败的，一个人可以被毁灭，但不能被打败”。视频片段播放完，同学们被老人的精神打动了。我问他们从中获得了什么？同学们说得最多的就是不放弃，失败并不可怕，要做精神的胜利者。恰当的视频会让老师讲得轻松，学生学得深入。

多媒体的运用，使课堂变得活跃了，有了朝气。它创设了和谐的课堂气氛，使教学化静为动，化抽象为具体，能够再现优美意境，吸引学生的眼球，让他们对语文产生了兴趣。老师在多媒体的帮助下，丰富了教学内容，使知识的传授变得轻松而愉悦。课上老师虽然讲得少了，但留给同学们思考的时间多了，学生、教师与教学内容之间的情感流动频繁了。尤为重要的是，多媒体在教学中的应用让教师唤醒和激发了学生主动参与学习的意识和主动探究知识的需求。学生在积极的探索中增强了语文素养。

（三）以素质教育为指导，在预科语文教学中坚持因材施教

在现代教育中，因材施教是一个很重要的教学原则。所谓因材施教，就是在教学中根据不同学生的认知水平、学习能力以及自身素质，教师选择适合每个学生特点的学习方法来有针对性地教学，发挥学生的长处，弥补学生的不足，激发学生学习的兴趣，树立学生学习的信心，从而促进学生全面发展。

我校是一所一年制预科学校，学生来自祖国四面八方的多个少数民族地区，他们的层次差异很大，高考分数两极化严重。所以在教学中因材施教是很有必要的。另外，由于少数民族预科学生生源地之间的经济与文化发展不平衡，以及预科学生个体之间家庭经济收入与背景的不同，造成他们的汉语基础知识与能力存在较大的差距。根据这种情况，老师要在语文学科中做到因材施教。了解学生的个性特点是搞好因材施教的基础，对反应稍慢的学生，

要鼓励他们积极进行思考，勇于回答问题和进行争辩；对能力较强而态度马虎的学生，要给他们一点难度较大的作业，并严格要求他们注意精益求精；对语言表述缺乏条理的学生，要多让他们在课堂上发言，以克服其不足；对注意力不集中、学习不专心的学生，要多暗示、提醒、提问，培养他们的自控能力；对学习困难的学生，要加强个别辅导，给予更多帮助。

比如，在开学之初，我校对预科新生进行了一次入学测试，根据测试结果，积极开展形式多样的第二课堂教学。对于汉语基础差的预科生，学校为他们开设了三门主课补习班。在语文补习班中，我根据课前的问卷调查、学生自身的特点和对语文的实际运用能力，更多地讲授一些字词、成语和句子等。补习的目的是让这些汉语基础差的同学提高自身的汉语水平，能够进行思想交流和社会交际，并为进入目标大学打下良好基础。补习班的效果是明显的：有的学生能够在和你的交流中恰到好处地用到成语，有的学生在作文中会引用唐诗宋词，有的学生能勇敢地登台并流利地演讲。对于汉语基础较好的学生，可以根据需要采用辩论、演讲、诗歌朗诵等难度大一些的第二课堂模式进行教学。通过丰富多彩的第二课堂教学模式能够使学生在真实的语境中将理论知识转化为实际汉语能力，对于汉语水平的提升能起到很重要的作用。

（四）以素质教育为指导，在预科语文教学中坚持学生自主学习的原则

传统教学方法有不少弊端，教师主讲，学生被动接受，囿于书本，不求甚解，知其然不知其所以然，教师的教与学生的学之间存在一定的隔阂。古人曾说：“知之者不如好之者，好之者不如乐之者。”素质教育强调面向全体学生要注重培养受教育者的态度、能力。这里面说的态度、能力包含学生的自主学习，使学生的学习由被动变为主动。老师由“授之以鱼”转变成“授之以渔”，从而真正提高学生各方面的素质。要做到“授之以渔”，老师就要抛弃以往的“满堂灌”“填鸭式”的教学方法。在课堂上，我利用互动情节，让学生发掘自己的无限潜能，增强自信心。只有发挥学生的主观能动性和聪明才智，才能更好地提高学生的学习能力和学习效率。在课堂讲授上给学生更多的阅读时间也是一个好方法。一些预科生来自民考民，他们的汉语水平较低，多一点时间阅读，可以让他们更清楚这篇作品的大意，同时还有助于提高他们的阅读水平与速度。在阅读时，我会有意地设计问题，让他们带着问题去理解作品内涵。对于理解思考类的问题，我从多角度进行启发点拨，让学生自己做出答案。“一千个人眼中有一千个哈姆莱特”。如果多做几次这样的尝试，那么学生对作品的把握一次比一次准确，能够更好地掌握作品的

知识点。

（五）以素质教育为指导，在预科语文教学中注重对学生美育的培养

1793 年，德国古典文学和古典美学最重要的代表人物之一的席勒在著作《美育书简》中从理论上深刻阐述了美育的必要性和美育的意义。这是世界上第一次有人将美育提高到培养人的全面发展的高度来认识。这对后来世界各国的美育理论产生了很大的影响。

美育，又称为“美感教育”“审美教育”，在人的全面发展教育中，美育占有重要地位。我国现在倡导的素质教育中要求培养全面发展的人，其中一点就是对人的审美的培养。健康、高尚的审美可以净化人的情操品质，可以提升人的精神境界，可以让人在愉悦中客观对待世界。所以，学校教育要特别重视对学生美育的培养。

在预科大学语文教材中，有许多文字优美、脍炙人口的作品，这些作品具有很高的美学价值。在教学中，教师除了要教授作品的基本知识点外，还要善于挖掘教材中的美育因素，让学生受到审美教育，从作品中感受到真善美或是假恶丑。从而培养学生的审美能力，使他们树立正确的审美观和审美理想。

任何事物都是在前进与曲折中得以发展的。素质教育的提出打破了原有的教育模式，开启了培养全面发展人才的新篇章。素质教育未来的路还很长，还会遇到意想不到的问题。教师要在教学中坚持贯彻素质教育的方针，发挥各个学科在素质教育中的优越性，在教学中有机地渗透素质教育，以素质教育为指导，激活各个学科的教学，为培养德智体美劳全面发展的民族人才贡献力量。预科语文在培养学生情感因素、审美能力、道德人格上更是有特殊的功能，老师需利用这个有利条件，在素质教育的大旗之下，做好预科语文教学工作。

参考文献

［1］孟文贞．应试教育的弊端与危害分析［J］．菏泽师专学报，2011，22（1）．
［2］刘端，卜爱华．民族文化多样性背景下的民族预科语文教育［J］．民族论坛：学术版，2011（10）：51.

民族预科生英语阅读水平现状及对策

李静雯

［摘　要］民族预科教育中，英语教育十分重要，是预科课程体系中的关键组成部分。民族预科学生在英语学习中存在着各种问题。本文着重从民族预科学生英语阅读水平及其存在的问题加以分析，列举了在阅读方面存在的四个主要问题，分析了问题产生的原因，探讨了相应的解决对策。对提高民族预科学生英语阅读水平和使用能力以及完善民族预科英语教育教学提供了一定的帮助。

［关键词］民族预科生 英语 阅读水平 现状 对策

英语作为世界通用语言，在信息传播、科技发展、经济融合与文化交流过程中起着举足轻重的作用，并且占有极其重要的地位。我国是一个多民族的国家，各民族地域不同、文化不同、发展水平不同。但是，在改革开放和经济全球化的今天，了解国外文化、接轨国际社会是大势所趋，更是我国各民族的共同需求。掌握外语尤其是英语至关重要。民族预科教育是我国教育体制中有针对性、有特色、有内涵的重要组成部分。既具有民族特色，又具有衔接高中与大学教育的特点。预科学生有必要在此教育环节中掌握一定的英语知识，打下一定的英语基础。

阅读可以培养和增强学生的语感，扩大学生的词汇量，提高学生的写作能力，开阔视野，增广见闻。提高英语阅读水平，不仅是学生提高各方面的英语使用水平的关键，也是增加交流渠道、加速文化融合、扩大知识面的客观需求。民族预科学生有着不同于其他学生的文化特性、心理特质和教育背景。他们的英语水平各异，并且在阅读技能方面，也具有比较明显的特点。

本文旨在分析民族预科学生英语阅读水平的现状与成因，并在此基础上，探讨相应的解决对策。为提高其英语阅读水平、英语综合应用技能以及人际交流能力、文化认同与传播意识、信息和知识的获取技能提供一定的参考依据。为预科学生能在进入目标高校后顺利接受大学英语教育，进而成为一名合格的大学生打下一定的基础。

一、民族预科学生阅读水平现状分析

在英语课堂教学环节、英语阶段测试环节、英语实际应用环节中，对民族预科学生的阅读水平与技能的考查表明，他们的阅读水平现状具有以下几方面的特点。

（一）词汇量少

由于所处地域、当地的教学水平及个人因素的不同，相比其他同学，民族预科学生掌握的词汇量较少，达不到相应年级的英语词汇量要求，首先，这制约了他们的阅读能力；其次，词汇量的匮乏也限制了他们在英语听力、口语、翻译技能及英文写作能力等方面的进一步发展。

（二）阅读兴趣低、自主阅读能力差

研究表明，对于同样一篇英语文章（科技报道、时政要闻或者文学作品），民族预科学生的阅读兴趣低于其他同学。如一篇文章的标题较长，他们可能根本不会去主动阅读；又如一篇文章的内容与民族预科学生的生活联系较远，他们也不会去主动阅读。以《普通高等学校少数民族预科英语教材》上册第六单元 The Earth's Spreading Deserts 为例，由于这篇文章的内容与全球的沙漠化及沙漠扩张有关，部分学生觉得沙漠和自己的生活距离很远，因此对文章的内容不感兴趣，不愿主动去阅读，甚至有些学生放弃阅读。再如，一篇文章中的某个自然段较长，也可能打消他们的阅读兴趣。在平时的学习和交流中，民族预科学生主动阅读和使用英语的积极性不高。

（三）有效阅读低，没有良好的阅读习惯，对文章大意概括能力差，抓不住中心思想

很多同学即使完成了一篇文章的阅读过程，甚至可以说是“精读”，每个词汇都能够认识或者通过查阅并获得其词义。但在整个阅读过程中，作了大量的无用功，没有提炼出文章的核心思想和主要信息，效率较低。以《普通高等学校少数民族预科英语教材》上册第三单元 Wednesday's Flowers 为例，学生在阅读这篇文章时，都能够理解词汇意思，但是在要求学生总结段落或者文章的中心思想时，部分学生概括不出段落大意和文章的中心思想。这在平时的阅读练习中，至少是浪费了学习时间和精力，而在英语测试或考试中，则难以答对题目，导致阅读部分得分较低。

（四）阅读方法单一或不当，没有掌握适当、多样而有效的阅读方法

对于不同类型的文章和作品，对于不同场合的英语阅读，都应该采用相

应的阅读方法。如对大学英语四、六级中的快速阅读，就应该掌握如何在短时间内概览全文并迅速获取主要信息点的方法；而在深入阅读题目中，则应该深刻理解文章的目的、意义、内涵等内容，这也要求掌握相应的方法和技巧。在阅读英语文学作品时，要求对创作背景、历史背景、文化背景有一定的认知，进而理解作者所塑造的人物形象和描述的典型事件，这自然对应着一种或几种比较有效的阅读方法。而民族预科学生对阅读方法的掌握不够全面，影响英语阅读效果和成绩。

二、原因分析

有些民族预科学生在英语阅读方面存在很多问题，如出现词汇量少，阅读兴趣低，自主阅读能力差，有效阅读低，没有良好的阅读习惯，对文章大意概括能力差，抓不住中心思想，阅读方法单一或不当，没有掌握适当、多样而有效的阅读方法等，主要有以下几个原因：

（一）民族预科学生大多重视本民族文化、传统、习惯、风俗

民族预科学生对其他语种，尤其是外国语种的关注度低，兴趣不高，缺乏民族之间、文化之间的交流、配合。

（二）民族预科学生接触外语资料不多

接触外语资料不多，使用机会较少，阅读量小，致使词汇量少；同时，不能有效地激发出足够的阅读兴趣，也没有足够的机会提高阅读技能。

（三）教育教学环节和方法不足或失当

在课堂教学和课下练习以及课余活动中，对英语的使用，包括对资料的阅读、分析不足，减少了民族预科学生的提高空间。教学方法不当，教师水平有限，不能给予学生恰当的指导、提示，使学生在阅读过程中提高较慢，进一步降低了学生学习英语，阅读英语文献、资料的积极性。

（四）社会对民族预科学生的了解、关爱、接纳的程度不够

这在某种程度上孤立了民族预科学生的思想状态、文化意识和社会活动需求，使其产生了一定的自卑心理，总是不愿接触异族、异域文化和语言，甚至是科技产品等重要元素。

英语阅读水平的高低在于使用的多少、锻炼的频率、认真的程度、理解的深浅，以及对词汇、语法、语态、时态的掌握程度高低。另外，掌握多样的、正确的阅读方法也必不可少。民族文化因素、地域因素、个人因素、教育机构、教师、社会元素对以上英语阅读所具备的条件具有不同程度的影响，

且互相关联、综合作用，其基本关系如图 1 所示。

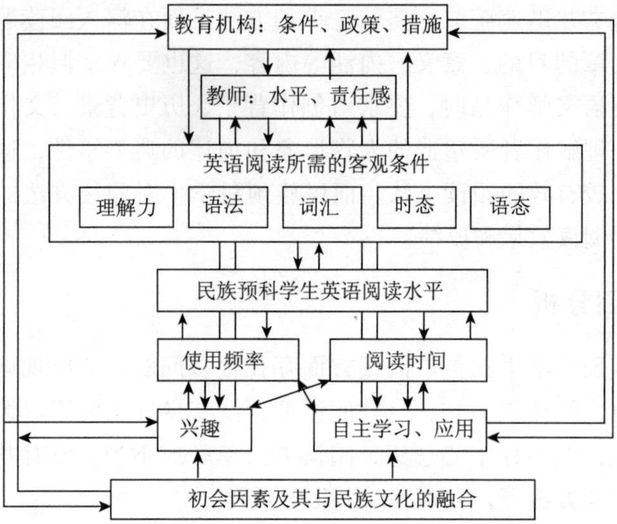

图 1　影响英语阅读各因素之间的基本关系

教育机构的教学条件、教学措施影响教师的教学水平与责任心，教师的建议与意见也作用于教育实体的调整与改革，二者的配合共同决定了其施教的能力与水平。

教育机构与社会活动机构的合作紧密与否，既影响教育机构的办学理念，又影响社会对民族预科学生的理解与关注程度。二者的配合关系共同决定了他们对学生的培养意识和层次，以及对教师的要求，教师也可以与社会之间直接建立联系，形成配合。

学校的管理观念、制度、现代化水平，与教师的英语水平、教学技能、职业操守是直接关系到学生学习英语的方法对错、记忆词汇的多少、理解能力的高低以及其他有助于提高英语阅读水平的语法、修辞、时态、语态等知识的掌握。而学生的问题、体会、成绩也会通过各种途径反馈给教师及学校，对学校和老师提出更高的要求。学校课程体系的模式、教学任务的安排、教师课堂的讲授、课下作业的规划，这些都能影响学生英语阅读的时间和频率，所以，适当的教学手段可提高学生的阅读兴趣和自主性。

社会对民族文化的接受和对民族预科学生的注意，直接影响到他们对英语阅读和使用的兴趣与自主性，学生在了解社会、与社会发生关系、进行社会活动、传递民族文化、宣传民族风貌的过程中，可进一步提高兴趣和自主性。

兴趣、自主性则直接关系到阅读英语的时间和频率，二者是联系在一起的，可相互提高，有兴趣了去阅读，读多了则更有兴趣。

在各方面条件、因素的作用下，学生的学习意识，主观阅读的积极性、能动性，语法、词汇、修辞、时态、语态，阅读兴趣、时间、频率，阅读方法、技巧、理解能力等有助于阅读水平提高的条件都可以具备，他们共同促进英语阅读能力的提升。而阅读水平提高了，反过来又可以接触更多的知识、文化，掌握更多的方法、技巧，具有更高的兴趣，两方面相辅相成、相互促进。

三、解决对策

针对民族预科学生在英语阅读中存在的问题，应采取相应的、有效的对策加以解决。社会应多加关注，学校应制定相关政策，教师应提高自身能力，给学生更多的关心、帮助；学生自身也应主动学习，努力提高自我，发现不足，努力改进方法，提高阅读水平。

解决对策应该具有针对性、方便可行、着实有效，以解决问题为目的，以问题的影响因素为切入点，以事物之间的客观规律和必然联系为准则，以教学活动、自学活动、社会活动为载体，逐步地、循序渐进地展开。

（一）针对词汇量少的问题

社会各界，尤其是新闻报道、媒体刊物等，可增加以各民族风情为题材的英文节目、栏目，使学生在欣赏自己民族与其他民族文化的过程中掌握更多的词汇。

在教学环节中，教师在讲授单词时，要注意相关词汇的扩展。例如：在讲授动词 recommend 时，可以引申出它的形容词 recommendable，recommendatory；名词 recommendation，recommender 以及同义词 advocate，suggest，propose 等。这样学生在学习一个单词时便同时掌握了与之相关的七个词的用法。在讲授英语课文的过程中，可以让学生写出自己民族的特点、特产、风土、人情、文化、历史、传说、故事等。例如，在讲解《普通高等学校少数民族预科英语教材》上册第二单元 What We Eat and Drink 时，文章中有这样一段：People living in different regions of the same country often prepare foods differently. The United States has its regional specialties, too-for example, “Southern fried” chicken and the baked beans of Boston. In the southwest, you will find many Mexican foods such as tortillas. But there are national foods, too. For example, there are two desserts you would probably find anywhere in the US. One is ice-cream and the other is apple-pie. And all American children like eating hot dogs and hamburgers. A hot dog is a cooked frankfurter and put into a bun. A hamburger is a sandwich made with ground beef that is fried and put into a bun. Some people eat their hamburgers "plain" with nothing on them. Others like theirs "with everything" ——with meat, onions, fresh tomatoes and so on. If you ask for a cheeseburger, you'll get a hamburger with melted cheese. The hamburger is the favorite, quick lunch for most Americans. 教师在讲授这一段时，可以让学生写出自己民族的特色菜肴，并解释其做法；在此过程中，不但能够增加民族预科学生词汇量的积累，也能够使英语学习过程生动化。

在其他非英语课程中，可渗透各类专业用语的英文说法，既加深专业知识的理解，又丰富英语词汇。

加强英语构词法的讲解与分析，分类记忆单词，以词根、词源、前缀、后缀等为分类依据，提高词汇的记忆效果和效率，对同音、近音词汇要集中区分、掌握。英语单词根据其构成大体可分为三类：派生词、合成词、转换词。所谓派生词，即派生词缀和词根结合，或黏着词根和黏着词结合构成单词。如：en + large→enlarge，un + happy→unhappy，post + war→postwar 等。我们可以根据词干及词缀的意义对派生词的词义进行推测。如："mis " 这个前缀的意义为"错误地"，通过这个前缀我们可以猜测单词 mislead 的词义为"领错路，使人误解"。合成词则是用两个或两个以上的词组合起来的，具有与组成部分意义完全不同的新词。如 foot + ball→football，snow + fall→snowfall，in + come→income，green + house→greenhouse 等。合成词的意义也可以根据各组成部分的意义进行推测。转换词是一个单词由一种词类用作另一种词类。如 present 可作名词，也可转换为动词；way 可以做名词，也可以转化为副词；等等。掌握英语构词法，对扩大词汇量大有裨益。

（二）提高阅读兴趣和自主学习的动力

社会应加强对民族预科学生的关注，并给他们足够的机会接触社会，让他们多与不同的人交流，与说不同语种的人交流，提高学生融入社会的欲望，激发他们用各种语言进行交流的兴致，了解、阅读其他民族，尤其是英语国家相关的资料，增强自信力和团结意识。

学校应多增加英语阅读方面的课余活动，如英语朗读比赛、快速阅读比赛、阅读能力素质拓展、英语角、英语沙龙、英语交流主题晚会、英语辩论赛等。在讲授英语课文的过程中，教师首先应根据文章内容的不同为学生提供该文章的背景知识，从而激发学生的阅读兴趣。如：《普通高等学校少数民族预科英语教材》上册第七单元 Animals to the Rescue：Caring Creatures，这篇文章是这样的：Thank goodness someone had a camera. Otherwise，no one would have believed it. On 16 August 1996，a three-year old body was visiting the Brookfield Zoo in Illinois with his parents when he somehow crawled over a wall. He lost his balance and fell six meters into a gorilla habitat.

"The gorilla's got my baby！" the boy's mother shouted. Bystanders stared helplessly down into the Tropic World exhibit where the little boy lay on the concrete floor unconscious. The child was totally at the mercy of the gorillas.

"I feared the worst." said Jeff Bruno，a paramedic who rushed to the scene.

But then something amazing happened. One of the gorillas went over to the boy，picked him up and cradled him in her arms. The gorilla was Binti Jua，an eight-year-old female who weighed over eighty kilogrammes. She held the body tenderly and protected him from the other gorillas in the compound.

"I could not believe how gentle she was." said Celeste Lombardi，a zoo worker who had helped to raise Binti Jua.

With Koola，her own 18-month-old daughter on her back，Binti Jua carefully carried the boy to a service door where zoo workers were waiting. The boy was badly injured. He had a broken hand，some cuts and minor brusing to the brain. But after several days in the hospital，he was back home. Meanwhile，Binti Jua，whose name is Swahili'daughter of sunshine' became a national hero. Gifts of money and bananas poured into the zoo in honor of the gentle gorilla.

No one knows for certain why Binti Jua rescued the boy. Perhaps she was simply following some animal instinct or perhaps her actions stemmed from her past contact with humans. As an infant，Binti Jua had been rejected by her own mother and since she was two months old，she had been raised by humans. These same trainers had taught Binti Jua how to be a good mother，including how to bring Koola to the service door so zoo workers could monitor the baby's health. Jack Hanna，director of the Columbus Zoo，said that when Binti Jua saw the child lying in the habitat，" she learnt from humans taking care of her that they could take care of this problem." In any case，Binti Jua's extraordinary act saved the little boy's life.

Binti Jua is not the only animal to surprise people with her heroism. In India recently，a wild monkey saved a human baby from drowning. A woman was crossing a bridge when she slipped，dropping her baby into the rapids below. The mother screamed in panic，but there was nothing she could do. It seemed certain that her child would die. Suddenly, from among the trees at the edge of the water, a monkey dove into the river. The monkey grabbed the baby, pulled it ashore, and returned it to the arms of the shocked but grateful mother.

Dolphins, too, have rescued people in trouble. In Australia, some teenagers were surfing in the Pacific Ocean near a school of dolphins. As one of the boys cruised along on his surfboard, he suddenly spotted a tiger shark coming directly for him. The shark struck quickly, biting a huge hole in the surfboard, knocking the boy into the water, and wounding him. But as the shark circled around for the kill, the dolphins intervened. They charged at the shark and drove it off, leaving the boy frightened and injured, but glad to be alive.

The most common animal hero of all is the dog. There are many cases of dogs risking their lives to save humans.

Why are people surprised by the heroic actions of animals? Perhaps it is because they do not expect animals to understand human needs. Perhaps they do not think animals are capable to helping humans unless trained to do so. Whatever the reason, people are often amazed by animal heroics.

在讲授这篇文章之前，教师首先可以用幻灯片播放一些动物救人的图片，并讲一些动物救人的故事，这样学生在学文章之前对文章的背景知识有所了解，就会对文章产生兴趣，并激发阅读热情。其次在讲授课文的过程中，教师应使用英语生动地、有感情地表达，拉近教师与学生之间的距离，增进学生与英语之间的感情，使学生了解英语的美妙与魅力，激发其自主学习的动力，触发其在阅读中获得乐趣的神经。在各教学考核环节中，阅读理解题目不宜太难，这样会打击学生学习的积极性，甚至引起抵触情绪。可选择易懂、趣味性强、信息量大的文章作为考题，另外，应增加阅读题目的形式和分值比例，以提高学生对它的重视程度。

（三）提高有效阅读能力，培养良好的阅读习惯，从文章中获得主要信息与思想

这一方面主要在于对文献功能、体裁、中心思想的把握。应抓住文章的关键段落，抓住段落的关键语句，抓住语句的关键词汇，从这些关键点提取有效的信息和核心大意。教师应在这些方面加强对民族预科学生的讲授和练习。

要了解和熟悉英语文献的书写习惯和方法，找出它们与汉语和民族语言的不同之处，加以区分，从而提高阅读的效率与效果。从本民族文献的阅读

习惯、汉语文章的阅读习惯，转型到英文文章的阅读习惯，找到主要规律，培养、强化，掌握适合英文阅读的规则和要领。

要有良好的阅读技巧，精力集中，前后呼应，统览全篇，突出重点，详略得当地进行阅读和分析，切忌眉毛胡子一把抓，不分主次，更忌舍本逐末，搞不清主次关系。

学生应配合老师的教导，深入体会，加强实践，用理论方法来指导实践，从而有效地提高阅读能力。

（四）掌握多样的、有效的、恰当的阅读方法

阅读方法的培养要逐步进行。

1. 应分清阅读的目的

要分清阅读的目的是了解大意的泛读，还是深入分析的精读；是锻炼语法、语态，还是增加词汇。如果是为了了解大意，可使用快速、跳跃式的阅读，找出每个段落的信息语句，各段击破，个别的生词可以忽略，也无须深究时态、语态，除非他们关乎文章的实质含义；如果是为了深入分析，那么需要把所有的词汇、语法、语态、修辞等全方位地弄清，首先要在表面上理解每句话、每个段落的意义；之后，再深入揣摩作者的写作意图和所要表达的深刻道理，这样的阅读，没有次要点，需要花费较多的时间和精力；如果是为了锻炼语法、语态等知识，则应该按每个整句加以分析，再分析句子之间的承接关系、修饰关系，对于字句本身的含义则不必深究，对于陌生的词汇，只要知道它的语态、时态、修辞格、词性即可；如果是为了增加词汇量，就应该重点关注陌生词的意义，重点掌握该词语的用法以及在当前文章中的作用。

2. 应分辨文章的类型

不同的文章有不同的阅读规律和方法，如说明文、散文、杂文、小说、新闻报道等。

（1）对于说明文，要知道说明的事物是什么。如果是课下练习，可以查词典；如果是考试，则需要从文章对该事物的描述中加以推测。在整篇文章中，应抓住所描述事物的外观、质地、功用、色彩、内在技术、优点、缺点等特性。

（2）对于散文，要把握文章的基调和意境，从文章中体会作者的心态、情怀，进而内化到自我。在阅读中，不是为了获取大量的信息，而是为了欣赏散文所要传递的感情色彩。英文散文有着不同于汉语及民族语言的特质，应在不断的阅读实践过程中加以体会。

(3) 对于杂文，则需根据文章所在的时政环境进行体会，透析作者的观点和表达意图；一般在民族预科教育阶段，较少涉及杂文的阅读。

(4) 对于小说，主要是把握作者对人物的刻画和对事件的描述，学生应以时间、地点、人物、起因、发展、高潮、结局等为关键点，摸清全文的主线。

(5) 对于新闻报道，主要是及时地获取外部信息，所以，新闻报道一般都短小精悍、言简意赅，往往限于篇幅而不尊重语法规律。所以，从新闻阅读中，主要是提取什么时间、什么地点、什么人，发生了什么事情，引起了什么影响。

从以上针对民族预科学生在英语阅读中存在的问题、原因及对策的分析中可以看出，民族预科学生的英语阅读水平有待提高。在解决问题的过程中，应抓住预科学生的民族特点、地域特点、文化特点，有针对性地提出解决对策。而社会、学校、教师，均应各司其责，加强对民族预科学生的关注和关怀；学生也应该重视英语学习和阅读，广泛接触社会，利用对英语的阅读和使用，进行文化交流与信息传播，这一点意义重大。

参考文献

[1] 教育部普通高等学校少数民族预科教材编写委员会. 普通高等学校少数民族预科英语教材，上册 [M]. 北京：国家行政出版社，红旗出版社，2006.
[2] 教育部普通高等学校少数民族预科教材编写委员会. 普通高等学校少数民族预科英语教材，下册 [M]. 北京：国家行政出版社，红旗出版社，2006.
[3] 田式国. 英语教学理论与实践 [M]. 北京：高等教育出版社，2001.
[4] 文秋芳. 英语学习策略论 [M]. 上海：上海外语教育出版社，1996.
[5] 吴汉平. 少数民族英语高等教育研究十年述评 [J]. 中南民族大学学报，2007 (3).
[6] 朱纯. 外语教学心理学 [M]. 上海：上海外语教学出版社，1996.
[7] 任娟. 任务型教学法在高中英语阅读教学中的应用研究 [D]. 首都师范大学，2007.
[8] 邓娟娟. 图式的具体化在英语阅读教学中的应用 [D]. 西南师范大学，2005.
[9] 王艳艳. 阅读策略在中等专业学校的应用 [D]. 内蒙古师范大学，2007.
[10] 黄丽红. 论阅读策略与中学生英语阅读能力的提高 [D]. 陕西师范大学，2002.
[11] 田春艳. 高中生英语课外阅读的问题与对策 [D]. 东北师范大学，2007.
[12] 雷安敏. 建构主义教学法在高中英语阅读教学中的有效性 [D]. 贵州师范大

学，2009.
[13] 凌世璟．从阅读速度谈影响英语阅读理解的因素及对策［D］．上海师范大学，2006.
[14] 陈静．非英语专业学生英语阅读策略的使用和培训研究［D］．华南师范大学，2003.
[15] 汪燕．支架式结合 CALL 在高中英语阅读教学中的实效研究［D］．苏州大学，2011.
[16] 罗小蓉．学习策略训练在英语阅读理解教学中的应用研究［D］．苏州大学，2008.
[17] 唐茂芳．培养阅读策略，提高自主阅读能力［D］．苏州大学，2008.
[18] 俞卫华．中学生英语阅读策略研究［D］．苏州大学，2008.

民族预科英语教学美学化研究

李静雯

［摘　要］美学自鲍姆嘉通时代成为一门独立的学科以来，在其自身的发展与完善过程中，也对其他各学科的发展、社会的进步起到了重要作用，尤其是对素质教育和审美教育影响巨大。单调、乏味、缺乏生动等现象在民族预科英语教学过程中仍有不同程度的存在，影响了教学效果，阻碍了教学改革。本文基于民族预科英语教学实践，介绍了关于美学理论与英语教学相结合的研究，得到了有价值的结论，丰富了美学理论的实践范围，拓宽了英语教学改革的思路。

［关键词］民族预科学生　英语教学　美学化

美学，无疑是一个神秘而富有魅力的词汇，而其作为一个学科，也同样有着丰富而深刻的内涵。长久以来，随着人类的进步、社会的发展，美学理论也日臻完善。美的本质、美的形态、美的类型、美的形式、美的体验、美的创造等理论问题得到了充分的研究与讨论；美的环境、美的装饰、美的造物、美的服饰等诸多实际问题也得到了高度的重视与拓展；语言艺术、造型艺术、表情艺术等艺术美鉴赏领域更是百花齐放、百鸟争鸣。可以看出，美学的成长过程，不但是其自身发展、丰富的过程，也是其与其他学科交叉、融合的过程，在这个过程中，美学指导了各类社会实践，得到了很多的珍贵成果和宝贵经验，美育就是其中不得不提的一个方面。关于美育的性质、美育的任务、美育的途径和方法以及素质教育、审美教育等一些基本理论问题，本文不做深入探讨，笔者把重点放在美学理论与民族预科英语课堂教学的有机结合上。

少数民族预科教育是我国高等教育的重要组成部分。我校从2004年开始实行民族预科教育，十年来培养了一大批民族预科学生，为国家的少数民族预科教育做出了巨大的贡献。民族预科教育是高中向大学的过渡阶段，民族预科教学在高等教育中发挥着十分重要的作用。基于民族预科学生的特殊性，将美学理论运用到民族预科英语教学中有很重要的意义。英语教学与美学息息相关，如果教师能将民族预科英语教学中的美学因素挖掘出来，按照美的规律来组织英语课堂教学，创造英语教学美，就能使民族预科英语教学给人以美的感受，使英语课堂具有美的价值。

一、民族预科学生英语教学美学化的必要性及可行性

美学虽有着独特的性质与内涵，但同其他学科一样，是不可能独立存在的，在其发展的过程中，必须与其他社会学科、自然学科发生交叉，这是美学的需要，也是其他学科的需要，更是万事万物存在和发展的必然规律。在这样的进程中，不管过去、现在还是将来，美学都长久发挥其独有的作用，改变其他事物的状态，影响其他事物的发展。在高等教育领域，美学应该也必然发挥其功用，同时丰富自身的理论体系和实践范围。

民族预科英语教学，是高等教育过程中一个极为重要的组成部分和教学环节，这一点不言而喻。随着教育事业的发展，教学观念不断更新、教学手段不断丰富、教学条件不断优化，民族预科英语教学现状有了很大的改观，但仍不同程度地存在着单调、乏味、缺乏生动等一系列问题，影响了教学效果，阻碍了教学改革。这些问题的根源在于以下三个方面：

（1）由于中外文化差异及国内各个不同民族之间的差异，民族预科英语课本身难以体现其内在的趣味性与美感，难以成为学生普遍喜爱的课程。

（2）部分教师本身缺乏教学热情，课堂教学不生动，教学设计不到位。

（3）民族预科学生大多来自偏远地区，由于教学条件及地域的不同，大多数民族预科生在英语学习方面有很大的困难，他们的英语水平参差不齐。有的从未接触过英语，汉语说得也不是很好；有的则在初中高中学过一些简单的英语，仅有少数学生具有一定的高中英语基础。因此，民族预科学生对英语缺乏兴趣，学生普遍存在厌学、迷茫、浮躁的情绪，对课程的理解不到位，对自己的认识不深刻，对学习的态度不端正，产生不爱学，不必学，不易学等错误心理。在课堂上，大部分民族预科学生都是被动地接受老师讲授的知识，缺乏学习的兴趣和主动性。可想而知，乏味的课程、沉闷的课堂、低落的情绪，如何能教好、学好呢？可见，美学理论有必要实践于英语教学，民族预科英语教学也亟待依靠美学理论将其生动化、趣味化、美化。这也正是美学理论与民族预科英语教学相结合，即英语教学美学化的必要性所在。

那么，能否实现美学理论与英语教学的结合呢？

（1）英语课貌似缺乏趣味性，实则不然。任何一门课程，都有其自身的内在规律和特质，而这些规律和特质都源自最古老、最基本、最普遍，也最美妙的自然规律和社会规律。比如：英语中动词的时态和语态等。也就是说，

英语课看起来枯燥无味，实际上是因为没有深入进去，没有发现其中的美，学生没有享受到不同文化之间的美。而这些不同文化之间的美都是英语课的趣味性所在，也成为英语课教学美学化的重要客观基础。

（2）教师的职责就是教书育人，而教书和育人是有机的结合体，二者是同时进行的，是统一的。每个教师都希望自己的课程受到欢迎，自己的学生成绩优秀，都希望能在和谐、生动、轻松、有美感的教学过程中把知识传授给学生，把做人的道理传达给学生。这一系列的主观愿望使得教师努力提高自身的业务水平、道德修养、教学手法成为可能。

（3）作为学生，学习是他们的主要任务，没有一个学生希望自己的成绩落后，只要学校做好素质教育、审美教育以及恰当的心理疏导，学生是可以提高学习热情的。不但如此，他们还可以在提高成绩的同时，在学习中发现美、在生活中追求美、在工作中创造美，而这些往往比学习本身更重要，这一点成为学生接受英语课教学美学化的主观需求。

（4）现代高等教育机构为教学思想的深化、教学手段的丰富、教学改革的实施提供了有力保障和强大支持，为民族预科英语课教学美学化提供了物质条件。

以上四点正是民族预科英语课教学美学化的可行性所在。

二、民族预科英语教学美学化的理论研究

基于以上的必要性与可行性论证，以下将着力探讨民族预科英语教学美学化的规律和方法。

在英语课程课堂教学美学化的实施过程中，教师应具有较高的道德修养、人格魅力及美学思想，学生应具有良好的思想品德和学习热情，教学过程应体现出形式美、艺术美，科学知识本身则具有科学美的内涵。将以上这些条件有机结合起来，融会贯通，是实现英语课教学美学化的基本原则，即具有人格美的教师通过具有艺术美、形式美的教学方式把具有科学美、内在美的知识传授给具有求知欲和学习热情的学生，同时培养学生发现美、欣赏美、创造美的意识与能力，从而实现美学化的英语课堂教学，改善教学效果，提高授课效率。

（一）教师与学生本身的道德修养和美学素质是英语教学美学化的基础

教学是一种人与人之间的交流活动，因此，人的素质与修养在很大程度上影响着教学效果的好与坏。良好的道德修养是做人的美德，作为教师，必须热爱教育事业，为人师表，使学生由衷地敬畏，方能够感染学生。作为学

生，应具有朝气、热情、积极的求知欲和较强的上进心，热爱学习生活。

（二）彰显英语知识的美感及可理解性

降低授课难度、节省授课时间、端正学生态度、提高学习兴趣、启发学生思维、拓宽学生视野，彰显英语知识的美感及可理解性，改善教学效果，提高教学效率，同时兼顾审美教育的实施是英语课教学美学化的目的。

（三）凸显传统的板书教学形式、现代多媒体教学形式的美学特征及二者的有机结合，是英语教学美学化的主要途径与内容

在传统的板书教学中，教学过程的实施主要凭借教师的语言讲述及粉笔书写，而这其中的美学特征就体现在教师的语言魅力和板书结构之中。语言讲述内容应详略得当、重点突出；语气应抑扬顿挫、激情洋溢；语言应风趣幽默、格调高雅；论述应有理有据、详实严谨；思路应清晰明朗、连续完整；板书字体应清晰简洁、工整规范。这样的教学方式无疑充满着板书的和谐与统一、教师的魅力与风度。

在多媒体教学中，教学过程的实施除凭借教师的语言讲述及粉笔书写外，还引入了电子讲稿、视频等多媒体手段。精美而充实的电子讲稿是多媒体教学必不可少的工具，其中承载了大量的图片信息、视频材料等，弥补了板书教学的缺陷。教学视频包含了与教学相关的对话、国外风俗习惯、英文短句、英文演讲比赛等，以其无法替代的功能充实了英语教学。好的多媒体素材应具有色彩丰富、音效舒适、搭配合理、信息量大、覆盖面广等特征。多媒体教学手段在提高学生学习兴趣、活跃课堂教学气氛、提高课堂教学效率方面功不可没。这样的多媒体教学无疑充满着优雅之美、艺术之美、形式之美。

板书与多媒体必须良好结合，否则将起不到好的教学效果，甚至事倍功半。如很多同学表示，使用多媒体教学，虽信息量大但速度过快，内容充实但不便于记笔记，个别教师完全依赖多媒体而不写板书，这些是多媒体教学中常见的现象。多媒体与板书的配合之间应遵循两条美学原则：

（1）以板书教学为主，以多媒体手段为辅，二者主从分明，和谐统一。

（2）扬长避短，各尽其能，充分体现板书的魅力，同时兼顾多媒体的功效，二者各显其美，相得益彰。

（四）具体可行而有效的方法与措施是民族预科英语教学美学化的有力保障

（1）选用优秀的课程教材，例如：《普通高等学校少数民族预科英语教材》（上下册）里面的文章都很有教育意义，上册第四单元 The Virtue Called Devotion，告诉学生们要孝敬父母；第十单元 Get Your Priority Straight，使同学

们学到了要分清生活及学习中的轻重缓急。每一篇文章都让同学们懂得了一定的道理。

（2）教师要重视礼仪，表现师者风范。

（3）制作精美而实用的电子讲稿，内容应以教学提纲、资料图片、动画为主，格调优美、赏心悦目、多样而统一。如在讲授《普通高等学校少数民族预科英语教材》上册第五单元 Wanted：Dead or Alive 时，在讲授课文之前，可以用幻灯片给同学们展示一些违反交通规则的图片，这些图片既和讲授的内容密切相关，增强了学生学习课文的兴趣，又使学生们认识到遵守交通规则的重要性。

（4）处处凸显英文文章的艺术美。每一篇英文文章都可以当做一种审美文体，同时，审美意义也存在于每篇文章之中。读者在阅读过程中通过对文章意义的理解与感悟，能潜移默化地感化身心，并化为自身的观念、气质、情感、态度。在课堂教学过程中，挖掘课文篇章内容的审美意义是教和学的主要任务。篇章内容的艺术性包括教学语言材料描写形象逼真，情感观点爱憎分明，语言表达幽默诙谐、生动活泼，故事情节跌宕起伏、环环紧扣。将教材内容中形象化、情节化、情感化的艺术因素进行适量、有机、按序、定度的处理，是挖掘教学内容艺术性的具体化要求。

如《普通高等院校少数民族预科英语教材》上册第二单元 What We Eat and Drink 这篇文章，整篇文章紧紧围绕 "What We Eat and Drink" 这个主题，分别用 "People in different part of the world have different ideas about what is good to eat"；"Even when people in different parts of the world eat the same food，they often prepare it differently"；"People living in different regions of the same country often prepare food differently"；"On holidays most of us eat special foods，year after year，even if many other things change，the food is always the same"；"People in different parts of the world also have different ideas about what is good to drink" 这五个句子叙述，最终将全文紧密地连成主题鲜明的整体。

再如《普通高等院校少数民族预科英语教材》上册第八单元 Never Trust Appearance，这篇文章用生动形象的语言描写了伦敦乡下小镇的交通情况。在第一段介绍小镇在交通高峰时的情况和火车上的拥挤状况时是这样描写的：Rush hour in a provincial town is certainly not too busy as in London，but even so there are plenty of people moving about. Long，patient queues wait wearily for buses. Never-ending lines of cars are checked while red traffic lights change to green. Thousands of people are packed tightly in trains，the men's faces buried in their evening papers while women try in vain to knit. In a slow train it may well be an hour's journey to their station. 在这一段中，作者形象地描绘了乡下小镇在交通高峰时的情景：人们排着长长的队伍疲惫地等待着公交车的到来，无止境的车流等待着红灯变绿灯。接着作者又描述火车上的情况：成千上万的人挤在火车车厢里，男士埋头读报，而女士想织点什么，但却是徒劳。

接下来文章主要是通过芬兰青年 Matti Arpola 的视角来描绘文章的另一位主人公 James Saxon：

He has an umbrella, neatly rolled, but no bowler hat; in fact, no hat at all. Of course, he is reading about cricket and he is reserved and not interested in other people. But he is only of average height and his hair is not fair, but as dark as that of an Italian, and curly, with almost no parting. He is not smoking a pipe, and although we foreigners think that a real Englishman ought to have a moustache, he is clean-shaven. His nose is slightly crooked. What a serious face he has! He is frowning a little, but the eyes beneath his worried-looking forehead are sincere and honest. I don't think he is intelligent.

His clothes are anything but smart. In fact, they are rather old, though well-brushed. Even thought he is not wearing a wedding ring, he is probably married, with perhaps three children. His gloves are fur—lined and his trousers well pressed. He keeps far too many things in his pockets, so his suit looks badly out of shape. What dull, old-fashioned leather shoes he is wearing! His briefcase is old too and bulging, so that the zip-fastener does not close properly. There are initials J. S. on it. Is his name John Smith?

I think he is probably an office clerk or a shop assistant. Does he look like a teacher, though? Anyhow, he lives with a plain wife and five children in a small worker's house with a tiny garden, where he spends his leisure time digging and wedding and mowing the lawn, or painting the tool-shed. But to-night, first he is helping his wife to put the children to bed and then he is taking her to the cinema as this is pay-day. Or is he visiting the local pub? Does he drink whisky (I believe most Englishmen do) or does he prefer beer? I am sure he very much likes a cup of tea. He seems quite energetic, but his complexion is pale and he is very thin. Does he find it difficult to satisfy the needs of his miserable wife and seven unfortunate children? Poor fellow! I am sorry for him。

在这三段中，作者将 James Saxon 的特点描写得生动形象：随身带了一把雨伞，没带帽子，中等身材，黑色卷曲的头发，鹰钩鼻，穿着一身旧的但是很整洁的衣服，衣服口袋鼓鼓囊囊的，带着一个装得满满的，变形的旧公文包，跟相貌普通的妻子和几个孩子住在一个带有一个很小花园的房子里，只有发了工资才能和妻子去看场电影…… 当读者读到这些句子时，仿佛 James Saxon 就站在眼前一样，给人一种身临其境的感觉。

课文还对芬兰青年 Matti Arpola 进行了描绘：At last，shortly after a quarter past six by Matti's watch，the train reaches Lakewell Junction，and Matti immediately sees Geoffrey waiting for him. They greet each other. At first Matti cannot find his ticket，but it is discovered in his bulging coat pocket. He gives it up to the ticket-collector and the two boys go off to find Geoffery's father's car. 下车时 Matti Arpola 找不到车票，后来发现在自己鼓鼓囊囊的衣服口袋里。当他看到 James Saxon 坐进一辆十分豪华的劳斯莱斯后，他说道："Who is that?" Matti asks. "Why is he getting onto that car? Where does he live? He looks like a poorly-paid clerk or a workman."最后突出了文章的主题"不要相信人的外表"。

通过对 Never Trust Appearance 课文的分析、学习，学生不仅学会了如何生动形象地描绘人物，也学会了如何欣赏描绘人物的语言的美感及文章整体的美感，从而进一步领会文章的主题"不要相信一个人的外表"。

（5）适当讲解英语记叙文、议论文、说明文及英文书信的写法，介绍英语四级考试相关知识，提高学生的英语实际运用能力并熟悉四级考试内容。

（6）穿插介绍英语国家的习俗及文化，提高学生对英语国家文化的了解，同时增强学生对不同文化之美的领悟力。例如：在讲授《普通高等院校少数民族预科英语教材》下册第六单元 When in Rome Do As the Romans Do 时，教师可以对日本、瑞典、墨西哥和埃及这四个国家的文化及习俗进行详细的介绍，让学生欣赏国外文化之美。又如在讲授《普通高等院校少数民族预科英语教材》上册第二单元 What We Eat and Drink 时，这篇文章中的第四段是这样的：On holidays，most of us eat special foods，year after year，even many things change，the food is always the same. One important holiday in the United States is thanksgiving. People in the United States usually sit down to a thanksgiving dinner with turkey and pumpkin pie. For all saints day on November 1，mothers in Guatemala make a special salad of meats and vegetables. In the Netherlands，mothers make spiced cookies for St. Nicholas's Eve early in December. One of the favorite Christmas foods in Norway is made with dried fish. Sometimes housewives begin weeks in advance to prepare the special foods that are traditionally served on certain holidays. 在讲授这段的过程中，教师可以对这段中的几个节日进行详细的介绍。例如：感恩节、圣尼古拉斯节的由来，万圣节的由来及这个节日里的两个代表性的活动——南瓜灯和不给糖果就捣乱。通过教师的介绍，学生不但

对西方的节日有所了解，也感受到了西方文化之美。

（7）根据课文内容让学生相互了解我国不同民族的文化及习俗，帮助学生领悟不同民族之特色美。如在《普通高等院校少数民族预科英语教材》上册第二单元 What We Eat and Drink 这篇文章中，作者对同一个国家不同地区的特色事物进行了介绍，在讲授这部分时，可以让学生介绍自己民族的特色食物及做法，不但可以让同学们了解各个民族的食物，还可以让同学们领悟不同民族食物的特色美。

（8）教学互动，提倡学生课下多思考、课上多发言，师生相互交流、讨论、学习，营造教与学的和谐美。

（9）加强审美教育，教书的同时，不忘育人。以先进实例激励学生的学习士气、端正学生的学习态度、影响学生的价值观与人生观，如在讲授《普通高等院校少数民族预科英语教材》上册第九单元 The Man in the Water — Not an Ordinary Man 时，教师播放一些舍己救人的真实事迹，在很大程度上使学生建立起积极向上的学习观念。以生活实例感染学生，使其能够不断深化对美的本质的认识，并在学习、生活中不断发现美、欣赏美，进而创造美，从而在大学教育过程中健康成长、全面发展。

以上诸要素应搭配合理、取舍得当、灵活运用，从而在教学中取得手段多维、措施多样、比例协调、和谐优美、整体统一的美学化效果。

三、民族预科英语课教学美学化的实践成果

笔者在近五年的民族预科英语教学过程中，从单纯板书教学到多媒体教学，在实施教学的过程中逐步渗透美学化思想与实践，取得了满意的教学效果。学生对教材、教师、教学的良好反馈逐年提升，考试成绩与学生的思想道德素质稳步提升。

（一）学生对教学效果的直接反馈

学生对教学效果的直接反馈是：教材适合教学要求、质量好；教师衣着得体、举止大方、精神饱满、态度端正、严谨治学、教书育人；教师对授课内容及相关领域熟悉，能吸收该学科的新成果，并对前沿成果予以评价；讲授思路清晰，表达清楚，条理分明，重点、难点突出，板书工整、结构合理，有助于学生记笔记；耐心回答学生课内外提出的问题，虚心听取学生的意见；讲授富于启发性，能激发学生的求知欲；教学内容充实，方法先进、合理，重视对学生思维方法的培养，能有效地调节课堂气氛，使学习轻松而活泼，重视与学生的交流，避免单调乏味；教学过程整体上和谐统一、富于美感；

教师讲授与学生接受知识的效率、效果均有提高。

（二）学生对教学效果的间接反馈

学生对教学效果的间接反馈是：学生参加英语各项活动及参加英语四级考试的数目明显增加，参加暑期社会实践活动的深度、广度不断加大，创业意识增强。

可见，民族预科英语课教学美学化的实践成果显著，既体现在直接的英语课教学方面，也体现在对学生人生观、价值观、世界观的积极影响方面。

四、结论

本文基于民族预科英语课的教学特点及美学理论，论述了民族预科英语课教学美学化的必要性及可行性，进行了相关理论研究，包括民族预科英语课教学美学化的原则、基础、目的、内容、途径、方法、措施等，介绍了民族预科英语课教学美学化的实践研究成果。得到了以下结论：

（1）民族预科英语课教学美学化是美学发展与民族预科英语课教学改革的共同需要，且具备相应的主客观条件。

（2）民族预科英语课教学美学化有其自身的规律，此规律基于美学理论及民族预科英语课教学特征。

（3）民族预科英语课教学美学化的方法、措施多种多样，可视情况选择使用，但要搭配合理、有机结合。

（4）民族预科英语课教学美学化的实践取得了良好的效果，证明了民族预科英语课教学美学化理论研究的正确性与价值所在，可在少数民族预科高校英语课教学中推广应用。

参考文献

[1] 李萍，于永顺．实用美学［M］．大连：东北财经大学出版社，2006.

[2] 王妍．整合与提升：美学课程在大学生素质教育中的作用［J］．黑龙江高教研究，2008（6）.

[3] 刘润清，胡壮麟．篇章语用学概论［M］．北京：外语教学与研究出版社，2001.

[4] 教育部普通高等学校少数民族预科教材编写委员会．普通高等学校少数民族预科英语教材，上册［M］．北京：国家行政出版社，红旗出版社，2006.

[5] 教育部普通高等学校少数民族预科教材编写委员会．普通高等学校少数民族预科英语教材，下册［M］．北京：国家行政出版社，红旗出版社，2006.

[6] 滕守尧. 审美心理描述 [M]. 北京：中国社会科学出版社，1985.
[7] 张世英. 从科学到审美 [J]. 中国大学教学，2006 (2).
[8] 蔡元培. 美学文选 [M]. 北京：北京大学出版社，1983.
[9] 王小舒，凌晨光. 审美艺术教育论 [M]. 郑州：河南人民出版社，2005.
[10] 赵丁玲. 大学英语教学中的美育渗透 [J]. 北京航空航天大学学报：社会科学版，2008 (6).
[11] 张大均. 教育心理学 [M]. 北京：人民教育出版社，2004.
[12] 林格伦. 课堂教育心理学 [M]. 昆明：云南人民出版社，1983.
[13] 李真. 英汉文化负载词语对比研究与党校英语阅读教学 [D]. 西南师范大学，2005.
[14] 陈玲玲. 跨文化视角下高中英语教学的中国文化导入研究 [D]. 苏州大学，2011.
[15] 解宏. 高中英语阅读教学行动研究 [D]. 首都师范大学，2007.
[16] 陈舒. 文化与外语教学的关系 [J]. 国外外语教学，1998 (6).

关于民族预科初等与高等数学衔接的教学实践与思考

张小香

[摘　要] 数学是一个基础性很强的学科，既需要我们拥有扎实的数学基础，也是学习和运用其他学科知识的前提。预科学生的数学学习主要分为初等数学和高等数学。两者是依次递进的关系，既有联系，也有差别。因此，如何将初等数学的学习与高等数学的学习衔接起来，便成为每个数学教育工作者必须面对的课题。在我国广大的少数民族地区，预科数学的教学存在着诸如物质条件有限、教学观念陈旧、人才不足、学生学习兴趣缺失等诸多问题。然而，受资金、人力、物力、财力的限制和制约，这些问题并不是轻而易举就能解决的。因此，在今后相当长的一段时间里，战斗在我国少数民族地区的广大数学教育工作者的中心任务将是拓展思路，努力想出更多更好的方法为有效衔接初等数学与高等数学而努力。本文在研究我国少数民族预科数学教学现状的基础上，对初等数学和高等数学的衔接实践进行分析和思考。

[关键词] 民族预科　教学实践　衔接

随着我国教育改革全方位、宽领域的深入，我国目前的市场对知识经济型人才的需求已越来越迫切，需求量也呈直线上升。在全社会都追逐技术进步和经济腾飞的时代背景下，社会自然而然地对我国的教育事业提出了更高的要求。另外，随着经济条件的好转，越来越多的教育投资也开始增加，各种类型的高等学校如雨后春笋般应运而生。与过去相比，现代人接受高等教育的机会高出了几倍。宝贵的机遇在给了人们提供求学机会的同时，也给现代教育事业带来了各种问题和挑战。我国的少数民族地区由于特殊的社会历史原因，其教育水平在很大程度上落后于我国的汉族地区，这也给生活工作在那里的教育工作者提出了更高层次的挑战。因此，如何才能让少数民族学生尽快适应预科数学的学习，已成为一个既现实又艰巨的问题。解决好学生对初等、高等数学教学的衔接问题，既是全面提高学生学习成绩的要求，也是深化高等教育改革的迫切需要。

预科学生的数学学习主要分为初等数学和高等数学。两者是依次递进的关系，既有联系，也有差别。在预科数学学习的衔接问题上，如何将初等数学的学习与高等数学的学习衔接起来是重中之重、难中之难。本文在研究我国少数民族预科数学教学现状的基础上，对初等数学和高等数学的衔接实践进行了分析和思考。

一、少数民族预科数学教学的现状

我国是一个多民族的国家，各民族都拥有着自己独特的文化和历史。相比汉族而言，我国的少数民族在科教文化方面较为薄弱。这里面有地域发展不平衡的原因，也有各民族文化历史不同步的原因，总之，目前我国少数民族学生的教育的现状与广大的汉族学生相比还是存在着很大的差距。受多方面因素的影响，目前我国少数民族预科数学教学的现状不容乐观。综观我国少数民族预科数学教学的现状，我们发现：在数学学习的过程中，少数民族学生对预科数学教学中初等数学与高等数学的学习，常常会出现脱节的现象。

（1）初等数学是学生在上大学之前数学学习的主要内容，是一个学生从小学到高中12年学习的主要课程。12年的思维和习惯让学生对初等数学的学习基本形成了自己的风格和方法。而高等数学是学生进入大学之后第一个需要接触的课程，与初等数学相比，高等数学的理论性和系统性更深，学习难度也更大。

（2）大学学习更加强调和注重自主学习，这也在无形之中加大了学习难度。已习惯于在初高中时灌输型教学的学生在进入大学之后常常会不知所措，不知道该如何自主地开展数学学习。

（3）在坚持学习一段时间以后，有相当一部分学生（包括一些高考数学成绩较好的学生）开始对高等数学产生了畏惧心理，并且从内心开始厌倦，学习兴趣直线减退，成绩也开始下滑。

（4）在我国广大的少数民族地区，预科数学的教学依然存在着诸如物质条件有限、教学观念陈旧、人才不足、学生学习兴趣缺失等诸多问题。然而，受资金、人力、物力、财力的限制和制约，这些问题并不是轻而易举就能解决的。因此，在今后相当长的一段时间里，战斗在我国少数民族地区的广大数学教育工作者的中心任务将是拓展思路，努力想出更多更好的方法为有效衔接初等数学与高等数学而努力。

初等数学是高等数学的基础和准备，怎样从初等数学的学习过渡到高等数学，是目前我国民族预科学生面临的一个绕不过的难题。为了更好地解决这个难题，我们不得不正视另外一个问题，那就是：如何解决好少数民族预科学生对初等数学与高等数学的衔接问题。为了尽快让学生适应新的学习环境，掌握大学里的新的学习方法，数学老师必须主动挑起这份重担。

二、初等数学与高等数学的关系及衔接问题

（一）两者的关系

初等数学与高等数学在知识上高度联系、在难度上依次递进。初等数学是高等数学的基础，高等数学是初等数学的升华，二者相互渗透，不可分割。随着我国目前中学数学教学改革的不断深入，中学数学已经被渗透进了越来越多的高等数学的相关知识。而对高等数学的学习也是建立在初等数学的基础之上的。

（二）衔接上存在的问题

学生对初等、高等数学的学习出现脱节的现象，主要原因在于中学实施新课标以来，对中学数学内容作了较大程度的调整和删减。虽然，从整体上看，知识点变得更加宽了，但知识结构却表现得较为松散。一方面，很多高等数学需要具备的基本知识点被过多地删除了；另一方面，新课标又把某些较为基础和简单的高等数学的部分内容下放到了高中教材里。这样一来，学生就陷入了半生不熟的两难境地：该为高等数学做好准备的知识没有涉及，涉及的高等数学内容无论是知识起点、内涵还是深度都远远不能满足今后的大学数学学习。于是，学生在对该部分的知识内容进行学习之后，便出现了似懂非懂、一知半解、知其然不知其所以然的尴尬局面。很多知识只能简单地停留在了解的层次上，很多题目的解答也只能靠刻板地模仿来完成。

下面我们具体列举几类初高等数学在衔接上的几个典型问题：

1. 函数概念上的衔接问题

数学的学习过程就是不断地建立各种数学概念的过程，数学概念是数学思维的细胞。函数是数学的基础概念之一，它是贯穿中学代数的一条主线，也是高等数学研究的对象。因此，做好函数概念的衔接是大幅度提高高等数学教学质量的需要。

函数是基础数学中的一个重要概念，初高等数学中函数概念存在着衔接上的重要问题。首先，高等数学函数是这样定义的：设 A 是实数集 R 的非空子集，若 x 属于 A，按照对应规律，f 都对应唯一一个 y，且 y 属于实数集 R，则称对应规律 f 是定义在 A 上的函数，记为 $f\ (A)$。这样的函数定义对基础较差的学生来说是比较难理解的，因为中学数学中映射和函数的定义为：设 A、B 是两个集合，如果按照某种对应法则 f，对于集合 A 中的任何一个元素，在

集合 B 中都有唯一的元素和它对应，这样的对应叫作从集合 A 到集合 B 的映射。正是这种定义方式和表达上的不同，让学生对初高等函数概念在衔接上的理解变得困难。

2. 消元法解线性方程组和矩阵的衔接问题

矩阵是高等代数的基本内容之一，也是高等数学的组成部分，它是解线性方程组的一个有力工具。在高等数学矩阵的学习中，我们不可避免地要与另外一种方法进行比较。作为初等数学中解线性方程组的一种常见方法，消元法与高等数学中的矩阵有着很多相同的地方。两者在解题思路和技巧上具有很大的联系。但同时，作为两种方法，它们又有着各自的不同之处。可以说，高等数学中的矩阵是初等数学中消元法解线性方程组的延续，但是，与初等数学相关内容相比，矩阵这部分的内容不仅计算量较大，而且枯燥无味，在学习中更需要明确的目的和兴趣作为支撑。因此，如何做好两者的类比和衔接工作，已成为每个数学教育工作者必须面临的难题。

3. 因式分解中的衔接问题

因式分解是初等、高等数学学习中都会接触到的一类知识，与初等数学相比，高等数学对因式分解的讨论比较深入，注重理论上的研究，因此也更加抽象难懂。因此，如何引导学生将初等数学中的因式分解内容过渡到高等数学的相应内容当中，也成为数学教师不得不思考的问题。在讲解高等数学因式分解内容的同时，数学老师要注重对初等数学知识的温习；一方面要努力讲解两者的联系，提高学生对学习因式分解的兴趣和信心。另一方面，高等数学老师还应该让学生通过高等数学相关内容的学习，更加明确高等数学中的复系数及实系数因式分解的定理。此外，还需要注意一点：不可约因式的概念是高等数学与初等数学在因式分解环节的一个重要衔接点。透彻地理解了这个概念，就能真正将初等、高等数学因式分解环节衔接起来了，形成一个系统的知识结构。

三、关于衔接教学的实践和思考

（一）衔接出现问题的原因分析

1. 教学方法不同

初等数学主要在中学数学的教学过程中出现，由于受到中学生知识水平和年龄智力等多方面因素的限制，中学数学教学的主要方法为引导式。具体就是通过老师的讲解，学生被动地接受各种知识点。然后结合教辅资料和老师的总结归纳，学生按照特定的步骤和方法进行读题解题的过程。另外，中学数学教学还面临着一个极其现实的问题，那便是高考。高考的数学分数直接影响着中学数学的教学方式和方法。面对高考的种种压力，中学教师在对初等数学进行讲解时，更加注重对题目类型的分类、解题步骤的规范和解题技巧的归纳等方面。在细致讲解的基础上让学生反复练习，力求熟练，已成为中学数学教学的主要模式。有时候，为了让中学生把概念理解得更加清晰，中学数学老师甚至不惜采用描述性的方式将某些数学概念具体化、直观化，以求通俗易懂。

然而，在大学高等数学的教学中，教师更加注重如何将数学的定义、关系、性质和证明的逻辑讲清楚。这一点与初等数学有着本质的区别。初等数学教学注重解题，而高等数学教学注重逻辑。通过形式上的逻辑关系，不断演绎、推理，最后进行严格地证明，从而完成由最抽象的概念到最一般化的结论再到最简练的表达方式的数学推理过程。此外，高等数学的学习更多的需要学生自己钻研，通过自己看书的方式来逐渐形成和领悟出一套属于自己的数学思想和方法。

2. 难度和容量不同

我们在这里要讲到的难度，主要是从两个方面来说的：

（1）概念更加抽象晦涩。仔细对比高等数学与初等数学中的相关概念，我们可以发现，前者更加抽象难懂。

（2）学生的固定思维难以转换和适应。

刚刚进入大学，学生从小学开始形成的各种学习习惯和观念都还没来得及转变过来。对大学教师新的教学方法又很陌生，就会产生不适应感。另外，为了督促和鞭策大学生在课余时间自学，大学课程通常都安排得并不是很充足，很多预习和复习的功课都需要大学生自己在课下面完成。因此，大学课堂教学的容量比中学教学不止增大了一倍。难度增加了，容量加大了，二者衔接起来困难显而易见。

3. 学习方法的不同

对中学初等数学的学习和大学高等数学的学习在方法有着本质的不同。我国少数民族预科班的学生在以往的学习过程中都会逐渐形成自己的学习方法，在大多数情况下，这种学习方法在以往的学习乃至高考中都起到了重要而关键的作用。这时候，他们不仅已经完全熟练地掌握了这种学习方法，而且对这样的学习方法已形成习惯，甚至有一种惯性的依赖。但这种中学时期遗留下来的学习初等数学的方法常常是被动接收的，大多数呈现出教师提供解题方法、总结学习内容、梳理知识体系，学生依样画葫芦的状态。而大学高等数学的学习，无论是其难度还是深度都要求学生拥有更多的主动学习的能力。

4. 思维定式的影响

思维定式是指学生在长时间的学习过程中逐渐形成的一种稳定和牢固的特定思维方式。这种思维方式可能在过去的学习中给学生带来了一定的收益，起到了一定的积极作用。但另一方面，它也严重限制了学生新思维方式的形成和发展，并极大地影响了学生学习适应能力的提高。在这种惯性思维的影响下，当原有概念与新概念、原有解题方法和新解题方法出现冲突时，学生极容易对这些存在差异和分歧的地方产生困惑和误解。在陷入困境之后，学生通过一番思考依然找不到答案，大脑就会自动沿着旧有的思维路径找到原有的模式，最终从内心深处拒绝接受新知识、新概念。例如：在初等数学的解题方法中，我们习惯了在遇到无理式时要将其进行分母有理化，而在高等数学中，由于解决问题的需要，却经常要用到分子有理化。这个小小的改变，反映的却是一种思维的逆向。思维定式不仅能让学生把数学的认识局限在一个狭窄的范围内，而且必将限制学生学习数学的兴趣和对数学知识的融会贯通。

（二）对策研究

1. 重视宏观教学，做好引导工作

简单地说，宏观教学就是指在数学特殊的思维方式和方法的基础上，以专题或系列的方式，站在数学模块的大角度上进行教学。具体地说，就是注重对所学课程脉络和板块的梳理。主要表现为：先要弄清楚研究的对象和目的，在理解研究方法和手段之后，明白所学知识在整个课程中占据的地位以及与其他章节之间的关联等。由于中学生在初等数学的学习过程中，目标比较明确且相对单一，在通过了高考这座独木桥并进入大学学习之后，学生学习初等数学时的目标就随之消失了，这时候的学生极容易失去学习的动力。所以，提高初入学的预科学生的学习自觉性和主动性，对高等数学的宏观教学不仅十分必要，而且是必须的。

学生只有在清楚地了解了高等数学理论体系的基本脉络和分支之后，才能真正理解和接受高等数学研究的主要对象——函数。教师只有努力把宏观教学的思想和实践渗透到每一堂课的教学过程当中，精心设计教案，合理组织内容，才能让学生弄清概念、明确方法，真正做到心有所得。

2. 加强相关知识点的教学衔接

如果说，宏观教学的思想是大学高等教育老师的主要任务，那么加强相关知识点的教学衔接则是中学、大学数学教师共同的职责。值得庆幸的是，目前这样的工作已经有相当一部分的教育工作者开始着手。翻开近年来的高等数学教材，我们可以惊喜发现，其编定的顺序几乎无一例外的都是传统初等数学的思路，这一改变无疑对我国目前高等数学与初等数学的教学内容脱节现象有益无害。加强初等、高等数学相关知识点的教学衔接工作，不仅需要中学教师在教授初等数学知识的时候自主引申提高，让新课标实施初等数学教学的同时，也将部分高等数学的内容下放到中学教材的讲解和延伸当中。更需要大学教师在讲授高等数学时，多注重与初等数学的呼应和类比。一方面，在了解差异的基础上，全面了解初等数学与高等数学教材，通过对大学高等数学教材与中学初等数学教材的细致比较，掌握它们之间差异，并做到心中有数。以便在高等数学教学的过程中有的放矢，帮助学生构建新的数学知识结构。

3. 融入数学建模

建立数学模型的方法一直是数学学习的一个较为常见和有效的方法。数学建模最大的优势在于它能够发展学生的想象力，进而激发他们的创新精神，最终提高学生综合、分析问题的能力。因此，在高等数学的学习中引入数学建模，是培养和提高学生数学综合能力的一条有效途径。在高等数学教学的过程中，大学教师可以首先将数学建模的思想在日常课程中渗透到高等数学诸多的概念当中，以便培养学生自主建模的意识。从大范围上看，高等数学涉及的内容较为宽泛，知识点也较多，囊括了函数、极限、导数、积分、级数等概念；但实际上，这些都只是数学建模过程的具体再现。因此，数学教师可以从数学建模的视角来讲授高等数学中的各种概念，不仅可以加深学生对数学概念的理解，而且能强化学生的数学建模意识。另外，教师还可以在日常教学的过程中，有意识地增加数学建模案例的讲解，以培养学生的数学建模能力。

4. 加强数学思维的培养

当对数学的学习进入到大学阶段的时候，我们就应该意识到：数学已经不再单纯地是一种学科工具，它更是一种文化。数学最伟大、最精髓的地方在于，它为人们提供了一种分析问题和解决问题的思想和方法，是其他学科学习的基础和钥匙。无论是初等数学还是高等数学，我们都应该看到它们作为数学的一种共性，即思维性。数学思维才是连接初等数学和高等数学的桥梁。因此，要想真正解决我国少数民族预科学生对学习初等数学与高等数学的衔接问题，数学教师的任务将不再只是向学生传授数学知识，更重要的是培养学生们的数学思想、观念和能力。这种思维和能力的培养，并非一日之功，因此，我们只有将这种培养的意识贯穿于中学和大学数学教学的每一个微小过程当中才会有成效。

5. 努力培养学生的学习兴趣

俗语说得好："兴趣是最好的老师。"当一个学生对某件事真正感兴趣的时候，那么所有不利的外在条件都变得微不足道，因为他的热情会化解所有的困难，学习效率也会迅速提高。对我国少数民族预科学生学习初等、高等数学兴趣的培养，可以通过多种手段和渠道来完成。一方面，老师要努力拓展更多的渠道，尽力消除应试教育对学生的压力和影响，多与学生沟通和交流，想各种办法让数学学习成为一种既快乐又有趣的事，使学生明白数学对其他课程的促进作用和巨大帮助，最大可能地减轻学生对来自考试和分数方面的巨大压力。另一方面，老师还需要经常和学生打成一片，引导学生对学习数学产生兴趣，并且要对每个想要学好数学的学生，耐心辅导，积极鼓励。

参考文献

[1] 程文俊．我国少数民族预科教学的困境［M］．济南：山东数字出版社，2010.

[2] 崔原．论初高等数学衔接教学的技巧［J］．数学报，2011（2）.

[3] 邹啸．这样学好初高等数学［J］．数学评论，2009（6）.

[4] 王啸坤．衔接教学的实践和思考［M］．北京：科技出版社，2002.

[5] 张小平．预科班数学的教学研究［J］．中国数学报，2012（4）.

[6] 张玉春．浅谈如何从初等数学过渡到高等数学［J］．数学学习报，2008（1）.

[7] 何舒兰．论少数民族预科教学［M］．北京：中国数字出版社，2011.

[8] 王伟．关于少数民族预科教学的思考［J］．数学报，2004（10）.

[9] 王新春．论初等数学与高等数学的衔接问题［M］．北京：中国数学出版社，2012.

[10] 马建时．有关高等数学教学的思考［J］．数学报，2002（1）.

民族预科生数学学习自我效能感影响因素及解决对策

张小香

[摘　要] 我国是一个多民族的文化大国，在拥有56种形式各异的灿烂民族文化的同时，也不可避免地存在着各民族科技文化发展水平参差不齐的问题。由于文化历史和发展程度等多方面的原因，我国少数民族的教育水平一直滞后于全国基本水平。造成这种长期滞后现象的原因是多种多样的，特别值得一提的是学生学习自我效能感的影响。自我效能感是社会认知理论中的一个重要的概念，在心理学中具有重要的健康功能和现实意义。自我效能感是人的一种自我意识，它反映了一个人自己感知自己的程度，也决定了一个人该如何去感受、思考、自我激励并采取行动。由于自我效能感能直接作用于人们的心理和意识，并最终影响到行动和结果，因此，对它的研究不仅可以丰富相关理论知识，而且能看到立竿见影的现实作用。我国少数民族预科班学生的数学学习一直是一个让人头疼的问题。虽然少数民族学生受历史原因影响，先天具有数学知识不扎实的弱点，但更为突出的一个问题却是预科班学生的数学学习自我效能感的影响。本文以我国少数民族预科班学生为主要研究对象，深入探讨影响学生数学学习自我效能感的各种因素，并在此基础上，找到解决问题的方法和对策。

[关键词] 民族预科　自我效能感　影响因素

一、民族预科生数学学习现状及效能含义

我国少数民族预科班学生的数学学习一直是一个让人头疼的问题。虽然少数民族学生受历史原因影响，先天具有数学知识不扎实的弱点，但更为突出的一个问题却是预科班学生数学学习自我效能感的影响。本文以我国少数民族预科班学生为主要研究对象，立足于我国目前预科教育的现状，深入探讨影响学生数学学习自我效能感的各种因素，并在此基础上，找到解决问题的方法和对策。

（一）少数民族预科学生数学学习的现状

在我国的广大少数民族地区，为了保护各民族独特的文化和语言，国家政策鼓励并提倡各少数民族使用自己的母语和方言。因此，在入学之前，我国部分少数民族学生基本没有机会过多地接触汉语。进入学校以后，在接受教育的过程中，各种资料和书籍都使用的是汉语文字，且学校教育多以汉语为主要教学语言，因此，对于一些母语文化保留得较为完好的少数民族（如蒙古族、朝鲜族等）学生来说，学习起来难度就很大。另外，数学原本就是一个很注重逻辑和理解的学科，对数学的学习基本都是建立在对汉语的理解和运用当中。因此，如何解决好我国少数民族地区的数学教育问题，是一件重要的事情。

目前，我国少数民族预科学生的数学学习基本停留在初级阶段，与汉族学生具有相当大的差距。可以说，少数民族预科班学生的数学学习情况不容乐观。通过仔细研究我们可以看到，除了民族历史原因之外，我国少数民族学生自身也有一些先天性的问题，这一点主要表现在少数民族预科班学生在学习数学的心理状态上。在数学学习过程中，心理因素占据着相当重要的地位，在少数民族学生这个特殊人群当中，自我效能感的影响尤为突出。主要表现在以下几点：

（1）由于少数民族地区学生的数学基础较为薄弱，在学习数学的过程中难免会觉得困难重重，因此，预科班学生学习的自我效能感普遍很低。

（2）少数民族地区的数学教师对学生自我效能感的作用和意义普遍认识不足，因此，干预和引导就更加少之又少。

（3）少数民族家庭对孩子学习的自信心和自尊心照顾得也很不够，对孩子的学习常常采取打击和惩罚式的教育，这在无形之中也对学生学习的自我效能感产生了负面的影响。

（二）自我效能感

1. 含义

最早提出自我效能感概念的是美国著名心理学家班杜拉，他指出：自我效能感是人对自己能否成功完成某一行为的主观判断，是一种对产生某种特定结果所需要的组织与执行行为过程的能力信念。自我效能感是社会认知理论中的一个重要的概念，在心理学中具有重要的健康功能和现实意义。由于自我效能感能直接作用于人们的心理和意识，并最终影响到行动和结果，因此，它是自我系统中起核心作用的动力因素，是人类行为操作中的一种强大力量，在控制和调节行为方面有着不可估量、不可替代的作用。

2. 作用

自我效能感在各个领域会呈现出各种不同的形式和特点，在学习领域，更多的是自我效能感在学习领域内的一种心理状态的具体表现。它细致入微地反映了一个个体对自己控制学习行为和学习成绩综合能力的一种主观上的评价和判断，是对自己能否利用所拥有的能力和技能去完成学习任务的自信程度的评估和预测。它直接影响着学生的行为选择。包括学习与不学习、怎样学习以及用多大程度的努力去学习、持续多长时间的学习等。学生对自我效能的判断将直接决定他对学习内容和选择以及努力的程度。他们往往倾向于回避那些他们认为超过他们学习能力以外的任务和知识，而喜欢接近和钻研那些他们认为能够把握和掌控的方面。

总之，学习自我效能的增加不仅能促使学生为自己设定更富有挑战性的目标，而且有助于激发学生内在的学习动机，增加其对学习的坚持性。甚至可以说，学生自我效能感的好坏直接决定学生学习成绩的好坏。

3. 培养方法

学生学习自我效能感的形成往往不是一朝一夕的功夫，其形成的原因也是多方面的。我们在研究培养方法的时候，需要结合影响自我效能感的主要因素对症下药。因此，培养的方法归纳起来主要有以下三点：

(1) 教师和家长可以通过言语劝说来达到激励学生学习积极性的目的。在劝说和交流的过程中，家长和老师一方面要善于挖掘学生的长处和优势，引导他们利用自己的天赋和经历取得学习上的成功，建立起对学习的强烈自我效能感；另一方面教师还要善于发挥成功学生的典范作用，在日常的教育和管理实践中，应格外留意为学生提供一些近在身边的典范。当然，在范例的选择上既要有可效仿性，又要有可接近性。一定要在激励和达到之间找到一个平衡点，不然，激励作用不仅会失效，而且容易激起学生的自卑感和挫败感。此外，老师还要有意识地培养学生积极归因，积极引导学生将成功归因于那些内部的、稳定的因素。

(2) 帮助学生制定合理可行的目标。制定出来的目标既不能过高，让学生一看就望尘莫及；又不能太低，激不起学生学习的欲望。比现实要高一点又切实可行的目标，可以让学生在实现目标的过程中自觉提高自我效能感，激发他们潜在的学习热情和动机。

(3) 情感的唤起。这一方法主要是通过影响学生的情绪和意识来达到提高学生自我效能感的目的。这种情感上的召唤，既有家长和老师对学生的关怀和喜爱，也有同学之间的团结友爱。这些都会对一个学生的心理和行为产生重要影响，并最终促使预期效果的达成。

简言之，我们可以通过以上三种方式来提高学生学习的自我效能感，降低他们自我怀疑的程度，并最终增强他们内在的优势感和自信心，使他们能更好地适应学习，提高学习成绩。

二、自我效能感与数学学习的关系

本文随机抽取了一批在校学生，对他们的自我效能感与数学学习之间的一系列关系作了简单的调查问卷，得到如下几个表格和结论。

（一）数学学习自我效能感的性别差异

本文的调查研究使用的是数学学习自我效能感量表，它人为地将学习自我效能感分为学习行为自我效能感和学习能力自我效能感两个独立维度。为了了解在校学生数学学习自我效能感的性别差异，我们随机抽取了两个班的学生，对其进行了测量，并将结果进行 t 检验，调查结果如表 1 所示。

表 1　学生学习自我效能感的性别差异

项目 / 分类	男生 $n=44$		女生 $n=53$		
	x	s	x	s	t
学习行为自我效能感	19.32	4.23	19.67	4.1	0.21
学习能力自我效能感	29.34	7.24	29.12	7.93	-0.31
学习自我效能感	49.67	10.91	49.54	10.83	-0.12

由表 1 中我们可以看出：在校学生数学学习的自我效能感不存在明显的性别差异。

（二）学生数学学习自我效能感与数学成绩的关系

随机选取在校学习的一个班级的学生，在收集分析他们十次数学成绩和学习自我效能感量表的测量结果的基础上，我们计算出了在校学生数学学习自我效能感与数学成绩的关系，结果如表 2 所示。

表 2　学生数学学习自我效能感与数学成绩的关系

属性	数学成绩
学习行为自我效能感	0.46 * *
学习能力自我效能感	0.58 * *
学习自我效能感	0.55 * *

注：* * 表示相关性系数 $p<0.01$。

从表2中我们可以看到：在校学生数学学习的自我效能感的两个维度——学习行为自我效能感和学习能力自我效能感与该学生数学成绩之间存在着极为显著的相关关系。深入分析我们发现：在校学生数学成绩与数学学习自我效能感总分、一般数学自我效能感、克服困难的数学自我效能感、灵活思考的数学自我效能感、学习监控的数学自我效能感均呈显著正相关。表明学生在一般的数学自我效能感、克服困难的数学自我效能感、灵活思考的数学自我效能感、学习监控的数学自我效能感这四个维度及总的数学自我效能感上得分高的，他的数学成绩也高；在数学自我效能感总分及其他四个维度上得分低的学生，数学成绩也低。

（三）对学生数学学习自我效能感的影响因素

自我效能感是人的一种自我意识，是个人对自己从事某项工作所具备能力的一种自我评估，反映了一个人自己感知自己的程度，也决定了一个人该如何去感受、思考、自我激励并采取行动。影响个人自我效能感的因素是多方面的，主要体现在以下三个方面：

1. 个人经历

一个人对即将要开始的某一行为的成功概率的感知在很大程度上取决于这个人过去的经历，特别是过去与接下来将实行的行为较为相似的经历。过去成功的经验能够瞬间提高个人的自我效能感，而过去多次的失败则会降低这种自我效能感。在这里格外值得一提的是，如果一项行动在刚刚开始时便失败了，那么这种影响力将更盛。因为这个过程不能反映出自身努力的程度以及环境的不利因素，也就很容易使人将失败归咎于自己能力上的不足。另外，不同的人对过去经历的敏感性也各不相同，受过去经验影响的程度也不一样。如果一个人先前就已经具备了很强的自我效能感，那么偶然的失败便不会影响其对自己能力的判断，此时他更有可能在环境或其他外界因素上寻找失败的原因。

因此，我们可以说：在数学学习的过程中，学生曾经和过去的数学学习状态和数学成绩的好坏对该学生当前数学学习自我效能感的影响巨大。

2. 他人经验

与个人经历相对应的还有他人经验，人们感知这个世界的途径常常有两种：一种是通过亲身参与各种社会实践，从中获取这个世界的信息；另一种则是通过观察别人的经历而得到的替代性经验。由于每个人的时间和精力都是有限的，很多事情往往并没有机会一一经历，只能通过对他人经历的观察来完善。当人们看到与自己相近的人成功了，往往能促进自我效能感的提升，进而增加实现同样目标的信心；但倘若看到与自己相近的人失败了，尤其是在付出了很大的努力之后还是失败了，那么这样势必会降低自我效能感，让人觉得自己成功的希望也不大。此外，当一个人对自己某方面的能力缺乏现实的判断依据或相应的知识时，这种从他人处得到的间接经验的影响力表现最大。

因此，我们可以认为：在数学学习的过程中，学生所选取的参考和比较的对象的学习状态和成果对该学生数学学习自我效能感的影响巨大。这里面最重要的一点是，该学生看到、认识到和感受到他人学习的努力程度也是一个很重要的参考点。

3. 情绪和心理状态

一个人在较为紧张、焦虑的情绪下，更容易降低其对自我效能的评价和判断。而相应地，如果一个人在较为轻松、自然的状态下，就更容易获得相对较高的自我效能感。作为一种特殊的自我意识，个人自我效能感其实也是心理状态的一种。因此，个人情绪和心理对它的影响便可想而知了。

在进行数学学习的过程中，如果该学生对数学表现出浓厚的兴趣和爱好，且满怀激情和信心地参与到数学学习当中，那么他（或她）的数学学习自我效能感便会维持在一个比较好的水平，学习的效果也较为明显和乐观。相反，如果一个学生对数学学习毫无兴趣且极度反感，始终提不起精神，甚至惧怕学习数学，那么，这样的学生其数学学习的自我效能感必然不高。

以上所陈述的三种影响因素常常综合起来共同对自我效能感起作用。

三、解决对策

（一）构建有效的家庭学校环境

研究发现，在影响我国少数民族学生数学学习自我效能感的诸多因素当中，家庭和学校整体环境的影响表现得尤其突出。家庭是一个孩子最早、最多、最深刻的学习和成长的环境。在家里，父母的教育方式、家庭的经济状况和居住地区的发展水平都会影响到少数民族学生数学学习的自我效能感。由于我国少数民族大多积聚在较为偏远和落后的地区，那里的经济和文化水平都不是很高，另外，家长对孩子的自我效能感的认识基本为零，因此，我国少数民族预科班学生数学学习的自我效能感问题较为棘手。在这样的背景下，学校应该协助家长营造一个平等民主、充满关怀和信任的家庭教育环境。与此同时，学校还应该努力为学生构建一个温馨有效的学校环境，让学生在一个宽松、和谐、平等的师生关系中学习，更多地感知到自己正在被很多人承认、信任和理解。

（二）指导学生正确归因

根据心理学上的归因理论，我们可以认识到：当一个人将自己完成某种活动的成功结果归因为一些内部的、稳定的因素时，往往能产生较高的自我效能感；相反，如果一个人将自己做某件事情成功的原因归结于外部的、可变的因素时，则常常容易产生较低的自我效能感。我国少数民族预科班学生的情感归因方式对他们学习的自我效能感的产生、维持、改变和消失起了重要而关键的作用。因此，我们可以通过有效引导学生正确归因来增强少数民族学生数学学习的自我效能感。

想要真正做到积极引导、有效指导，少数民族地区学生的家长和老师必须做到以下几点：首先，家长和教师要对正确归因的意义拥有统一且全面的认识，并且善于把握和抓住生活和学习中的机会和细节，引导学生找出成功或失败的真正原因。既要防止学生自我辩护式的防御性归因，也要对学生正确的归因加以肯定和强化。其次，学校还可以通过集体心理辅导和训练的方法消除学生对失败的恐惧和逃避，逐步形成将成败归因于个人主观努力的结果，从而达到培养和提高少数民族学生自我效能感的目的。

（三）积极关注，有效劝说

毫无疑问，生活中的每个人都向往着来自身边人的正面关怀和关注。现实生活中，每个人也不可避免地会对身边人的言语和评价在乎和敏感。每一个积极上进的人都希望得到他人和社会对自己的肯定和赞扬。很多时候，人们也是通过这样的方式来感受到自己存在的价值和他人的尊重的。学生作为社会的一个小分子，身体和心理尚未发育完全，对身边人（特别是家长、老师和同学）的评价更是看得格外重要。心理学家研究表明：当老师对学生传达一种积极的期待并被学生所接受时，学生会因此变得更加自尊、自信、自爱和自强，这种感觉会让学生产生一种内在的动力，促使他们潜在能力的充分发挥。他人或社会的关注、指导、建议及鼓励，能够帮助学生形成对自己的效能信念。老师和家长可以通过积极关注、有效劝说的方法来提高少数民族预科班学生的自我效能感，提高他们的心理健康水平，并最终促进学习成绩的提高。

（四）重视并尊重民族文化教育自身的发展

目前，我国少数民族地区教育水平普遍偏低的原因：一方面在于过去遗留的历史文化问题；另一方面还在于少数民族自身。在汉族科技教育水平明显占优势的基本国情下，我国少数民族预科班的学生在心理上始终充满着一种对自己民族文化的复杂感情。既热爱着本民族的奇异文化，同时又对本民族的教育科技水平的落后而感到恐慌和自卑。在这种微妙而复杂的背景下，战斗在我国少数民族地区的广大教育工作者应该调整自己的姿态和心态，在日常教学的过程中，一定要从内心深处尊重并重视我国灿烂的民族文化，努力推动建设民族教育具有跨民族性、跨文化性、跨学科性的全面发展。在充分认识少数民族教育在社会中的重要性的前提下，寻求发展民族教育的特殊规律和途径。既要认清我国少数民族教育不同于主体教育的特点和规律，又要认清民族教育内部的差异性。在尊重少数民族文化和学生的基础上，努力缩短民族教育与主体教育之间的差距。

自我效能感在我国少数民族预科班数学学习中的作用已不言而喻，如何从根本上有针对性地提高学生数学学习的自我效能感，是一个既有理论意义又有实践价值的重要课题。要想从根本上改变我国少数民族预科教育落后的基本状况，不仅需要来自学校、家庭和学生自身的共同努力，还需要来自国家和社会的大力支持，可谓任重而道远。然而，任何一个民族想要生存、发展，并不断取得进步，都必须不断探索、不断学习，我国少数民族教育的发展也应如此。我们广大的理论工作者和教育工作者都应该在自己的专业和领域为我国少数民族预科学生数学学习自我效能感的提高贡献自己的力量。这不仅能进一步扩展和丰富各应用领域中自我效能感的实现，而且能对已经形成的现有理论进行再验证和再完善。

参考文献

[1] 林曼华．浅谈我国少数民族预科教学［M］．北京：中国科技出版社，2012.

[2] 庄小飞．如何提高学生学习自我效能感［J］．数学报，2003（4）.

[3] 贾益达．关于自我效能感影响因素的研究［J］．中国学习评论，2007（8）.

[4] 王洋．提高学生自我效能感的实践和思考［M］．北京：中国科技出版社，2002.

[5] 张轩．促进学生自我效能感的研究［J］．中国数学报，2011（3）.

[6] 潘冰．浅谈学生自我效能感低下的措施［J］．中国教育学习报，2008（1）.

[7] 杨立新．论我国少数民族学生的数学教学［M］．北京：中国教育出版社，2011.

[8] 白抗抗．对目前我国少数民族预科教学实践的思考［J］．数学报，2003（1）.

[9] 周磊新．论我国少数民族学生的学习心理［M］．北京：人民教育出版社，2012.

[10] 汪家洲. 对目前我国少数民族预科学生心理研究 [J]. 心理健康报, 2008 (8).
[11] 韩明开. 少数民族预科班学生教育 [M]. 北京: 人民教育出版社, 2012.
[12] 何小龙. 我国少数民族预科学生数学学习研究 [J]. 数学报, 2008 (8).

试论民族预科语文的生态化教学

顾　莎

[摘　要] 生态化教学是时代发展中生态问题出现后人类反思生态规律的结果，本文首先对生态化教学的概念进行了梳理概括，生态化教学是社会经济发展的必然结果，是教育改革与发展的方向，是思想文化发展的客观要求，最后提出了在民族预科语文教学实践过程中从教师和学生两个主体方面着手建构平等、民主、生态化师生关系的构想。

[关键词] 民族预科　语文教学　生态化教学

生态化教学是时代发展中生态问题出现后人类反思生态规律的结果，现代化所造成的生态破坏及温室效应所引起的生态变化和产生的一系列生态灾难已经威胁到人类的生活质量和生存环境。因而，建立一个从生态的角度来研究文学，再从文学的角度来影响有利于生态平衡和可持续发展等政策的形成与实施的意识氛围，已成为文学研究者及课堂上生态意识的启蒙教学者义不容辞的责任。

一、生态化教学的含义

“生态”一词最初见于生态学，是指一定地域（或空间）内生存的所有动植物之间、动植物与其所处环境之间的相互关系，它强调系统中各因子之间的相互联系、相互作用以及功能上的统一，含有系统、整体、联系、和谐、共生和动态平衡之意。

对生态化教学的理解主要有三种：

①有关生态主义理论的教学，即教学内容是有关生态问题方面的，如环保课程等；

②以生态主义理论为指导发展起来的教学及其理论；

③为了实践生态主义而发展起来的教学，这主要指在生态主义理论指导下，形成的种种具体的教学形态。

本文将生态化教学理解为：生态化教学就是运用生态学原理和生态主义

理论研究教学问题，强调以一种生态的眼光、态度、原理和方法来关照、思考、理解、解释复杂的教学问题，并以生态的方式来开展教学实践，可以说生态化教学既是一种教学理念，也是一种教学实施策略，它在以“系统观、整体观、联系观、和谐观、均衡观”为原则指导下的民族预科语文生态化教学的特征主要体现在以下几点。

（一）民族预科语文生态化教学最典型的本质特征是个体的生命性

生态化教学强调尊重生命以及学生的个性，目标在于培养身心健康和全面综合发展的生命个体。一方面，学生是有着自然生命特征的自然人，而人的生命具有整体性和长远性的特征，在人一生发展的过程中，受教育是其中的一个阶段，虽然占据着重要的地位但并不是人生的全部。众所周知，传统的教育重视学生的知识教育，以升学、高分作为衡量学生的标准，忽视学生其他方面的综合发展，甚至以知识教学来替代对学生进行的作为一个完整意义上的人的教育，这对学生未来长远的可持续发展造成了重大伤害。另一方面，学生是具有不同生命特征的个体，家庭环境、社会环境使每个学生拥有不同的人生经历、兴趣爱好、性格性情，也就塑造了他们丰富多彩而又充满多样性的人生天地。当前，自然界许多物种的濒临灭绝引起了全球人士的关注，同样，在民族预科教育方面也面临着教学多样性缺失的问题，其灾难绝不亚于自然生态和文化生态的危机。从微观层次来看，它不利于学生健康、和谐、全面的发展，学生在这样的体制下往往很难保持个性，创新能力较差；从宏观层次来看，它也不利于一个国家长远、可持续地发展，生态化教学要求我们的教学活动应致力于走进学生真实的生活世界，努力实现培养和谐的、身心健康的生态人这一具有终极意义的教学目标，预科教育只有步入学生的生活世界，才算找到了第一把钥匙。

（二）整体性和开放性是民族预科语文生态化教学的主要特征

1. 生态化教学的整体性体现在各个要素上

在民族预科语文生态化教学过程中，需要各个要素的有机组合及相互联系，各个要素共同构成一个整体。民族预科语文生态化教学的内容具有整体性，教学内容不是单一的关于语文方面的知识，其他的学科如社会、科学、自然都有所涉及，打破各个学科之间的界限，整合各个学科的内容，使民族预科语文教学内容具有整体性、连贯性、系统性。民族预科语文生态化教学的方法论也具有整体性的特征，这种整体性并非简单的各个部分的相加总和，而是表现为系统的全面性特征，以及各部分之间大量的非线形的网络式的互动关系；民族预科语文生态化教学目标不仅是让学生学到整体的知识体系，同时也要使学生在自然、社会、文化的同一环境中能够健康、综合、全面地发展。

2. 民族预科语文生态化教学具有开放性的特征

民族预科语文生态化教学作为一个整体的系统，它的开放性表现在了两个层面：从宏观层面来讲，民族预科语文生态化教学整体与外界进行交流沟通，也就是说，生态化教学顺利地运行或者生态化教学活动有序地开展，需要与自然、社会、文化这些外界信息的交流，通过交流获得教学实践活动的资源和动力，也能促进学生与自然、社会、文化的和谐健康发展；从微观层面来讲，民族预科语文生态化教学系统内的各个要素——教学内容、教学方法、教学目标之间也是需要协调和预设安排，只有保证了这些要素之间的信息流通，才能保证生态化教学的整体系统性。生态化教学的开放性使它自身充满了生机和活力。

（三）“动态平衡”是民族预科语文生态化教学的另一特征

民族预科语文生态化教学需要在教学过程中实现师生之间、师生与环境之间、学生个体与群体之间的能量流动、物质循环和信息传递，但这并不是一个平稳发展的历程，而是处在不断的运动、调整的状态中，也只有在不断运动变化的过程中才能实现生态化教学系统与环境间的“最佳”与“和谐发展”状态。

二、生态化教学的必要性

（一）生态化教学是社会经济发展的必然结果

社会存在决定社会意识，经济基础决定上层建筑，这是马克思主义哲学中的重要观点。在人类的早期——远古时代，生产力低下，为了维持劳动力再生产和劳动经验的传承，充分地保证社会生产的正常运行，远古人类往往会通过教育这种手段来向年轻一代传授知识和劳动经验。在科技发达的现代社会，国家与国家之间的竞争、综合国力的较量归根结底是人才的竞争，人才的竞争需要通过教育的培养。虽然教育模式与经济模式之间并不存在一种绝对的对应机制，但是从系统层次和整体优化的角度出发，在深入分析经济结构的前提下，必须综合构想教育模式，以达到投入最小、效益最大的目标。当今社会经济的发展要求转变经济增长方式，由粗放型向集约型转变，也就是要求低碳高效、可持续发展，教育的发展也一定要适应经济的发展，脱离经济基础而空谈上层建筑就犹如没有地基的高楼大厦，随时有坍塌的危险。

当前民族预科语文课堂教学中存在着“高耗低效”的现象，这与经济发展粗放型的模式是相似的，经济发展模式决定了教育教学发展模式，当经济发展到生态经济的阶段时，教育模式也会相应地跟上来，由此可见，生态化教学是社会经济发展的必然结果！

（二）生态化教学是教育改革与发展的新方向

改革是事物发展的动力，如今我国正处在社会转型的关键阶段，社会各行业都在通过改革的方式寻求自我突破和发展，民族预科语文教育也不例外。在应试教育的大氛围下、在高考的指挥棒下，许多家长有“望子成龙，望女成凤”的急迫心态，只关注子女的学习成绩和分数，忽视了子女在成长过程中各个方面的综合发展，造成的后果是中国出现了大批“高分低能”的人，并且现在学生普遍存在抗压能力和受挫能力减弱的问题，酿成了社会上许多花季少男少女走向不归路的悲剧，这些都是需要我们深思的。在民族预科语文教学的实践活动中，我们发现，许多学生心理素质较差、敏感，交际能力弱，这都给学生健康快乐成长带来了阻碍。因此，在民族预科语文教学中进行生态化的教学是当今教育发展的必然趋势，是社会政治、经济、文化发展的客观内在要求。生态化的教学或生态化的教育意味着以后教育的发展方向，会依据生态学的理论来建构未来教育教学模式，用生态学蕴含的精神来构建未来教育教学的理论框架、方法论等，目标是培养具有生态知识、生态技能、生态情感和生态价值观的新人。

（三）生态化教学是思想文化发展的最高境界

从人类文明发展进程中可以看到，人和自然的关系始终在变化。原始社会，社会生产力低下，人们对大自然怀有一种崇敬、敬畏的心情，这些从当时人们的祭祀祭奠盛况中可以得到证明；奴隶社会和封建社会，人类在大自然面前体现出前所未有的“人定胜天”的自信；资本主义社会，工业革命带来翻天覆地的变化，人类想要彻底地征服大自然，围湖造田、填海造陆、太空开发等，造成了一系列的生态环境问题。

因此，在人类文明历史的车轮滚滚向前发展的过程中，人们对自己和大自然的关系进行了深刻的反思，这就产生了生态意识，进而产生了一种更为新潮的思想——生态思想。生态思想最典型的特征是颠覆了传统工业文化的“二元论”——人与自然的对立。人是宇宙的中心，大自然只是为人类服务的载体，人类可以主宰和控制大自然的一切，这是传统工业文化的观点；现代生态文化思想认为，人只是大自然中的一份子，人类只有遵循大自然的规律才能够发挥人的最大主观能动性，最大地创造能够供人类汲取的营养，如果违背了自然规律，就会遭到大自然残酷的惩罚。

哲学家冯友兰为我们勾勒了人生的四大境界：自然境界、功利境界、道德境界、天地境界。哲学家冯友兰的理论认为人生境界的最高境界是“天地境界”，结合生态思想，可以作出如下理解：人类并不是一切的中心，除认识社会人生外，还需对自然界了如指掌；不但要对社会做出自己的贡献，除认识大自然也要献出自己的力量；虽然要争取自身的利益，但也应该有关怀自然的博大胸怀。换言之，天地境界即一种生态境界，即追求人与自然的和谐可持续发展。同样，生态化的教学追求沟通、分享、共生、发展的立意，与人类社会思想文化发展的节奏是合拍的。

三、民族预科语文生态化教学策略分析

在民族预科语文教学实践过程中提倡生态化教学，可以说是从生命本质的角度，从提供给我们源源不断能量的大地的角度来对语文教学进行探究。

民族预科语文教学的目的是将文学从清高的文字王国中分离出来，启发我们认真地思考怎样才能明智而有益地生活，这种意义是任何其他的语文学习观念所不具备的。纵观学术研究领域的历史，人们往往将人类生活与非人类生活区别对待，鲜有以这两者的联系作为研究目标的，重新审视和联结人性与生存地点的关系成为现今我们语文教学新的着眼点。生物学为人类与其在自然中生存的密切联系不断地提供连贯而具有说服力的解释，而民族预科语文教育应当早就意识到在特定自然环境中传输知识与思想对学生人格与其社会性意识的形成与加强的重要意义。

（一）有民族预科语文教学实践过程中教师生态意识的树立

1. 在教学实践中教师要变单向思维为多向思维

语文教学是使素质教育能够大力施展的广阔舞台，也是培养学生民族精神、情感素养的绝佳地域。因此，这就需要语文教师在教学实践中能够清晰地意识到语文教学并不是单一的向学生灌输性的传授有关语文方面的知识，它还常常会涉及诸多相关学科的知识关联，比如科技的、文化的、自然的、社会的等。因而，这种客观情况需要语文教师转变自己单一思维的方式，以一种多向的和多方位的思维方式去实现语文教学目标。在民族预科语文教学实践中，学生来自于不同的地区，所受教育环境和教育标准不同，因此学生的知识水平处在不同的层次上，这就更需要民族预科语文教师用一种多向的思维方式教学。民族预科语文本身的教学要求教师转变单一的思维方式，采用多维的思维角度，再详细点讲，就是指民族预科语文的教学不仅要讲授语文常识知识、思想内容、艺术特色、表现手法，还应该包括对文本内涵指向

的解读。

2. 在教学实践中教师要变静态思维为动态思维

“天下莫柔弱于水，而攻坚强者莫之能胜，以其无以易之。弱之胜强，柔之胜刚，天下莫不知，莫能行。”这是老子《道德经》里面的经典语录，在民族预科语文教学实践中，教师往往能够做到“能行”，但是有时却偏离了轨道，走错了方向。民族预科语文教材中一些文言文如《刺客列传》《霍小玉传》《小翠》，古诗词李清照的《凤凰台上忆吹箫》、苏轼的《江城子·密州出猎》、辛弃疾的《摸鱼儿》、古诗十九首中的《行行重行行》，对于这些文章的学习，不论是学生还是教师，都会依据教学大纲，把文章的字词、思想内容和艺术特色作为教学过程中的重点、难点，把这些静态的语文知识作为检验学生是否掌握的范畴。而忽略了那些特定时代、特定环境之下的氛围，作家当时所饱含的情感，还有经过历史的洗涤之后所散发出的无限韵味，这些动态的文本思维方式是民族预科语文教学实践中淡化的区域和难点所在。语文教师只有将静止单调的思维模式向充满想象和变化的动态思维模式转变后才能够更加深刻地体会和感悟到在作品中所蕴含的如同行云流水般的情感。动态的思维模式有利于在民族预科语文教学过程中渗透生态意识，通过运用这种思维模式，学生可以在教师的引导之下，充分地发挥自己的想象力，把静态文本中所描述的内容还原成富有生命力的动态画面，并且借助文章中优美的语言和多种表现手法来感悟体会作者在字里行间表达的情感，在体会作品丰富内涵的过程中就把生态意识润物细无声地渗透了进去。如冰心的《寄小读者》（通讯七），在这篇散文中，上半篇主要写海景，有空灵妙景，有海空夜色，有月、星、灯光交相辉映的璀璨世界；下半篇主要写慰冰湖：写岸上树叶在湖里的倒影，写柔和不胜桨的湖水，写落日映照下的湖色，处处和海景形成鲜明对照。在静态的文本描述中，能够体会到作者对童心、母爱的称颂和追求，对祖国、对故乡的热爱和思念之情。这其中需要教师从静态的文字思维领域的局限里跳出来，转向动态的、可识的思维模式。

3. 在教学实践中教师要变微观思维为宏观思维，变感性思维为理性思维

在民族预科语文教材中，有关生态意识的文章大多是直接描写人类与生态之间的关系，呈现在学生面前的是自然与人类、社会之间最为直接的联系。例如，人类征服大自然而造成的对大自然的破坏，反之，大自然用它特有的方式去惩罚人类。作为民族预科的语文教师，首先需要做的是从这种细致的、具体的、微观的、感性的视角让学生能够更加理性、长远、宏观地去体会其中所蕴含的精神、价值观和理念，从而在循序渐进中培养一种感受生活、自

然、社会的情怀和习惯，更进一层应该培养学生一种博大、深厚、久远、可持续发展的生态价值观。

（二）在民族预科语文教学实践过程中学生生态意识的树立

1. 教学活动中的一个重要环节是课前准备

课前准备就是教师需要花费很长时间去备课，备课的目的在于保证教学活动的顺利进行，在具体的教学活动中，如何将生态意识贯穿于文本中，教师需要从整体出发，全局布置，合理安排教学内容，深入浅出地引导学生高质量地完成教学目标。

在民族预科语文教学实践过程中，课堂教学是其中的主要环节，这是学生对文本自身及其诸多相关知识扩展的综合解读过程，因此，在课堂教学中，教师就要把握控制好其全过程，并且始终依据生态教学的模式。如在讲授现代文学沈从文的“湘西小说”《萧萧》时，可以先让学生查阅沈从文的人生经历和他所追求的文学理想，通过互动方式让学生理解沈从文试图用湘西那种自然生命形式作为参照，来探求“民族品德的消失与重造”，探求人的重造这一沉重的课题。进而从具体的文本细读和影视作品中来感受、设身处地地体会萧萧当时的人生状态和思想追求，在课堂教学活动中充分发挥学生的主观能动性，激发他们学习的兴趣和热情，让学生开动脑筋参与课堂，这有利于启发学生的探究欲望，从而更加接近文本，在潜移默化中树立学生的生态意识。

2. 引导学生反复阅读文本

除了引导学生详细解读文本、揣摩文本的表现手法和表达技巧外，还要引导学生反复阅读文本，让学生明白“读书百遍其义自见”，这也是课堂教学活动中生态教学模式的具体反映。学生充分参与课堂教学与文本解读，就会深刻体会到“即使那些看起来死气沉沉的物质，也是宇宙生命的构成部分，也是生命的一种存在形式。那些高级的生命形态正是从这‘死’的物质中产生的，换言之，包括我们人类在内的高级生命，只是物质的另一种存在方式”。最终确立起“敬畏自然，就是敬畏我们自己”的生态意识。

3. 在实践活动中引导学生主动传播生态意识

在民族预科语文教学过程中，传统文学经典占据着重要的位置。首先，中国传统文化三大主要流派儒、道、释的思想内核中都有合乎生态文明理念的地方。儒家“天人合一”的生态自然观，强调人对于“天”也就是大自然，要有敬畏之心。道家主张无为，不是说无所事事，而是要求节制欲念，不做超越自然法则的违规之事。释家则把人看作世间万物中平等的一员，把不杀生当作修身的重要信条。其次，中国传统文化具有人本主义精神，关注人与自然的和谐关系，突出了对生态文明的重视。儒家重“人学”，从人伦社会关系切入天人关系，并将天道人伦化，以人伦解释天意，建立了一套以仁义思想为核心，强调人与自然一体性的理论体系。在中国文化熏陶下的文人雅士在对待人与自然的关系上也强调生态环境为人服务，优美的环境因人而彰。柳宗元阐述自己的美学观点时说：“夫美不自美，因人而彰。兰亭也，不遭右军，则清湍修竹，芜没与空山矣。”道家则从自然之道出发，以自然无为为基本要求，告诫世人尊重自然，顺应自然，实现人与自然的和谐统一。释家告诫世人，以节欲苦修来世，减少生活资源的消耗，节制社会的物欲横流，从而求得精神与肉身的平衡、人体与世间万物的平衡。

中华民族传统经典文化中蕴含着深厚的生态思想，现代社会文化中也处处可见生态问题，在这双重影响下，应该引导学生在日常生活中树立起生态意识，勿因事小而不为，从身边的点点滴滴做起，使生态意识深入心灵，渐化在言行举止中，养成生态情怀和生态行为方式，这是民族预科语文生态化教学的最高境界和最大教学价值。如，可以用初步的节约用水、用电、绿色低碳出行、植树活动等学生易于参与其中的实践活动来进行，让他们亲身体验保护生态环境，传播生态意识。也可以指导和组织一系列的以学生为主体的生态思想宣传活动等，进一步传播生态意识，这些都是对民族预科语文生态化教学成果的升华。

（三）在民族预科语文教学实践中构建生态化的师生关系

1. 走向对话的师生关系

“通过对话，师生交流彼此的情感、观念，分享彼此的思考、见解和知识，丰富教学过程，求得新的发现，维护生态课堂的整体特性。”在民族预科语文课堂教学中，对话是一种重要的手段，是学生在认知过程中对文本进行详解的媒介，还能够促进教学系统中信息的流畅，保证了课堂生态系统功能的有效发挥。没有对话，就失去了课堂生态和谐的前提条件。

在具体的课堂教学活动中，要力求学生与教师之间的平等对话，并开展学生与同伴之间的平等对话。在课堂教学活动中，教师和学生都是课堂的主体，他们提前做足了准备，是有备而来的，在课堂这个大舞台上分别扮演着不同的角色，教师应兼具优秀的节目主持人、忠实的听众、友好的朋友等角色，采用一种平等对话的方式来开发学生的内在潜力。如果出现一些非预设的教学状态，比如一些利于学生主体性彰显的苗头，教师应该及时捕获，充分发展；出现一些偏离正常教学设计的势态，教师应该持一种宽容的态度加以指导。在这个大舞台上应该始终贯彻生态教学意识，努力探索自主、合作、探究、开放的学习情境，通过多种形式的对话，引导学生表达个性见解，使课堂教学活动呈现出水乳交融的境界。另外，学生与学生之间的平等对话，不但能促进学生之间对课程的理解，而且也是学生在学习过程中能够实现再创造的一种方式。在一种和谐的学习氛围中，发挥学生最大的学习潜力。

2. 走向民主的师生关系

从政治层面上来理解，民主是一种理想的社会组织形式，是公民追求的权利。在现代社会，民主思想已经渗透到社会的各个领域。民族预科语文教学中师生关系走向民主指的是在课堂教学活动中教师对待学生的方式和方法，要以相互尊重的平等关系为原则。具有民主品格的教师能够听取学生的不同意见，能够站在学生的立场上思考问题、处理问题，而不是搞“一家言”。在讲授课程的过程中也能够采用民主的形式，最大限度地体现学生的学习能力并挖掘学生的学习潜力，这是生态化教学的体现。

3. 走向生态化的师生关系

在民族预科语文教学的实践活动中，努力建构这样一种师生关系：师生之间有生命与生命的真诚对话，是一种生态型的师生关系。教师与学生之间尽管在年龄、生活阅历上不同，但都是课堂活动的主体，在追求属于自己的幸福人生、享受愉快生活方面没有本质上的差别。师生之间应该对话、平等、民主，带有现代教育对学校预设性的目标要求，除此之外，还应建构一种从人的本性出发，能够提高师生双方生命价值的生态型师生关系。生态型的师生关系与民族预科语文教学实践过程中对话、平等、民主的关系融合在一体，稍有不同的是，这种关系多了一份感情在里面，更能够凸显人性中的美好品质。以师爱为核心的新型师生关系是催人奋进的精神源泉，有了这种力量源泉，师生就更具爱心和同情心，更热爱自然与生活，这也是民族预科学生今后独立面对世界的精神资本。

参考文献

［1］方然．教育生态论纲［M］．昆明：云南大学出版社，1998.

［2］曾永成．从生成本体论到人本生态观［J］．成都大学学报社科版，1998（4）.

［3］田慧生．论教学环境［J］．西北师大学报社科版，1992（6）.

［4］王牧华，勒玉乐．生态主义课程思潮引论［J］．辽宁师范大学学报，2000（4）.

[5] 全秀. 生态语文课堂教学中教师角色定位——探讨大学语文课堂教学有效性之途径 [J]. 黑河学刊, 2010 (9).
[6] 田锋. 反思在初中物理教学中的应用 [D]. 山东师范大学, 2009.

浅论民族预科语文教学中的古典文学教学

顾　莎

［摘　要］中国古典文学教育是文学教育中一个重要的组成部分，它能传承中华文化，培养学生情感，提高学生素质，在民族预科教育中不仅占据着重要的位置，同时也是教学难点。本文对古典文学的概念和范畴进行了界定，从民族精神、启蒙价值以及民族心灵记忆方面阐释了古典文学教学在民族预科语文教学中的意义，并对民族预科语文教学中古典文学教学现状及原因加以分析。最后得出，在民族预科语文教学中的古典文学课堂上应该以学生为主体，教师起唤醒、引导的作用；教师应提高自身修养和素养，走向师生间的和谐对话，并且努力探索具有民族预科特色的古典文学知识系统。

［关键词］民族预科　语文教学　古典文学教学

“慈母手中线，游子身上衣。临行密密缝，意恐迟迟归。谁言寸草心，报得三春晖。”这首由唐代诗人孟郊创作的《游子吟》在中国可谓流传甚广，没有到妇孺皆知的程度，但至少接受过教育的人都对这首诗耳熟能详，尤其是在中国这样一个以“仁孝”为传统的国度里。在一些东方国家如日本、韩国等都对中国传统古典文化达到了一种痴迷的状态，这不禁引起了我们的反思：古典文学博大精深，有着深厚的文化意蕴、洗练简洁的文字、优美的语言，已从从各个方面渗透融入了汉语言文化之中，那么，作为一名民族预科的语文教师，又该如何将古典文学知识灌注于民族预科语文教学之中呢？

一、古典文学的内涵及在民族预科语文教学中的必要性

（一）古典文学的内涵

中华民族是一个古老的民族，有着悠久的历史，中国是世界上的文明古国，中国的传统文化更是源远流长、深厚广博，它典籍丰富、流派繁多、蔚为壮观，其历史之悠久、底蕴之深厚、内容之丰厚、影响之深远，是世界上其他国家任何一种文化所不及的。在我国古代丰富的文化遗产中，古

典文学就是其中一个重要的组成部分。我们要研究民族预科语文教学中的古典文学教学，有必要先梳理一下在这里所要涉及的中国古典文学的对象与范围。

中国有悠悠五千年的文明史，而早在文字未产生之前的远古时代，就产生了语言艺术。语言艺术的形成和发展既受到社会历史的制约，又与作家的艺术实践密切相关，我国悠久的历史和众多语言艺术家长期的艺术实践，形成了我国传统语言文学艺术种类繁复、形式多样的特点。概括起来主要有两大系列：一是起源于劳动，与音乐、舞蹈紧密结合在一起的有节奏、有韵律的韵文系列，它产生于文字发明以前的远古时期，包括诗（四言诗、五言诗、七言诗、乐府诗等）、赋、词、曲等；二是与政治、祭祀活动联系在一起的散文系列，它产生于文字发明之后，包括：甲骨卜辞、古代金文（彝器铭文）、盆辞、先秦的历史散文和诸子散文、骈文等。而在民族预科语文教学的古典文学教学中，两大系列都有涉及。

更为具体详细地来说，此处中国古典文学指的是自上古至“五四运动”以前的经典文学。在文学发展的最初阶段，散文中的文学作品和历史、哲学著作常常很难划分，就是两汉以后，一般学术论著和实用文章中也有很多富有文学意味的散文。中国古典文学主要指用文言文写成的经典作品，也涉及白话文经典作品。文言文是指在先秦口语基础上产生的汉民族共同的书面语。白话文是唐宋时代产生的接近口语的书面语。民族预科语文教学中的古典文学教学范畴主要包括先秦、两汉、魏晋南北朝、唐代、宋代、元、明代、清代，内容主要涉及各个历史发展阶段的散文、小说、诗歌等，比如唐诗、宋词、元明清小说都是教学重点。

（二）古典文学教学在民族预科语文教学中的必要性

民族预科教育作为民族预科生进入目标学校的一个必经阶段，不仅在学习补充基础知识方面发挥着重要的作用，同时也在培养民族预科生的学习习惯、学习方式和树立正确的、健康的人生观和价值观方面具有十分重要的意义，而语文教学中的古典文学教学正承担着这样的责任，因此，需要引起我们的重视。

古典文学中蕴含着丰富的民族精神。一个国家想要屹立于世界之林，想要成功地完成走向现代复兴之路的转型，积淀长久的传统的民族精神是不可或缺的，没有了民族精神支撑的国度就犹如一个没有根基的高楼大厦，随时都有坍塌的危机。德国哲学家和文化历史学之父赫尔德也早就说过，“语言表达了群体的集体经验”“诗人是一个民族的创造者”“我们生活在我们自己创造的世界里"。西方现代化国家发展的经验表明，具有现代化动力的主体性的民族蕴含着强大的民族自信心、尊严，蕴藏着深厚的民族凝聚力，拥有这种特点的一个民族在健康有力地走向富强之路时是雄赳赳、气昂昂的。一个国家迈向现代化不可否认的典型特质就是拥有自己打造的文化精神和民族精神。广义上的古典文学融汇了各个阶段的发展历史和民族思想价值，也是民族精神最典型的载体。陈寅恪先生曾经说过："吾民族所承受之文化，为一种人文主义之教育，虽有贤者，势不能不以文学创作为旨归。"

在数千年的文明传承过程中，中国古典文学尤其是中国诗文文学，被这样的群体——深受中国人文文化教育影响的士人们，历史地担负起文化精神的承载，同时，在一代代的流传岁月中也吸收了取之不尽的文化精华资源。举例而言，中国文学长于表达一种广大人间存有温情与善意的精神，无论世道如何变化，人生多少艰难，此一温情与善意，绳绳相续，历久不渝。《诗经·豳风·七月》中"七月食瓜,八月断壶，九月叔苴，采荼薪樗，食我农夫。"《论语》中"为政以德，譬如北辰，居其所而众星共之。"《古诗十九首 ·行行重行行》中："行行重行行，与君生别离。相去万余里，各在天一涯。"李白《宣州谢朓楼饯别校书叔云》："抽刀断水水更流，举杯消愁愁更愁，人生在世不称意，明朝散发弄扁舟。"杜甫《秋兴八首》其一："丛菊两开他日泪，孤舟一系故园心。"白居易《秦中吟·买花》："有一田舍翁，偶来买花处。低头独长叹，此叹无人谕。一丛深色花，十户中人赋。"苏轼《江城子·密州出猎》："酒酣胸胆尚开张。鬓微霜，又何妨！持节云中，何日遣冯唐？会挽雕弓如满月，西北望，射天狼。"民族精神中精忠报国、关心民间疾苦、向往美好爱情、富于人性而又温良美好的心灵价值都蕴含在这些诗文中，这些美好的品质价值不仅是一个民族国家走向繁荣富强的支撑动力，同时也是创造积极向上、富于人性的社会的可贵精神财富。当然，古典文学中所凝聚的民族精神，是一系列的文化价值，如既有仁善温情的菩萨心，也有刚健英烈的汉子气。行健不息的生命精神、坚韧不拔的君子人格、积极有为的人生取向、知其不可为而为之的意志品质，依然是贯穿中国千年文学的文化素质。其他，如忧乐圆融、和谐乐群、清莹美感，以及贬斥势利、尊崇气节等，皆是民族文学所蕴含的不朽的文化精神。爱国、爱民族、爱文化，正是古典文学可以给社会文化带来的大爱大德！

古典文学具有重要的启蒙价值。古人和现代人生活在不同的社会空间中，但有许许多多的价值理论和道理规矩对于古今都是通用的，道理就是：一切语言中，能指与所指之间关系都并不是固定不变的。语言符号学中所持的能指与所指的任意原则的观点实际上也存在于古典文学中，换言之，现代社会中的生活对象和思想价值在古典文学中能够找到与之相对应的能指。

举例而言，忧国忧民是中国古代文人的一种情怀，也是中国文学的一种文化精神。屈原的《国殇》："身既死兮神以灵，子魂魄兮为鬼雄。"杜甫的《春望》："国破山河在，城春草木深。感时花溅泪，恨别鸟惊心。烽火连三月，家书抵万金。白头搔更短，浑欲不胜簪。"唐代诗人王昌龄的《出塞》："秦时明月汉时关，万里长征人未还。但使龙城飞将在，不教胡马度阴山。"文人忧国忧民的情怀并不因时代、生活环境的变化而变化。只要存在着压迫、不公，存在着人的基本权利受到剥夺伤害的现象，就一定有对压迫和不公的反抗。因而，关心天下，心系苍生，依然是现代价值。青年时代的毛泽东就发出了"问苍茫大地，谁主沉浮"的疾呼，身无分文，心忧天下。周恩来东渡日本，寻求救国的道路……在旧中国，无数的仁人志士为国难而忧，然而仅是"忧"并不能救国，只有在"忧"之余猛然奋起，才有希望。毛泽东、周恩来等老一辈革命家，点燃星星之火，燃遍整个中华，给人民带来了光明和希望，无数的觉醒者追随他们南征北战，死了，"处处青山埋忠骨"；活着，"敢教日月换新天"！新中国成立后，这些"先忧者"不求高官与厚禄，却处处体恤国难和民艰。这种忧国忧民的情怀并没有因为时代的变迁而遭人抛弃。因而忧国忧民的文人古典情怀，通往平等公正的、不灭的社会理想，通往永远关心人道、博爱人间等现代启蒙理性精神，正是古典文化对社会文化应有的重要影响之一。

崇尚自然、追求自由也是中国古典文化中的一种精神。在陶渊明的一生中"不为五斗米折腰"，五次出世为官，又五次隐退，最后在进退之间选择归隐，过一种"相见无杂言，但道桑麻长"的世外桃源生活。陶渊明一生的追求也是生活在现代社会中许许多多的人梦寐以求的生活状态，可以说，陶渊明崇尚自然、自由、认真率性的洒脱无羁意境，依然是当今极为重要的现代价值。现代思想主张解放人性，反对限制和扼杀人性的力量，反对官僚科层化的僵化体制，反对将某种假大空的价值，建立在牺牲个人基本幸福的基础上。这也是陶渊明崇尚率真自由的精神具有永恒人文价值的原因所在。其他如择善固执的精神、国身通一的精神、士以天下为己任的精神等，都蕴含极其宝贵的现代价值。譬如择善固执，既可成为中国式的清教精神（现代化之源），又可成为理性主义和理想主义的源泉；国身通一，士以天下为己任，既可成为"天民先觉"式的启蒙使命感，经一番转化之后，也可成为政治人生优先，政治参与可贵，公共空间扩展的价值资源。

古典文学是一种对民族心灵记忆沉淀的载体，在文明长河的源远流长中，渐渐地剔除糟粕，取其精华，同时也修正补充现代性的缺失。古典文学中的经验和教训、史实与观念，都是民族文化中重要的非物质文化遗产，因此，其自身就具备了开放、生生不已的现代意义。中国有人类历史上内容最丰厚、历史最悠久的古典文学，储藏着人类丰富宝贵的精神财富。先秦的哲理性散文对现代人类仍有不可磨灭的警示作用，元明清时代的小说向现代人类展示了一幅幅生动活泼又蕴含人生意义的盛况，其中充满了悲欢离合、世态炎凉，而一些花妖狐媚那极富人性的一些美好的品格，也让人不禁肃然起敬。唐诗宋词至今读来依然声口宛然、意境无穷，让人痴迷流连。想到世世代代的读者，共有一脉会心的感悟，亲切的认同，从而向未来敞开生生不已的精神魅力，这是何等令人感叹的事情。长远地看，其价值远远比一时一地的功利的策论时文重要得多。在民族预科教育中开设大学语文课程，并且开设古典文学这一课程，对于民族预科学生来说，不仅能够学到博大精深的中国传统文化，而且对于塑造健康的人生观、价值观也具有极为重要的作用。

二、民族预科语文教学中古典文学教学现状及原因分析

古典文学发挥着如此大的作用，因此，把古典文学教学作为语文教育的重要组成部分是不容置疑的。民族预科阶段是民族预科生进入目标学校的铺垫期，是培养学生情感和形成人文素养的关键时期，由于在不同地区教育教学的标准各有差异，有些地区甚至对于古典文学的教学是忽视的，所以，在预科阶段，古典文学的教学既是教学重点也是教学难点，纵观我们的教学实践，状况不容乐观，这是由多方面的原因造成的。

（一）社会文化环境的影响

1. 视觉文化时代的影响

20 世纪 30 年代，德国存在主义哲学家海德格尔曾经预言：人类将进入一个“世界图像时代”。在他看来，“世界图像并非指一幅关于世界的图像，而是指世界被图像了，它标志着世界的本质”。科学技术、信息传播技术带来了巨大的社会变革，海德格尔的预言在今天已经成为现实，视觉文化时代已经到来。

“视觉文化”的概念最初是由匈牙利电影理论家巴拉兹在 20 世纪初提出的，他也像海德格尔一样预言电影的出现势必会带来视觉文化时代的到来，他如此解释视觉文化：“印刷术的发明使人的面部表情逐渐减少。许多事情都可以从书本上读到，所以靠面部来表情达意的方法渐被淘汰。”于是“可见的思想就这样变成了可理解的思想，视觉的文化变成了概念的文化。”学者张舒

予在《视觉文化概论》一书中给出了更加明确的解释："我们将以图像符号为构成元素、以视知觉可以感知的样式为外在表现形态来表现别的文化统称为视觉文化。"他从共时的角度出发，把视觉文化看作一个与话语文化相对应的文化范畴。

在视觉文化时代，印刷文化已经远远地落后于图像文化，有些学者形象地称之为"读图时代""影像时代"，这是视觉文化的主要特征。换言之，视觉因素、视觉形象已经占据了我们文化的主导地位，在我们的日常生活中存在着不胜枚举的例子：电影的视觉冲击、电视的唯美设计、广告的震撼人心、摄影的惟妙惟肖等。图配文传播方式的流行标志着以图像为主体的传播模式将成为主要的传播类型，影像正在成为新的记录方式。随着电影、电视艺术的不断发展进步，有一个事实不容置疑：文学读物正在面临着空前的挑战，文字普遍地呈现出一种视觉化的状态，开始在图像面前处于从属地位，"图像成为这个时代最富裕的日常生活资源，成为人们无法逃避的符号情景，成为我们文化的仪式"。

影像无处不在是视觉文化时代另一个重要的特征。从家家户户的电视机不停变幻的画面到报纸杂志上越来越多的图配文，从街头森林密布的广告牌到随身携带的手机，形形色色的影像构成了身处视觉文化时代的人的生活。视觉文化时代影像力量的强大，不仅在于这个时代存在大量能够复制出图像的视觉媒介，可以将视觉符号广泛传播，而且在于它能够对非影像化的客观存在进行影像化转变。

2. 家庭因素对学生的影响

中国许多家长都有望子成龙、望女成凤的心态，因此，在教育子女问题上往往会走向极端，以高考的指挥棒为风向标，高考考的范围就是孩子重点学习和教育的内容，高考不考的范畴也是许多家长忽略的地域。这样造成的后果是，孩子只是为学习而学习。对于学生自身来说，学习是枯燥的，兴趣爱好也很狭窄，综合素质发展不全面，适应社会的能力较差，心理素质和受挫能力较弱。在古典文学方面的学习则体现为只学习教学大纲上的重点，来自于偏远地区的许多民族预科生甚至对文言文的接触都少之又少，对于课外知识的延伸就如同是沙漠里的雨滴，四大名著在许多家长眼中是闲书，"闲"与"不闲"完全取决于考与不考。

3. 教师因素

教师作为社会中的一个个体，当然也深受社会文化环境的影响。一方面，教师在踏上讲台后，生活的压力、工作的繁重以及校园外缤纷世界的种种诱惑，使得"偌大的世界，放不下一张安静的书桌"。教师们很难抵制来自各方的压力和诱惑，从而心静如水、耐得寂寞、慢慢积淀。另一方面，在应试教育环境下，学校的办学宗旨和教师的教学目标往往会以教学大纲为重点，对于学生综合素质的提高，表现在语文教学方面即语文素养的提高方面是不重视的。因此，在民族预科语文教学过程中，为了让学生在整体上取得更高的成绩，教师会重点讲授知识性的条文，比如作者的生平、文章的思想内容和艺术特色，文章中主要人物形象以及历史价值和社会地位等，对于学生情感道德和整体素养的培养往往重视不够。教师所掌握的古代经典，除因教学接触到的以及学生时代在教科书上学到的部分篇章外，其他的掌握较少。原本学得不多，更随岁月雨打风吹去，留下的大多只是模糊的影子，或几个耳熟能详的名句罢了。因此在从事古典文学教学过程中，他们也就“乐得有公式可套”了，根本就不会想到要去更深层次地挖掘文本的内涵。

（二）学生在学习过程中存在诸多困难

1. 在古典文学教学过程中，民族预科学生在理解古典文学方面存在着困难

（1）民族预科学生是来自于全国各地的少数民族学生，不同地区的教育标准和教育目标是不相同的，因此，民族预科生所处的不同教育环境造成他们的基础知识水平也不在一个水平线上，甚至有的学生在高中阶段没有接触过有关文言文方面的知识。必然，在学习古典文学过程中会有许多的困难和阻碍。

（2）古典文学离学生生活的时代久远，虽然简单干练，内容精细丰富，文辞优美，但是就目前的社会状态而言，古典文学的载体——文言文已经失去了它所依存的语言环境，由于社会历史条件不同，时代、文化的差异性，使得它和现代用语在表达方式和用语习惯等方面存在着一定的差异，从而导致现代学生阅读起来有一种很难逾越的距离感和隔膜感，使他们觉得古典文学作品离他们的生活比较远，从而在接受心理上有种难以适应的逆差。再加上教材所选的作品都具有一定的文学价值高度，不可能都是浅显易懂、朗朗上口的类型，这也成为学生学习古典文学作品感到困难的一个客观因素。

（3）文学作品的意境始终和创作者的情感是一致的，鉴赏古典文学作品的意境同时也是在体味古人的心境。而作品中蕴含的情感无论是救国救民的抱负、壮志难酬的苦闷，还是光阴荏苒、青春不再的感慨，都需要鉴赏者直接或间接地感受过生活的酸甜苦辣，对照自己的人生经历去体会古典文学作品中表现的喜怒哀乐。但我们在教学过程中发现，正值花季的民族预科学生没有更多的人生经历，而且对相关的古典文学知识积累比较少，缺少必要的

知识储备，对古人“断肠人在天涯”“帘卷西风，人比黄花瘦”的情怀难以准确理解和把握。不用说让学生去自主探究，有部分学生甚至连老师的讲解听起来也是似懂非懂。而有些政论性、哲理性过强的文章则显得更为枯燥乏味、生涩难懂，缺乏一种吸引人的生气，难以引起学生的学习兴趣。没有了内在的动力需求，而让学生去做一件他们毫无兴趣的事，是很难让他们做出持久努力的。

2. 民族预科学生缺乏对古典文学的兴趣

兴趣是一个人在某一行业能否取得成功的关键性动力，对个体的成长和成才都有至关重要的作用。在预科语文教学过程中关于古典文学这一阶段的教学实践中我们发现，民族预科学生缺乏对古典文学的兴趣，一方面是因为对古典文学的语言理解起来较为困难，另一方面是学生普遍对有故事情节曲折和意境引人入胜的文章感兴趣，而对一些哲理性的散文、说理性的政论文和诗词的兴趣不高，这也说明学生对于古典文学的理解只是停留在较为粗浅的层次上，对古典文学中所蕴含的深厚的文化底蕴还没有真正体会和感悟到。在预科语文教学实践的过程中，通过对学生的提问、调查和与学生的谈话中可以了解到在高中阶段阅读过中国古典文学名著的学生甚少，有些学生甚至都没听过中国经典的文学名著的书名，阅读过四大名著的学生少之又少，更何况是唐传奇、《聊斋志异》、“三言二拍”之类的小说。同时在教学实践过程中，当涉及教学大纲中的一些重点篇目的人物、情节时，绝大多数学生往往显得很茫然。教师在教学中不得不建议学生将四大名著通读一遍，以提高文化素养，但部分学生依然没有兴趣，读不下去。

3. 在民族预科语文教学实践过程中我们发现，学生学习语文的功利心态极强

调查显示，有一半的学生对学不学古典文学的态度是“无所谓”，有71%的学生学习古典文学的目的不是鉴赏美，不是更好地体验人生和社会，陶冶情操，提高修养，而是为了应付考试。来源于考试的压力，让学习古典文学成为学生的一个负担，而不是一件快乐的事。有一部分学生表示，古典文学语言含蓄，形式严整，虽引经据典，但缺少时代特征，特别是长一点的诗词，学起来费时费力，又难懂又难记，如果考试中不再出现古典文学题目，他们将不会去主动阅读、学习古典文学作品。以这种态度对待古典文学学习，是不可能真正培养学生的古典文学理解能力、提高他们的鉴赏水平的，更别论通过学习古典文学陶冶情操、提高修养、培养健全人格。

（三）教师教法失当，评价单一

1. 教学目的功利性

当前，包括古典文学教学在内的语文教学，更多的还是考虑其应试性，缺乏人文精神教育，过分机械地强调文学的工具性和实用性，偏重于基本知识、解题技巧的传授，忽视学生的情感、态度和价值观，忽视了艺术教育的文化熏陶和人格培养功能。观念上的保守与滞后，导致教学方法的陈旧与过时，教师在教学时偏重理性分析，逐字逐句地串讲，只重词义、句义的解释，从文章翻译到篇章结构再到中心思想、写作特点的归纳，这种僵化的阐释往往将一篇韵味十足、意境优美、情感丰富的作品进行了肢解，变成了一堆索然无味的文字符号，更别谈学生的感性领悟。这种追求功利化的教学方式严重脱离了素质教育的轨道，使部分学生成为人文精神缺失、思想情感贫乏的“机器人”“空心人”。

2. 教学评价的单一性

在以考试为目的的教学情况下，古典文学教学着重考查学生对文言实词、虚词的理解，鉴赏文学作品形象、语言和表达技巧，评价文章思想内容和作者的观点态度的能力，即从作品语言、表达技巧、思想感情几个角度设题，来考查学生诗词鉴赏的能力。虽说古典文学鉴赏题是主观题，但答案却是已定的，在教学中，老师会教给学生炼字题怎么答；也会告诉学生情感题怎么答，运用哪些术语；阅卷教师也会从学生的答案中找相关的术语来给分数，这些古典文学评论术语就是考试的得分点。古典文学浩如烟海，评论术语多如牛毛，但老师们却能从中找出规律，将其分类，编出以不变应万变的解题公式，也难怪学生们在学习古代诗文时没有兴趣，味同嚼蜡！另外，教学评价往往是由考试单方面决定的，学生学得怎么样，一切看考试分数，这样，就会严重挫伤学生的学习积极性。

三、在民族预科语文教学中古典文学的教学策略

（一）在课堂上以学生为主体，教师起唤醒、引导的作用

先看一个案例：教师在讲授宋祁的《玉楼春》时，问：“红杏枝头春意闹”这句话中哪个字用得最为传神？

生：闹。

师：那么，“闹”字的妙处在哪里？

学生回答不上来。老师启发道：如果这句话中“闹”字换成“来、到、开、绽”等字，大家再反复吟诵，看看哪个效果更好？

生：（轻轻吟诵）“来、到”，只说明春天来了。

师：对，“来、到”只是客观地表明了春天的来临，并没有描绘出红杏的

众多和纷繁，而且，也没有把生机勃勃的大好春光点染出来。

生："开、绽"只说明杏花盛开的样子，春天是一种怎样的景色并没有描绘出。

师：回答得很好，"开、绽"也没有写出春天到底是什么样的景色。那么"闹"字呢，究竟有什么样的妙处？可以体会和感悟到吗？

生：一"闹"字以动态写静态，表现出春天的勃勃生机，给人以美好的享受。

师：嗯，体会得很到位。春景是可见的视觉范围的画面，而"闹"是听觉方面的感知，这里运用拟人与通感的手法，将无声的画面变成了枝繁花盛之态，又写了群鸟竞唱的情状，于是，浓郁的春意就在这喧闹的"红杏枝头"活现出来，这是把视觉艺术转换成听觉艺术表现的奇妙效果。

从上面的教学案例中，我们可以体会到，教师与学生的关系并不是舞台上演员与观众之间的关系，更像是导演与演员、运动员与教练之间的关系。在民族预科语文教学实践过程中，学生是主体，教师在其中起到唤醒和引导的作用，应该充分发挥学生的主观能动性。苏霍姆林斯基指出：在人的心灵深处，都有一种根深蒂固的需要，就是希望自己是一个发现者、研究者、探索者。在学生学习的过程中，这种需求也是极为强烈的，在教师的激励、鼓舞、唤醒和引导下，学生的个性得以张扬，主体意识得到尊重，也能够取得更好的课堂效果。

（二）教师提高自身修养和素养，走向师生间的和谐对话

没有一种方式比师生间的对话更具沟通效果，更能启发思维技能，这是希腊哲学家、教育家苏格拉底的名言。民族预科语文中古典文学的课堂教学是情感活动，在课堂教学中，吸引学生的首先是教师的人格魅力，"同学们，请看大屏幕""下面，我们来回答大屏幕上的问题"等，这样的课堂教学设计，是我们利用多媒体教学技术设计好一个"圈套"让学生往里钻，而我们自己也被这个"圈套"牵着鼻子走，师生的情感交流活动完全处于一种被动状态，教师不是课堂教学的总导演，而成了自己教学设计的傀儡。这样的教学不能打动学生，不能让学生得到应有的情感体验，教师成了"放映员"，丢掉了"主导者"的地位；学生成了"观众"，丧失了"主体者"的地位。

教师的一言一行潜移默化地影响着学生的言行，教师自己本身就是一个最直接、最优越的教学手段，所以教师需要不断地充电，努力提高自身的文化素养。教材中有不少情文并茂的作品，教师的任务就是在作品与学生之间巧妙地建立联系，给学生开辟一条通道，架起由此及彼的"桥梁"，寻找与学

生生活的相通点，引导学生通过作品展示的生活画面结合自己的生活实际增补想象作品所提供的生活画面、形象、形态和意境等，让具体形象在脑中“活”起来，让学生能张开想象的“双翅”漫游往昔，在历史的长河中跨越古今。高明的教师善于使学生的感情与作者的心弦合拍，开阔视野，不断丰富想象。这对培养审美情趣、创造美的才能，都具有深远的意义。学生在学习中不仅要交流知识，还要交流情感，这样，在交流对话中，师生关系才能走向和谐美满。

（三）探索具有民族预科特色的古典文学知识系统

1. 古典文学知识系统化

在民族预科语文教材中，古典文学的知识一般按体裁编排，由浅入深，并以“史”贯之，按照时间发展的先后顺序，以时代为坐标轴，逐个朝代地介绍讲解文学作品，包括散文、小说、诗词等，并且，每个朝代都重点介绍其文学发展概况。总之，古典文学的教学要使学生在头脑中形成系统性的知识，对文学史体系有完整认知。

2. 深入浅出地讲解古典文学知识，在潜移默化中掌握知识

如在讲授《行行重行行》时，首先要对古诗十九首进行系统的概括介绍，它的产生、起源、发展、思想内容、艺术价值、文学史地位，然后再对《行行重行行》具体讲解。在由面及点、层层深入的过程中让学生掌握知识。

3. 纵横解剖，在比较中深化主题、升华感情

宋代词人苏轼是豪放派的代表作家，他的词风格豪迈奔放，意境雄奇阔大，有“乱石穿空，惊涛拍岸，卷起千堆雪。江山如画，一时多少豪杰”的豪情壮志，也有“十年生死两茫茫，不思量，自难忘”的男儿柔情，也有“墙里秋千墙外道。墙外行人，墙里佳人笑。笑渐不闻声渐悄，多情却被无情恼”的清新婉约。婉约派代表词人李清照的词风格委婉、绮丽，这在她的许多作品中都有体现，如《醉花阴》中“莫道不消魂，帘卷西风，人比黄花瘦”的凄凉寂寞，“寻寻觅觅，冷冷清清，凄凄惨惨戚戚。乍暖还寒时候，最难将息”中的无限惆怅，但是李清照的词并不全是这样的风格，在她的一生中，跨越南宋、北宋两个时代，经历了南宋、北宋之交国破家亡的惨痛变化。因此，前期，她的词作多描写少女时期的生活，其中蕴含着闲愁、离愁和清丽婉转；后期反映战乱时痛苦的生活，感时伤怀，怀旧思乡，表现思夫、思国、思乡的浓愁、哀愁，一种沉郁凄苦的感情饱含在字里行间。讲解白居易的《长恨歌》时，为刻画杨贵妃的“美”，展现其眼神的灵活、神态之迷人，一句“回眸一笑百媚生”就表现到位了。用“梨花一枝春带雨”，又给我们

呈现出一位愁容满面的“泪美人”，笔法精练，刻画入骨，而又想象袅袅。在纵横交叉的作家作品讲解分析中，学生能够更好地掌握和理解古典文学知识。

总之，民族预科语文教学中的古典文学教学存在着方方面面的困难，比如学生知识水平参差不齐、对学习古典文学缺乏兴趣、学习古典文学的功利性较强等，这些都源于其存在时空的代沟，还有其现实意义的含糊等，故古典文学教学一方面需要教师提高自身的修养和素养，使古典文学知识系统化，深入浅出地讲解古典文学知识，在潜移默化中让学生掌握知识，另一方面还需要帮助学生构建与古典文学的沟通桥梁，明确其现实意义、时代价值等，充分发挥学生在课堂上的主观能动性，充分发挥学生的主体地位，而教师在其中起引导和唤醒作用。从而激发学生对古典文学的兴趣，充分调动学生的学习主动性，发掘学生对古典文学学习的潜能，方能取得教与学双收共赢的良好效果。

参考文献

[1] 孙国兴．海德格尔选集［M］．上海：上海三联书社，1996.

[2] ［匈牙利］巴拉兹·贝拉．电影美学［M］．何力，译．北京：中国电影出版社，2003.

[3] 张舒予．视觉文化概论［M］．南京：江苏人民出版社，2003.

[4] 刘进华．炫目的影像奇观——从迈克尔·贝电影奇观现象说开去［D］．西南大学硕士论文，2009.

民族预科高校心理健康教育的实践与思考

沙宇微

[摘　要] 民族预科高校心理健康教育是保障预科生健康成长成才的重要途径。预科是大学生形成各种观点的关键时期，也是心理教育的关键期。这一时期为个体的发展提供了新的契机，也带来了新的挑战。能否较快地适应预科生活，会对预科生未来四年的大学成长产生重要的影响。民族预科生的心理素质不仅影响到他们自身的发展，而且也关系到全民族素质的提高，更关系到跨世纪人才的培养。本文归纳了当代民族预科大学生心理问题的主要表现，分析了目前预科高校心理健康教育工作实践中的几点问题，提出了推进民族预科学生心理健康教育工作的方法与对策。

[关键词] 民族预科生　心理健康教育　实践

从高中迈入少数民族预科高校，许多学生由于不适应新环境而产生了种种心理问题，这些问题无疑会影响他们的生活、学习和身心健康。近年来，许多预科生的心理问题日益凸显，学生面对的是新的环境、新的生活、新的目标，在学习方式、人际关系、生活环境、理想信念、奋斗目标等方面都面临许多新的问题与要求。预科生正处于人生的重要转折时期，这一时期为个体的发展提供了新的契机，也带来了新的挑战。能否较快地适应预科生活，会对预科生未来四年的大学成长产生重要的影响。民族预科生的心理素质不仅影响到他们自身的发展，而且也关系到全民族素质的提高，更关系到跨世纪人才的培养。一项关于当代人主要素质的调查表明，有相当一部分当代人的素质不能适应社会进步和发展的需要，最欠缺的是心理素质，具体表现为意志薄弱，缺乏承受挫折的能力、适应能力和自立能力，缺乏竞争意识和危机意识，缺乏自信心，依赖性强等。究其原因，与教育不重视人的心理素质的培养与塑造有关。有人因自我否定、自我拒绝而几乎失去从事一切行动的愿望和信心，有人因考试失败或恋爱受挫而产生轻生念头或自毁行为，有人因现实不理想而玩世不恭或万念俱灰，有人因人际关系不和而逃避群体、自我封闭。大量调查表明，目前我国大学生心理发病率高的主要原因是心理障碍。具体表现为恐怖、焦虑、强迫、抑郁和情感危机、神经衰弱等。我校每年都对预科新生进行心理健康状况调查，结果表明，每年都有一部分学生心理素质不良，存在不同程度的障碍。

一、少数民族预科生心理问题的主要表现

（一）预科环境不适应

对绝大多数预科新生来说，他们面对的是陌生的校园，面对的是生疏而又与他们关系密切的新的群体。预科的集体生活，既改变了原来的生活方式，又改变了原来所熟识的人际环境。所有这些，会使新生产生不同的连锁反应，使他们在内心或多或少地感到惶惶不安。适应能力不强的学生就会经常被孤独、不安、焦虑所困扰。

（二）人际交往不顺利

预科新生入校后，人际关系相对中学阶段变得非常广泛，有同学、同乡、师生、异性、社会活动团体等。同宿舍的同学来自五湖四海，有不同的地域背景，有不同的方言、不同的民族习惯、不同的性格，他们之间的磨合是个新问题。一些学生个性强，以自我为中心，不会设身处地为别人着想；性格内向的学生不合群，孤独寂寞，常埋怨自己没有用，甚至想逃避。特别是当代民族预科学生中独生子女较多，他们在与人交往中往往采取自我封闭和不合作的态度，自私、狭隘、封闭造成的人际关系紧张常使他们感到孤独、苦恼、忧虑和恐惧。

（三）学习方法不适应

无论是教学方式还是学习方法，预科与中学相比都有很大区别，预科新生的心理问题比较集中地表现在学习动力不足及对学习习惯、学习方法和学习管理模式的不适应等方面。自学能力差、自控能力差、自律意识弱，所以，习惯于老师和家长“监督”的新生难以适应预科的学习方式，他们不知道自己应该怎样去学习。有些中学时的佼佼者，由于对预科的学习方式、方法掌握得不好，昔日的优势不复存在，自尊心和好胜心得不到充分的满足，家长和个人的期望值又过高，容易产生失落感。

（四）比较下的自卑和抑郁

家庭背景、经济条件、个人专长、能力、性格爱好、外表相貌等方面存在的较大差异使得一些处于弱势的预科生在比较中产生自卑心理，时间久了，

便会产生抑郁，对集体活动缺乏兴趣或胆量，对娱乐或令人高兴的事情也体验不到愉快。学习缺乏信心，想参与社交活动，又缺乏勇气。这类学生往往不引人注目，属于默默无闻的一类，但随着不良情绪的郁积，可能会发展为抑郁症，甚至发生自伤、自杀事件等。

二、预科学校对心理健康教育重要性的认识

（一）心理健康教育是全面贯彻党的教育方针、实施素质教育的需要

20世纪80年代以来，人们把培养青少年身心健康摆到了重要位置，《中华人民共和国教育法》第四十四条明确规定：教育行政部门和学校要“保护学生的身心健康”。《中国教育改革与发展纲要》更是把心理素质培养作为受教育者全面发展的标准之一，要求学校要由“应试教育”转向全面提高国民素质的轨道，面向全体学生，全面提高学生的思想道德、科技文化、劳动技能和身体心理素质，促进学生生动活泼地发展。可见，对学生进行心理健康教育是党和国家对学校教育的要求，是学校和教师义不容辞的责任。经过多年的教育实践，我们深深地体会到，要实现我校“全面打好基础，发展个性特长，培养创造精神，提高人才素质”的办学指导思想必须以实施学生心理健康教育为基础。

（二）心理健康教育是时代发展的要求

以“高科技、高效率、高竞争”的“三高”为特征的现代社会，要求人们具有高耐挫力，以正常的心态，正确地面对竞争中的挫折和失败，学会合作，防止消沉、颓废、沮丧、偏激的心态出现，在此背景下，学校开展心理健康教育迫在眉睫。

（三）心理健康教育是解决日趋严重的心理问题的重要手段

随着现代社会的发展和各种竞争的加剧，人们的心理负荷在加重，心理问题呈上升趋势。据世界卫生组织的估算，20%的人存在心理卫生问题和精神障碍，日常生活中就可观察到的各种各样的轻微心理问题在人群中大量存在。由于学生正处于身心发展的剧烈变化时期，身心发育的未成熟、社会阅历的缺乏、心理调整能力差等使他们对生活、学习中所发生的各种心理冲突不擅处理，因而其心理和行为就更容易失常。要排解和消除学生的心理障碍，使学生在应变能力、人格特征、情感意志和人际适应方面都得到健康发展，学校必须对学生实施心理健康教育。从此种意义上来说，心理素质成为各项素质教育的基础，要全面落实素质教育的各项要求，首先要做好学生心理素质的教育和培养工作，这是提高学生整体素质的基础，也是实施素质教育的

有效途径和突破口。

（四）心理健康教育是学校更有效地开展德育工作的需要

每一位教育工作者都曾碰到或听到过这类事，某同学虽经老师反复做工作，但情况还是越来越糟，某某差生虽经多方面的反复转化，但是没有明显效果。是什么导致我们自认为有效的德育措施失灵呢？是学生朽木不可雕，这是顽固不化呢？究其原因，是因为我们没有把好问题学生的脉搏，没能对症下药。在具体的教育过程中，只要我们运用心理学的一些基本知识对问题学生认真分析，就会发现，一些学生产生问题的原因不是思想品德不好，而是心理问题，对于这部分人，如采取常用的德育措施，自然没有多大收获，弄不好还会越搞越糟，他们的工作就该让心理健康教育工作者来做。

（五）心理健康教育是有效提高学生成绩的重要措施

每个学校、每个班都会出现这样的情况，某某同学虽然很用功，但成绩一退再退，常陷入莫名的烦恼中，产生这些现象的根本原因就是学生的学业困惑，这在诸多学生心理问题中最为普遍。学业困惑是心理因素引起的，实践证明，解决这类问题最有效的措施就是“心理咨询＋学法指导”。真正有经验的班主任必会把这项工作当做提高学生学习成绩的重要措施，渗透到各种场合的集体、个别谈话中去。

三、预科学校在心理健康教育中存在的主要问题

（一）心理健康教育易学科化

有些预科学校把心理健康教育纳入学校的正规课程中，当做一门学科来对待，在课堂上讲述心理学的概念、理论，方式单调、乏味。殊不知，心理健康课是为了帮助学生解决在学习、生活、人际关系等方面的烦恼，以及学生出现的诸多不适应的发展倾向，帮助他们减轻心理负担，让他们轻轻松松地学习。心理健康教育的主要目标不是向学生传授系统的心理学知识，而是要通过多种途径，强化其与学科教学的结合，并将其有机地融合在班主任工作和学生思想品德教育之中，体现在各种丰富多样的训练活动中，反映在环境优化和潜在教育资源的利用上。一味地追求学科化，只能流于形式，无法达到心理健康教育的目的。

（二）心理健康教育易医学化

有人认为心理健康教育就是进行心理咨询和心理治疗，“治疗”和“指导”意识较强，有的预科学校让校医充当心理辅导人员，像医院里记录病历

一样来对学生情况进行登记。不少学校的领导、教师对学生进行错误的宣传，使学生认为只有当心理有疾病时才能去心理咨询室，这种医学化的倾向已经严重地阻碍了心理健康教育的顺利进行。

（三）心理健康教育常有片面化倾向

心理健康教育在实施过程中出现了片面化的倾向。有人过多地关注各种心理测验，依赖测验所得到的分数，这给学生的心理造成了很大的压力。有的学生参加心理测验后由于分数较低，不仅受到同学的嘲笑，在自己内心也留下了深深的阴影，把自己归为“异类”，结果导致心理真的出现了问题。

（四）心理健康教育易陷入形式主义

心理健康教育的形式化倾向表现为，有些学校虽然在名义上设立了心理咨询室，开设了心理健康课，配备了教师，但是由于受到教育者自身教育观念的影响，往往用传统的教育思想和一般的思想政治工作方法来进行心理健康教育，再加上宣传上的不力，心理咨询室、心理健康课并没有真正发挥作用，心理咨询室形同虚设，前来咨询的学生更是寥寥无几，仅是作为应付上级检查的“硬件”之一。另一种表现是把心理健康教育和德育混为一谈。有人把心理健康教育简单看做学校德育的一个组成部分，认为没有必要单独进行心理健康教育。还有人把心理问题和思想品德问题混为一谈，用德育的方法来对待心理问题。实际上，心理健康教育和德育的任务、实施方法有明显的区别。

（五）心理健康教育常忽略教师这个群体

当前，学校心理健康教育主要是针对学生的，而忽视了教师的心理健康。殊不知，教师的情绪、情感会影响到学生的情绪、情感。况且，教师是一个容易产生心理问题的职业。一般认为，教师作为学生的榜样，要最大限度地满足学生、家长及学校的需要，不能表现出烦躁、沮丧等情绪。因此，忽视教师的心理健康，会对学生的心理健康产生不良的影响。

四、我校预科学生心理教育的具体做法

（一）心理健康教育与思想政治教育相结合

心理健康教育与思想政治教育的根本目标是一致的。心理健康教育通过培养良好的心理素质，完善健康的人格，达到整体素质全面提高的目的；思想政治教育则通过提高思想觉悟和道德水准来达到同一目的。“两个教育”在作用和效果上是相互促进的，提高学生的心理健康水平，有助于思想政治教

育的落实；学生正确思想观点的确立，又可以促进心理健康教育的深入。因此，开展教育时，要了解学生的心理需求，注重情感体验，掌握个性特征，实施以思想教育服人和以心理教育感人的双重影响，以情感沟通促进理性交流，以理性思维带动感情升华，做到动之以情，晓之以理，情理交融。

（二）入学进行心理测试并建立学生心理档案

心理健康的预防措施从新生入校就应该开始实施。新生入学一段时间后，学校开展深入的调查研究，组织进行心理测验，准确把握预科新生的心理变化与思想动态，了解新生的心理适应状况。通过大力宣传和普及心理健康知识，使新生了解心理健康对成才的意义，树立心理健康意识，掌握心理调适的方法，增强心理适应能力。实践证明，心理测试还是很有科学性的，增强学生心理保健工作的主动性，防患于未然。

建立学生心理档案是加强学生心理教育工作，推进素质教育向纵深发展，实现教育现代化的重要条件和必要保障。它可以为学校的宏观管理提供决策依据，可以提高教师教育决策和科学研究的水平，可以为学校心理辅导、咨询和治疗工作提供操作指南，可以为学生的身心健康发展提供动态的监测手段，以至于为全面提高教育教学质量提供切实有效的帮助。心理档案的建立，就是期望对学生心理问题能够及早发现、及时干预，有效控制。

（三）建立心理咨询室

建立心理咨询室，每周四下午向学生开放。根据从各个渠道搜集到的信息，参照心理危机预警指标体系，初步确定预警及干预对象，并通过心理测试、约谈、深入调查等手段掌握这些同学的更多信息，筛选出真正有心理危机的个体，根据其严重程度分门别类实施干预措施。对有心理问题且不能自我调节的同学，及时进行咨询帮助；对有心理障碍的同学，联合心理医生进行一定的心理治疗。

（四）成立心理协会

心理协会的成立可激发学生的主动性和创造性，实现高校心理健康教育的宗旨。其任务是配合和协助学校心理咨询室面向全体学生开展心理知识教育和宣传普及活动，共同探讨和解决一些学生中常见的心理问题。如负责校园心理知识的传播、心理咨询、校内心理健康教育活动的组织与策划、校际间心理健康教育的交流与合作等。建立并充分利用学生心理健康协会对高校心理健康教育工作的全面开展，切实提高全体学生的心理素质，有着十分重要的作用。

（五）在学科教育中渗透心理教育，实施情景教育法，多方协作，共同渗透

1. 融心理健康教育于班主任工作之中

“一个好的班主任，应该是一个出色的心理学家。”特别是在当前学生心理问题逐渐增多的情况下，班主任是对学生进行心理健康教育的主力军。班主任与学生有着广泛的直接接触，可以及时了解掌握学生各方面的情况，有利于广泛地进行有针对性的、有预防性的心理指导。班主任主要应做好三方面的工作：一是努力创造适合学生心理健康发展的、宽松和谐的班级心理环境，促使学生的心理健康发展；二是利用班会课、活动课开展心理健康辅导和心理素质训练活动，不断提高学生的心理素质；三是通过与个别学生谈心和写“谈心日记”等方式指导学生正确认识自己，增强学生调控自我、承受挫折和适应环境的能力。

2. 寓心理健康教育于学科教学之中

学生在校的大部分时间都是在课堂教学中度过的，学生对知识的接受过程，也是心理发展的过程。因此，加强学生的心理健康教育，学科教师责无旁贷。各学科教师应充分发挥学科教学的心理教育功能，把心理健康教育渗透到课堂教学的各个环节中去，充分挖掘教材的心理教育因素，有意识地对学生进行心理教育和心理素质的训练，尤其是要对学生进行学习心理方面的指导，注意激发学生的学习兴趣和成就动机，帮助学生学会正确的成功归因和激发学生的创造性思维，教会学生运用科学的学习方法，按照学习的心理规律来提高学习效率。

3. 将心理健康教育与各项教育活动相结合

喜欢活动是人的本性。人的心理不仅是通过人的活动表现出来的，而且是在活动中形成的。学校积极开展心理健康教育活动，如组织学生创办心理健康教育专题黑板报、专栏、手抄报、知心园心理专刊等，开设心理广播，开展心理主题班会、团队会、创办知心社等，在全校营造一种浓厚的心理教育氛围，使学生受到潜移默化的影响。同时，学校还要把心理健康教育与学校德育活动、班团队活动、体育卫生活动、文学艺术活动、社会实践活动相结合，让学生在生动活泼的活动中，促进人际交往，形成团队合作、友爱互助的人际关系，增强学生的竞争意识，锻炼意志，形成积极向上的健康心理。

4. 建立学校—家庭心理健康教育的通道

学校应非常注重发挥家庭在心理健康教育中的作用，适时沟通，指导家庭教育，向家长普及青少年心理健康教育常识，指导家长科学地对孩子开展

心理健康教育，帮助家长树立科学的教育观念，提高家长的心理健康教育意识，从而以良好的行为、恰当的方法影响和教育孩子。

5. 学校教育与自我教育相结合

学校积极地引导学生进行自我教育。有意识地引导学生认识自身成长的心理需求，教育学生认真审视自我，思考上大学的目的所在，应该怎样度过大学生活，应该树立什么样的奋斗目标，如何选择个人的发展道路。同时，经常性地开展师生间的对话活动、同学间的联谊活动，让大学新生有适当的场所进行交流、沟通。对大学生所获得的成果进行展示，让他们发现自己的优势、才智，使他们能够得到正确认识自我的机会，逐步提高学生的自我认识能力，帮助并指导他们尽快完成自我心理调节。这样他们才能调整心态，树立正确的学习目标，成为理想远大、德才兼备、全面发展的人。

通过上面的途径、方法进行心理指导，一些有心理问题的学生的心理状况有明显好转，学生总体心理素质有明显提高。同时，在学校的各项活动中，学生的表现越来越好，尤其是学生的自我意识、情绪素质、人际交往能力及其他的一些能力明显提高。

五、对民族预科高校心理健康教育的几点思考

（一）心理健康教育是素质教育的重要组成部分

全面推进素质教育是党中央、国务院从我国社会主义事业兴旺发达和中华民族伟大复兴的大局出发做出的重大决定。高校作为培养社会主义事业建设者和接班人的重要基地，全面推进素质教育必然是其重要的工作目标。人才素质包括思想道德素质、文化素质、专业素质和身体心理素质四个方面。实践证明，心理素质是人才素质的基础，大学生没有良好的心理素质便无法很好地完成学业，更无力承担建设祖国的重任。从这个角度讲，心理素质直接影响大学生全面素质的提高，关系到高校能否完成造就德智体美劳全面发展的社会主义事业的接班人和建设者这一根本任务，关系到中华民族的未来。民族预科高校要加强预科学生的心理健康教育，就要从全面推进素质教育的高度、从加强和改进预科高校德育教育的高度、从引导预科学生全面发展和健康成长的高度，来开展预科学生心理健康教育工作。

（二）开展民族预科大学生心理健康教育的途径和方法不能局限于心理辅导或咨询

要以课堂教学、课外教育指导为主渠道和基本环节，形成课内与课外、教育与指导、咨询与自助紧密结合的心理健康教育网络和体系，用各种途径

去落实教育内容，实现教育目标，丰富学生心理健康教育的途径和方法。例如提高各科教师的心理健康教育意识，在学科教学中渗透心理健康教育。开设心理健康教育课，并纳入学校正规计划中，保证课时；在心理健康教育课上，可以有针对性地传授一些心理调节的知识和技能，使学生更好地应对学习、生活中的各种困惑。组织心理健康教育活动，如组织创造比赛、社会实践活动等，让学生参与到活动中来，通过亲身体验来提高心理素质。利用班主任工作、班级或团队活动和校园文化活动，有意识地开展一些利于培养学生心理素质的活动。开展心理辅导与咨询，对学生的共性问题进行团体辅导和教育干预，对个别问题进行个别辅导和咨询。加强学校、社会、家庭的联系，形成三者结合的教育网络，减少学生内心的矛盾，家长要能够充分了解和科学评价子女，为学生的健康成长创造良好的家庭心理环境。

（三）在民族预科大学生心理健康教育中，一定要重视学生心理调节能力的提高，特别是健全人格的塑造

健全人格的教育已经成为世界各国高等教育改革成果与现代化程度的重要标志之一。许多国家纷纷调整各自的人才培养目标，以适应知识经济时代对健全人格要求。例如，韩国政府确定了“全人教育”的目标，以培养未来社会需要的健康的人、爱美的人、有能力的人、有道德的人、自主的人。英国教育大臣在教育改革议案中指出，教育必须形成适合现代生活的行为规范和伦理道德，要使所有学生懂得诚实、自强、责任心和尊重别人的价值观。在国际化、信息化时代，大学生心理健康教育的使命是要使大学生具备优良的人格素质。

（四）重视教师自身的心理健康

教师自身的心理健康问题不仅影响教师个人的发展，而且影响到学生的心理健康。有调查表明，学生不良情绪的80%来自于身边的长者，当然也包括教师。因此，应把师源性的心理行为问题减到最低程度，避免学生受到消极影响，从而优化学生成长的环境。对每个教师都应提出重视对学生进行心理健康教育的要求，使心理健康教育渗透到学校教育的各个方面、各个环节，尤其是课堂教学中，使每个教师都能成为学生心理健康的“保健医生”。

（五）要积极地为指导对象创设成功的体验

特别是对待处在矫治、预防层面的学生，其心理问题往往是由于反复的失败形成的（如学习困惑），体验成功不仅可以减弱甚至消除其心理困扰，而且有利于恢复其自信心，形成良好的心理品质。同时，许多良好心理素质的形成也需要成功的体验，以此来不断强化，使良好心理品质尽快形成。

总之，心理健康教育已经成为人才培养、素质教育的重要组成部分，民族预科高校要增强对大学生进行心理健康教育的紧迫感，从全面推进素质教育的高度、从加强和改进高校德育工作的高度、从引导大学生全面发展和健康成长的高度，深刻理解加强大学生心理健康教育的重要性。预科是大学生形成各种观点的关键时期，也是心理教育的关键期。学校的心理健康教育工作者和思想政治工作者一定要利用这一关键时期，健全各级干预组织机构，保持各条信息反馈渠道畅通，合理采用各项可行性干预措施，整合各种教育策略，发挥各种优势，利用其综合教育效应为培养学生健全的心理素质服务。

参考文献

[1] 胡军华，等．浅析高校新生心理健康教育［J］．江西农业大学学报，2004（1）．

[2] 王敏，等．大学新生心理危机及其干预对策的探讨［J］．科技教育创新，2001（12）．

民族预科院校和谐校园建设探析

沙宇微

[摘　要] 校园的安全稳定是高等学校各项工作的重点，民族预科高校作为全国各民族青年学子的聚集地，不仅是中华各民族文化荟萃和传承的殿堂，更被赋予了民族团结的特殊意义，其校园的安全稳定更直接反映着国家和社会的稳定大局。在当前形势下，民族高校潜在的不和谐因素在今后的一段时间内还将存在，而新的影响校园安全稳定的因素又会不断发展变化。本文结合北京理工大学秦皇岛分校的实际情况，提出了维护高校稳定、构建和谐校园的有效措施，同时更要与时俱进、加强学习、探索方法，把民族预科校园和谐稳定工作做得更好。

[关键词] 民族预科　民族团结　和谐校园

构建和谐校园成为新时期高校管理的一个主题，校园和谐是中国特色社会主义教育的本质属性及内在要求，是全面建设和谐社会的必然要求。少数民族预科生处在当今各种复杂思想的相互冲击和碰撞的特殊时期中，在思想认识上极容易产生偏差，民族情感和尊严极容易遭到利用，从而产生歪曲民族现状、歪曲社会和人生的不良观念，进而出现极端不和谐的行为表现。因此，作为民族预科高校，应进一步加强维护校园安全稳定工作的研究，把握影响校园安全稳定的各种因素，完善制度建设并使其真正发挥出应有的效力，对于促进和谐校园建设，确保民族高等教育事业健康、快速、有序地发展，进而对促进民族团结、维护国家统一无疑具有十分重要的现实意义。

一、民族预科高校和谐校园建设的重要性

民族预科高校是思想活跃、信息交汇、人才荟萃、精英云集的场所，具有独特的社会引导功能和社会批判功能，既是社会的重要组成部分，也是意识形态斗争的重要阵地。虽然高校往往是引领社会思潮、批判社会现实的急先锋，也是传承先进文化、创新科学技术的排头兵，但稍有不慎，则极易激发矛盾冲突，引起社会动荡。而民族高校作为全国各民族青年学子的聚集地，

不仅是中华各民族文化荟萃和传承的殿堂，更被赋予了民族团结的特殊政治意义，其校园的安全稳定更直接反映着国家和社会稳定的大局。同时，预科生是特殊的社会群体，具有对社会问题敏感度高、易冲动、群体感染性强的特征。特别是各少数民族预科生，他们来自全国各民族地区，牵涉到民族地区的千家万户，因此，民族高校的安全稳定直接关系和影响到国家和社会的稳定，是社会秩序稳定和民族团结统一的晴雨表。从上述的意义上说，民族高校的安全稳定对社会稳定、民族团结的构建具有举足轻重的作用。没有安全稳定，构建和谐校园便无从谈起，更无法谈及构建和谐社会和维护民族团结。唯有在安全稳定的校园环境下，学校才能保障师生的人身和财产安全，保证正常的教学和生活秩序，才能达到校园和社会的和谐。

民族高校安全稳定的主体是各少数民族大学生。因此，把握他们的思想特点、关注他们的思想动态是做好民族高校安全稳定工作的前提。当前，由于人们的思想观念、价值观念和道德观念多元化，民族高校正成为各种思想文化相互激荡冲击的前沿，成为马克思主义与各种非马克思主义争夺青年学生思想倾向的重要领域，也是民族分裂分子进行非法渗透活动的重要目标。所以，一定要加强民族高校的安全稳定工作。胡锦涛同志曾指出："一个有远见的民族，总是把关注的目光投向青年；一个有远见的政党，总是把青年看做推动历史发展和社会前进的重要力量。"因此，要想使民族高校的安全稳定工作取得实效，就必须牢牢把握住当代各少数民族大学生的思想特点，否则，维护安全稳定的工作将失去价值，无法达到预期的效果。

确保民族高校的安全稳定是构建和谐高校的重要举措，和谐高校建设包括：校园内良好的教风、学风以及人际关系和谐；校园物质文明、精神文明、政治文明的统一；学校教学、学生管理、后勤服务、社会服务等方面协调发展。和谐高校的首要条件是校园的安全稳定，没有安全稳定的校园环境，高校就无法实现发展，更谈不上和谐。因此，构建高校安全稳定的工作考评机制是落实学校维稳工作的重要举措，是构建和谐校园的迫切需要。

安全稳定是做好学校各项工作的基础和保障，只有维护好高校的安全稳定，才能使广大师生在安全、文明、和谐的环境中工作、学习和生活，才能保证全校各级各部门在正常状态下各司其职地完成岗位工作，才能使高校改革和发展的各项目标得以顺利实现。

所以，从社会秩序和民族团结的角度看，民族高校的安全稳定既有普遍性，也有特殊性，民族高校的安全稳定仅仅是社会秩序运行和民族团结统一的一个状态。民族高校安全稳定的本质是保持高校政治局面的稳定和校园民族关系的和谐融洽。一旦民族高校的政治不稳定，民族关系恶化，比如出现学生上街游行、静坐、请愿、串联等情况，可能会波及社会，进而危及整个社会的政治稳定和民族的团结统一。所以，着眼于落实科学发展观和社会主义和谐社会的建设，民族高校必须客观认识，理性对待。

二、当前影响民族预科院校和谐的主要因素

在当前形势下，民族高校潜在的不和谐因素在今后的一段时间内将长期存在，而新的影响校园安全稳定的因素在又不断地发展变化，短时间内难以彻底消除，也有可能随时对民族高校校园的安全稳定带来极大的威胁和挑战。

（一）西方敌对势力、民族分裂势力的侵袭

国内外敌对势力对民族高校组织实施“西化”“分化”的渗透破坏活动，干扰民族高校的安全稳定。各种西方敌对势力大力支持国内的分裂和敌对分子，包括民族分裂分子、法轮功邪教分子以及部分移居国外的民运分子，他们把民族高校作为政治渗透的重点目标。民族高校极有可能成为他们的突破口，他们利用手机短信、网站、电子邮件、网上聊天等手段使少数民族大学生放松警惕性，进行反动宣传。他们利用国内社会转型期出现的种种矛盾，制造荒谬的民族压迫论，煽动少数民族大学生对政府的不满情绪，试图引发各种形式的抗争性事件，对校园稳定产生极坏的影响。

（二）各种邪教的活动

对各种邪教的活动，各种非法宗教的渗透活动，各种黑社会势力，有些老乡会、同乡会，以籍贯划分拉帮结派和校外串联等进行的非正常活动（如集体械斗、打群架等），对此必须认真对待并采取积极严厉的应对措施。

（三）学生心理健康问题的影响

当前高校大学生伤人或自杀事件时有发生，凸显出在现阶段的大学生教育体制下学生心理健康教育环节的投入薄弱，重视不足。而民族高校的少数民族大学生中有一大部分来自于本民族聚居区或边远山区，即使是其他一些散居地区的学生，也都或多或少地保留着本民族的特点，正是由于学生在民俗习惯、宗教信仰、个人性格、爱好情趣等方面的明显差异，使他们在大学生活中面临一些特殊问题。而这些问题极容易打破少数民族大学生原有的心理平衡，并由于其他人对自己信仰不理解而引发隔膜和纠纷。同时，少数民族大学生具有相对敏感的心理特质，所以，在与他们交流的过程中绝对不能流露出任何轻慢和歧视的意思，否则会让他们产生严重的抵触情绪，引发更严重的问题。心理和谐是校园和谐的基础和重要组成部分。

（四）如何引导民族预科生正确对待网络信息，在复杂的网络世界保持清醒的头脑，是当前维护校园稳定大局的重要课题

当代学生自我判断是非标准的自主性、独立性增强了，但是其人生观、价值观尚未成熟，容易受到异化思想的冲击，特别是东西方价值观念在学生头脑中的碰撞、冲突更加直接、激烈，如对其不加以正确和有力的引导，必将使学生出现思想上的混乱，影响他们形成正确的世界观、人生观和价值观。网络传播的信息“垃圾”会对民族预科学生思想和行为产生误导。

（五）校园及周边环境治安问题

大学是开放的校园，拥有相当数量的消费人群，大学的存在必然带动周边商业圈的建立。但校园内外复杂的人群结构和鱼龙混杂的周边环境，给校园带来诸多的不安全因素。目前高校周边商业网点门类繁杂，加大了学校对学生管理的难度。同时，受社会大环境的影响，高校周边刑事案件时有发生，尤其是校内外勾结，利用内部管理存在的漏洞对学生作案。校园内财物被盗、人身伤害等事件直接影响到学生正常的学习和生活，引发了一些不稳定事件。

三、加强和谐校园建设对策

（一）建立健全信息报送制度，使信息报送渠道畅通

民族高校要着眼于应对突发事件，进一步加强系统内的信息报送工作，全面了解和掌握学生突发事件以及各级组织维护校园安全稳定工作的开展情况。要研究制定和组织实施维稳信息工作的规章制度和工作计划，做好信息的采集、传送、上报、反馈和存档等工作；要负责在第一时间迅速收集上报校园重大突发性事件、重要动态、重要紧急情况，并随后续报送事态进展、处置措施、起因后果和吸取教训的情况；要全面、及时地把握重点事件和舆论热点，有针对性地开展维稳信息调研，提供有情况、有分析、有建议的专题综合信息。同时，民族高校的各级组织要提高信息的实效性，充分保证信息工作的上情下达、下情上达、正确决策、科学管理。

（二）加强对学生社团和校园活动的监控和管理力度

坚持预防为主，加大正面宣传、教育的力度。要严防境内外敌对势力和民族分裂势力利用民族、宗教、学术等借口进行渗透破坏活动，加强学校管理，防止利用学生社团从事非法活动；要加强对校内学生社团组织的指导和管理，防止校内学生社团组织进行超出其宗旨的活动，取缔并严禁有不良政治倾向的非法社团组织在校园内活动；要加强校园网的管理，控制有害信息

的传播，加强对研讨会、报告会、座谈会、论坛、讲座、报刊出版、校园网络、贴吧等重点环节的审批和管理。学生工作部门、各级团组织要组织学生参与社会调查、社会实践、科技活动，开展学生喜闻乐见、形式多样的校园文化活动，使他们增强自觉维护校园稳定的积极性和主动性。

（三）提高应对处理突发事件的能力

妥善处置学生突发性事件，最大限度地减少损害、损失和不利影响，维护学校的安全稳定，保护学生的切身利益。具体而言，就是学校各级领导、学生工作干部要深入到学生班级、宿舍中去，悉心听取学生们的心声，了解他们的思想动态和在学习、生活、工作中存在的实际困难。对学生们合理可行的要求要尽快解决，对一时难以解决的问题要给予明确的答复和承诺，对学生中存在的模糊认识甚至偏激行为要给予耐心的教育与引导。

（四）应对网络时代带来的不利因素，预防不良思想的出现

要努力提高学生的思想道德素质，强化道德教育，使文明上网成为大学生的自觉行为；增强学生对网络文化的辨别力和抵制诱惑的能力，使学生坚定正确的理想和信念，树立正确的世界观、人生观和价值观，确立科学的思维方式。要发挥课堂教学主渠道的功能，把思想政治教育与课堂教学有机地结合在一起，结合国际、国内和学校的实际，围绕大学生普遍关注的社会现象和热点问题，有针对性地做好课堂教学和教育引导，动之以情，晓之以理，引起学生的共鸣，使大学生们能够理性地分析问题、思考问题。

（五）坚持以学生为本，营造维稳工作的良好氛围

丰富学生文化生活，开展丰富多彩、生动活泼、形式多样的文体活动，既是培养学生综合素质的需要，也是凝聚学生、吸引学生、搞好维稳工作的需要。要根据学生的特点，从学生的实际需求出发组织活动，同时要采取有效措施增强活动的效果。在维稳和特殊敏感期间，无论是否是节假日，都要向学生开放所有文体场所和学习场所，充分发挥活动的作用，尽可能让更多的人参与。同时，做好服务保障工作，以学生为本，就是尊重学生、服务学生，这是全体教职工义不容辞的责任。在一定的条件下，任何因失职造成学生学习生活困难的事件都有可能激化矛盾，影响学校的稳定。因此，学校要自觉地把维稳工作与关心解决学生的实际问题结合起来，热情地为他们排忧解难。有些从表面上来看似乎只是简单的服务问题，但实际远非如此，如果解决得好，它既能解决学生生活上的困难，同时也消除了影响学校稳定的隐患。所以，各部门应该主动担负起应有的政治责任，准确把握所面临的国内外政治形势，通过宣传党的路线、方针、政策，使各少数民族青年大学生在

政治上与党中央保持高度一致，使他们的参政意识、政治心理和政治行为趋于稳定和成熟，提高其政治鉴别力、政治敏感性和政治凝聚力。在遇到各种突发性事件时，能保持政治头脑清醒，政治立场坚定，不冲动、不盲从，共同维护校园的安全稳定，促进和谐校园的发展。

四、民族预科院校和谐校园建设保障措施

和谐凝聚力量，和谐成就伟业。构建社会主义和谐校园是摆在我们面前的一个新的时代课题。实现理想的和谐校园，是一个漫长的过程，需要进行长时期的艰苦努力，需要一切从实际出发，自觉按规律办事，立足当前、着眼长远，量力而行、尽力而为，有重点、分步骤地持续推进构建和谐校园的历史进程。构建和谐校园，是落实以人为本的科学发展观的需要，它贯穿于高等教育的方方面面。

（一）牢牢把握正确的宣传、舆论、教育导向，发挥社会主义核心价值体系的导向作用

发挥主流意识形态的引导功能，关注学生的思想动态。充分熟悉新形势下加强大学生思想政治教育的重要性，利用校园各种媒体对大学生进行理想信念教育、爱国主义教育和道德规范教育，增强大学生的使命感和责任感，增强民族自尊心和自信心，提高民族凝聚力。加强法制教育，增强学生的遵纪守法意识；组织学生开展广泛的社会实践活动，以健康、向上的活动丰富的学生课余生活，积极营造适合大学生健康成长的良好校园环境。深入学生生活，了解学生思想动态，领导主动参与大学校园网络交流，把校园网作为引导大学生树立正确价值观的有利场所。将以改革创新为核心的时代精神纳入高校教材、在课堂教育教学中，激发广大师生的改革创新意识，使他们的思想与时代发展同步，始终保持昂扬向上的精神风貌。继续开展三生教育①、感恩教育和诚信教育。健全体制机制，为实现高校长期稳定提供有力保障。一是建立工作机制，继续扎实开展创建“平安校园”活动。二是健全长效机制，进一步健全和执行安全教育制度、消防安全管理制度、校园网络安全管理规定、饮食卫生管理办法、学校大型活动安全审批制度、安全维稳工作应急预案体系等制度。

（二）深化后勤改革，提高管理水平和服务质量

在后勤管理体制改革不断深化的进程中，后勤部门要进一步深化服务意识，解决与师生学习、生活、工作密切相关的实际问题，解决师生因后勤服

① 三生教育：是学校德育范畴的概念，包括“生命教育”“生活教育”“生存教育。”

务不周或差错而发生的种种纠纷或不满情绪。后勤部门要经常深入基层，听取师生的意见，沟通联系，交流疏导，及时解决师生迫切要求解决的合理要求和反映强烈的“热点”问题。有些问题即使不能马上解决，也要合乎情理地给予解释，使师生理解学校的实际困难，把自己当做学校的主人，把学校看成自己的家，不使这些问题成为诱发突发事件的“导火索”和“引爆点”。充分认识当前做好高校学生食堂工作的重要性和紧迫性。学生食堂关系到学生的切身利益，直接影响到他们的学习、生活和思想情绪，因而极易诱发事端，影响学校稳定。各高校要加强对学生食堂的管理，千方百计地控制饭菜价格。要组织学生参与对食堂日常工作的评价与监督，食堂要切实保证饭菜质量，提高服务水平。后勤管理工作是影响当前高校稳定的一项重要指标，积极协调高校后勤，避免社会化过程中出现的矛盾，加速后勤设施建设，提高后勤服务水平，最大限度地改善学生的生活质量。

（三）切实加强学生思想政治教育工作

当前高校学生关心的热点问题较多，各高校要有针对性地加强形势教育，做好理顺学生情绪和思想疏导的工作。要把思想教育工作和帮助家庭贫困的学生解决实际困难紧密结合起来。要引导学生通过正常途径反映意见和要求，不要采取过激行为，警惕有人借机制造事端，自觉维护学校正常的生活、学习秩序。改进学生管理工作，首先是更新管理观念。应充分尊重学生的主体地位，使其成为教育和学习的真正主人。尊重学生对学校管理工作的知情权、话语权、参与权、自主权，正确处理以教育为本和以人为本的关系。其次是管理方式的法治化和科学化。要使学校的管理制度符合法律规范，符合大学生的生理和心理发展规律，对学生的管理张弛有度，将学校的管理纳入规范化的轨道。最后是实施人性化管理。关心学生的学习和生活，加强学生的心理辅导工作，针对目前我国高校心理咨询机构建设和人员配置严重不足的状况，积极开展各种活动，帮助学生正确熟悉心理健康新问题，发挥辅导员、学生干部的骨干功能，帮助学生主动进行心理调适，以积极的态度应对急剧变动的时代。

（四）学校要坚持安全工作无小事的态度，在安全稳定工作方面树立大安全观，求实、务实、落实，防微杜渐，未雨绸缪，从严要求，防患未然

学校要落实“全员参与、全面渗透、全程管理”的维护安全稳定工作理念，促进安全稳定工作的有效开展。学校应坚持加强对安全稳定工作的组织领导，成立由校长挂帅的维护安全稳定工作领导小组，设立安全保卫部门，

加强校园安保巡逻，安装安全督察系统，不断加强技防、物防、人防建设，保障安全稳定工作顺利推进。学校要结合学生寄宿制的实际，坚持把安全工作放在德、智、体教育及其他管理工作之中，深入实际，了解校情、级情、班情、学生情况，深入宿舍、食堂、教室、球场、家庭，更好地把握情况，研究对象，把一切安全隐患消灭在萌芽之中。坚持做到认识、组织、计划、措施、宣传、落实、督察、经费、奖惩、及时十个到位。每年开展新生消防安全训练，加强学生心理疏导，持续开展维护安全稳定教育的工作，着力提高学校的安全防范能力，确保校园安全稳定工作不落空。

（五）通过开展民族大团结教育活动，广大师生的认识得到很大的提高

高度重视校园安全稳定工作，制定安全稳定工作的方案和应急预案，建立应急机制，落实维护安全稳定的各项措施。健全校长挂帅、分管校长负责、各科教师为主体、辅导员和班主任为骨干的分级负责制度，实施责任到人的学校爱国主义和民族团结教育工作机制。

构建和谐校园体现了学校发展的价值取向，体现了学校的软实力。追求个人、知识、社会的和谐发展将成为21世纪教育理念的价值取向。一所学校的发展应该是软实力与硬实力的共同提升，尤其是软实力。软实力指的是学校的凝聚力、吸引力和向心力，构建和谐校园，营造高品位的文化氛围，让学生在这个氛围中去思考、理解、感悟，净化灵魂，升华人格，完善自己。这种和谐使学校在其内在凝聚力、吸引力和向心力等各方面都能够得到发展，这也正是学校软实力的一种体现。维护社会稳定是国家长治久安的基础，它既是一项重要的工作，也是一门学问。民族预科高校务必警钟长鸣，经常分析研究社会和校园的维稳形势，根据维稳工作中出现的新情况、新问题，抓住重点做工作，保证校园的稳定和谐。同时要与时俱进，加强学习，探索方法，把民族预科校园稳定工作做得更好。

参考文献

[1] 吴俊清，刘瑞贤．社会秩序视野中的高校稳定态势［J］．中国青年研究，2008（10）．

[2] 解放军西安政治学院党建系．谈高校稳定影响因素及和谐校园建构维度［J］．学术论坛，2007（7）．

民族预科院校图书馆参与素质教育的优势及途径

陈秀华

[摘　要] 高校图书馆是文献信息服务中心，有着丰富的馆藏资源、优雅的阅览环境、浓郁的文化气息，在大学生素质教育中有着自身的优势，起着重要的作用。

[关键词] 图书馆　民族预科　综合素质

一、民族预科院校图书馆开展素质教育的优势

（一）文献收藏满足了读者需要

高校图书馆是为教学和科研服务的，因此每年会按计划，科学而合理地利用文献购置经费，配备各种类型、各种载体的文献资料，满足不同读者对文献的需求，既能满足教学、科研的需要，也能满足学生素质教育的需要，为学生的素质教育打下良好的物质基础。尤其是图书馆收藏的有关人类精神思想的社科文献，对于提高大学生的道德品质修养，帮助其树立正确的人生观、价值观，具有十分重要的引导作用。而专业文献，对大学生的专业知识的开发有着不可或缺的作用。我校的馆藏资源始终处于不断更新之中，能够保障学生掌握知识的前沿性。

（二）第二课堂作用

学校图书馆是学生的第二课堂，是学生获得全方位技能的重要场所。因此，要根据学生在不同成长阶段的身心发展特点，制定学习目标和教育计划，利用各种服务手段主动为学生有计划、有目的、有针对性地开展服务。比如我校成立的“读书社”，会不定期地开展形式多样的读书活动，培养读者的阅读能力、自学能力、思维能力和创造能力。图书馆是学生自主学习的场所，学生可以利用馆藏资源补充自己在课堂上不能学到的东西，扩大知识面，陶冶情操。

（三）先进的管理手段提高了服务质量

我校图书馆拥有大量的纸本图书，由于以前实施手工借阅，工作人员工

作量大，学生不了解图书的摆放规则，所以极容易出现乱架现象。在校领导的统一部署下，2008 年和 2009 年，我们利用暑假时间，对图书依据《中国图书馆图书分类法》进行了分类，并建立了图书馆的自动化管理系统，使编目、流通工作实现了微机管理。我校图书馆现有图书 1.4 万余册，全部实现了自动化管理。由于有了规范的分类体系，图书的架位整齐、类别清晰，借书还书的效率也大大提高，提高了服务质量。

（四）优雅的学习环境会提高大学生的综合素质

图书馆有着宽敞明亮的馆舍、丰富多样的馆藏资源、浓郁的文化气息，对读者有着强大的吸引力。大学生不仅可以在图书馆汲取知识，而且在这美好的环境中还会受到潜移默化的影响和教育。清新、高雅、安静、舒适的环境，使人们在不自觉中接受教育，陶冶情操。置身于此，可以使学生浮躁的情绪得到缓解、烦躁的心情得以改变、不良的习惯得以去除，逐渐养成积极向上的精神面貌、乐观豁达的处事态度、与人合作的团队精神等，促进了大学生综合素质的提高。

二、民族预科院校图书馆参与素质教育的途径

（一）加强馆藏建设，优化馆藏资源

图书馆拥有丰富的、高品位的、高质量的馆藏资源，满足读者多层次、全方位的信息需求，是吸引大学生的基础条件。因此要采取多种形式的采购方式，听取教师、学生的意见和建议，制订周密的采购计划，保证馆藏资源的多样性、结构的合理性，定期对馆藏资源进行优化，从而在质量、数量以及种类上，与开展素质教育所需要的文献要求相符合。

（二）提高认识，倡导优质服务

图书馆的服务水平在不断提高，服务模式在不断变化，工作的重点也随之改变。工作重心从藏书建设改为注重服务，为此要树立“读者第一，服务至上”的理念。图书馆员应爱岗敬业，以饱满的工作热情、认真负责的工作态度、扎实的专业功底、广博的学识和强烈的信息意识为大学生树立良好的形象。图书馆员的自身水平直接影响其为读者服务的质量，同时也对大学生的素质教育起着潜移默化的作用。图书馆工作人员要熟悉图书馆的馆藏特点，了解读者的需求，解答读者提出的各类问题。当大学生到图书馆来借阅时，常会在书架中徘徊，感觉找到自己所需的书刊并不容易，这就需要相关人员的帮助，图书馆工作人员应耐心、热心、诚心为大学生提供优质的服务。

（三）开展活动，提高学生素质

由于我校学生是少数民族学生，语言和生活习惯都各不相同，通过开展各种活动能调动大学生的积极性，提高团结协作的能力。在特定的时间，拟定不同的主题，通过开展各种文化展览活动，如图书展览、书画展览、摄影展览、手工作品展览及科技展览等活动，提高学生的综合素质。也可以通过开展学术讨论、专家报告、知识竞赛、演讲比赛等活动，使学生在活动中得到锻炼，同时加强了大学生的思想品德教育，培养了学生的爱国主义情操，使学生树立了正确的世界观、人生观、价值观。开展导读工作，可通过“新书推介”“导读书目”等，采取限制阅读内容、干预阅读行动、引导阅读倾向、提供阅读方法等措施，来帮助学生掌握科学读书的有效手段。在日常的服务中多与学生沟通，了解他们在学习、生活中的感受，对遇到挫折的同学要多鼓励，帮助他们排忧解难，正确对待“对与错”“成与败”，鼓励他们无论遇到什么情况都要有良好的心态。通过开展上述活动，一定会在培养学生的思想政治素质、增强文化素质、提高业务素质、完善心理素质方面大有好处。

（四）参与服务

高校图书馆应该参与学校的科研与教学工作，了解大学生的信息需求，为他们提供针对性强、内容准确、覆盖面广的有效信息。同时，也可以吸收学生参与图书馆的服务，比如架位整理、破损图书的修整、花草的清洁工作，让他们在工作中熟悉馆藏及排架情况，更加爱护和保护图书馆的书刊、花草、设备等。

总之，高校图书馆在大学生的素质教育中有着不可或缺的作用。因此，应充分发挥图书馆的优势，转变服务理念，提高服务质量，使图书馆真正起到收集信息、传播信息的作用。图书馆要适应时代要求，不断与时俱进，开拓创新，结合自身的优势，并充分运用其在高校素质教育中的特殊地位，在素质教育中发挥重要作用。

如何发挥教师在民族预科素质教育中的主导作用

武文彬

[摘　要] 从应试教育逐步向素质教育转变是国家教育发展战略的迫切需要，是时代变迁的必然结果。民族预科素质教育作为少数民族教育的重要组成部分，其效果的好坏关系到我国少数民族地区人口文化素质的提高。如何发挥教师在少数民族预科素质教育中的主导作用，让学生成为维护祖国统一、反对民族分裂主义和非法宗教活动的坚强卫士，更好地为社会主义现代化建设服务，是当前民族预科教育的重要任务。

[关键词] 素质教育　民族预科　主导作用

我国当代教育实践的发展主要经历了四个阶段：从偏重双基（基础知识和基本技能）转变为发展智力与培养能力，再转变为重视非智力的培养并把它与智力因素结合起来，继而到如今的加强素质教育，教育实践的发展可以说一路坎坷，却也顺应了时代进步的要求。在这一发展过程中，20 世纪 80 年代提出的素质教育是当今教育界的一个重要概念，它的产生是我国教育实践发展的必然结果，它的提出坚持了邓小平“三个面向”（教育要面向现代化、面向世界、面向未来）的教育理论。实际上，关于素质教育的思想理念早在 2 000 多年前的战国时代就由孔子提出了。在教育对象方面，孔子提出了“有教无类”的原则，主张人不论出身贵贱、品行善恶、聪明愚笨抑或年龄大小、职位高低，都应该接受教育；在教育内容方面，重视品德教育、美育陶冶和体育卫生，重视培养学生能力及人格的全面发展。孔子的这些素质教育思想对于今天我们解读素质教育的内涵、推进素质教育的发展有着不可估量的重要作用。

1982 年，党和国家坚决反对片面追求升学率，通过实施素质教育以贯彻全面发展的教育方针。随后，一系列与素质教育相关的政策和文件相继出台。至今，素质教育推行了 30 多年的时间，其相关的理论在逐渐地完善，但是效果却不尽如人意，可以说素质教育推行至今仍处于探索发展阶段。而关于在素质教育中教师角色的定位、教师在其中所起的作用则是当前素质教育的一个重要研究课题。本文主要针对少数民族预科素质教育，对其中民族预科教师作为主导角色发挥作用的可操作性举措进行探讨。

一、少数民族预科素质教育的丰富内涵

（一）少数民族预科教育的含义与要求

少数民族预科生是从当年参加普通高考的学生中对部分来自少数民族地区的学生采取降分录取的少数民族学生。他们在正式进入普通高校接受高等教育之前需到相应的民族预科教育基地接受为期一到两年的预科教育。在《关于加强领导和进一步办好高等院校少数民族班的意见》中，要求民族预科教育要根据少数民族学生的特点，着重提高其文化基础知识，加强其基本技能的训练，使学生在德育、智育、体育等多个方面都得到进一步的发展。而在《普通高等学校少数民族预科班、民族班管理办法（试行）》中指出："民族预科教育应把德育工作放在首位，以马克思主义民族理论和国家民族政策为主要内容，教育学生热爱社会主义祖国，拥护中国共产党的领导，学习马列主义、毛泽东思想、邓小平理论和'三个代表'重要思想，树立爱国主义、集体主义和社会主义思想，树立正确的民族观、宗教观、世界观、人生观和价值观；培养学生有利于国家统一、民族团结、经济发展、社会进步的思想品德和文明风尚；鼓励学生勤奋学习、勇于创新，掌握现代科学文化知识。"可见民族预科教育不是基础教育阶段中高中教育的简单继续，也不同于大学本科、专科的专业教育，而是在接受高等教育前的预备、过渡阶段，有着承上启下的衔接作用。

（二）少数民族预科素质教育的丰富内涵

就普遍的素质教育而言，从不同的角度出发，其定义不尽相同，然而却又有着一些共同的特点：以全面提高学生的基本素质为根本目的的教育；要依据社会发展和人的发展的实际需要，尊重人的主体性和主动精神；以主张充分开发智慧潜能与个性的全面发展，重视心理素质的培养，注重形成人的健全个性为根本特征。

国家教委《关于当前积极推进实施素质教育的若干意见》解释："素质教育是以提高国民素质为宗旨的教育。它是依据《教育法》规定的国家教育方针，着眼于受教育者及社会长远发展的要求，以面向全体学生、全面提高学生的基本素质为根本宗旨，以注重培养受教育者的态度、能力，促进他们在德智体等方面生动、活泼、主动地发展为基本特征的

教育。”

由此可见，实施素质教育就是要全面贯彻党的教育方针，以提高国民素质为根本宗旨，以培养学生的创新精神和实践能力为重点，造就“有理想、有道德、有文化、有纪律”的德智体美劳等方面全面发展的社会主义事业建设者和接班人。具体而言，素质分为内在素质和外在素质，包括人的道德素质、智力素质、身体素质、审美素质、劳动技能素质等。其中内在素质主要是人对世界、环境、人生的看法和意义，包括人的世界观、人生观、价值观、道德观等，也就是一个人对待人、事、物的看法，也可以称为人的“心态”；外在素质就是一个人具有的能力、行为、所取得的成就等。整体上说，素质教育就是人在先天基础上通过后天环境影响和教育训练所获得的内在的、相对稳定并长期发挥作用的身心特征及其基本品质结构。

而根据少数民族预科教育有别于一般传统教育的不同要求和特点，在普遍意义的素质教育的相关定义下，民族预科素质教育作为民族预科教育的重要组成部分，又有着有别于非民族预科教育的自身丰富的内涵。

在少数民族预科素质教育中，对内在素质的培养是重点，对外在素质的培养是关键。其中内在素质主要为思想道德素质和审美素质，具体表现为包括马克思主义祖国观、民族观、宗教观、世界观、人生观、价值观在内的思想体现。外在素质主要为身体素质、智力素质和技能。内在素质要求是由少数民族预科教育的目标决定的，举办和管理民族预科班、民族班，要始终把德育放在工作的首位，在尊重学生主体性和主动精神的基础上，以马克思主义民族理论和国家的民族政策为主要内容，使学生具备热爱社会主义祖国、拥护中国共产党的领导的政治思想，了解和支持马列主义、毛泽东思想、邓小平理论和“三个代表”的重要思想，具备有利于国家统一、民族团结、经济发展、社会进步的思想品德和文明风尚，具备勤奋学习、勇于创新的时代精神。总而言之，少数民族学生内在素质的培养主要是正确的“六观”的培养、进步的时代精神的培养。而根据教育部、国家民委在《关于加强领导和进一步办好高等院校少数民族班的意见》中规定的“根据少数民族学生的特点，在教育过程中采取特殊措施，着重提高文化基础知识，加强基本技能的训练”的相关要求，少数民族素质教育中外在素质的培养主要体现在文化素质和基本技能的培养上，即其最终的目的在于使少数民族预科生在文化水平和基本技能上能达到高等院校本科、专科专业教育的入学水平。

二、少数民族预科素质教育的重要作用

（一）少数民族预科素质教育是促进各民族共同发展的重要举措，在民族教育事业中具有重要作用

随着时代的进步与发展，素质教育已成为教育的主流，也是时代变迁的必然结果。少数民族预科教育作为高等教育的一个特殊层次，从宏观的角度看，是响应邓小平同志提出的“教育要面向现代化、面向世界、面向未来”教育理论的体现，是国家为加速少数民族地区人才的培养，加快少数民族地区人民科学文化水平的提高而采取的一项特殊政策，对加强民族团结、维护国家统一、促进各民族共同发展具有重要意义，在民族教育事业中具有重要作用。

（二）少数民族预科素质教育有利于少数民族预科生正确“六观”的形成，有利于少数民族预科生思想与文化、技能发展的统一

从微观的角度即就少数民族预科生自身而言，对其进行素质教育，符合其身心发展的特点和教育的规律，有利于对少数民族预科生的创新精神和实践能力的培养，有利于其建设中国特色社会主义的共同理想和民族精神的树立，有利于其正确的“六观”的树立，有利于其良好的社会公德、职业道德、家庭美德的养成，并最终实现少数民族学生坚持学习科学文化与加强思想修养的统一，坚持学习书本知识与投身社会实践的统一，坚持实现自身价值与服务祖国人民的统一，坚持树立远大理想与进行艰苦奋斗的统一。

三、发挥民族预科教师在少数民族素质教育中主导作用的重要意义

进行民族预科教师角色转变，发挥民族预科教师的主导作用是少数民族预科素质教育顺利进行的重要前提和有力保障。

素质教育与应试教育有着本质的区别，自其推行以来，教师在素质教育中担任的角色、所处的地位较应试教育时期有了新的转变。在传统的教育中，教师一直都处于组织者、领导者和传授者的地位，是高高在上的地位，师生之间并不是平等的，知识与技能基本都是教师单向传输给学生的。而素质教育注重学生综合素质的培养，实现学生活泼、生动、主动地发展。为达到这一目标，唯有教师创设和谐、民主、平等统一、协调的环境，担任引导者、指导者、协作者，发挥主导地位，激励和启发引导学生，方能更好地形成学生间较好的学习、竞争和合作精神，实现素质教育过程中的自我创新和自我发展。

特别是对于民族预科生而言，在民族预科教育基地接受素质教育的时间

处于其社会主义祖国观、民族观、宗教观、世界观、人生观和价值观趋于成熟的关键时期，若放任学生自主发展，显然不利于学生正确“六观”的形成与发展。因而民族预科教师能否发挥其主导作用，对在教学过程中引导少数民族预科生树立正确的“六观”，使少数民族预科生在正确的思想指导下全面、综合地发展具有至关重要的影响。

四、正确发挥民族预科教师在少数民族素质教育中的主导作用

少数民族预科素质教育是民族教育的重要组成部分，现就如何发挥民族预科教师在少数民族预科素质教育中的主导作用作以下几点简单的探讨：

（一）发挥优良的道德示范者作用，用高尚的道德素质和坚定的信仰感染学生，从而促进民族预科生正确思想的形成和良好行为习惯的养成

少数民族预科素质教育的一项重要工作就是思政教育。然而思政教育的实效并不仅仅取决于教师所讲的理论、道德观念的正确性，还取决于教师自身道德品质的示范作用。我们都知道，教师作为学生思想品德的雕塑者，具有崇高的理想和坚定的信仰、言行一致、以身作则是必不可少的。在民族预科素质教育的过程中，民族预科教师应该以自身的人格、道德、情操来影响学生，点燃学生渴求进步、完善德行的理想火花。同时教师应自觉把自己培养成坚定的马克思主义信仰者，自觉维护中国共产党的领导，坚持社会主义道路，时刻葆有促进民族团结、各民族共同发展、实现共产主义的伟大理想，才能由内至外地感染学生树立正确的政治、道德思想。另外，现在的学生非常善于观察和思考，教师的一言一行都会刻在他们的脑子里。一个道德高尚、治学严谨的教师所给予学生的绝不仅仅是知识，还有思想道德观念，这对学生的影响是最为广泛、深刻和持久的。教师崇高的人格魅力和感召力会使学生对其产生敬爱和信赖感，从而建立良好的师生关系，这种良好的氛围会在极大程度上提高教育的效果。而教师渊博的学识，勤奋钻研、恪尽职守、敬业爱岗的精神则会使学生对其产生敬佩之情，在接受知识的同时也在通过教师的“形体语言”获得思想品德方面的信息，从而修正自己的思想和行为。

（二）发挥教材整合与课堂优化的作用，结合少数民族预科学生的具体情况，寻找适合其素质培养的相关内容和方法

不同的科目和教育内容有不同的教育点，而教师就是这些教育点的发现者和沉淀者。对于不同岗位的民族预科教师而言，要善于发现和抓住自己教育内容中的教育点，结合少数民族预科生的具体特点，从系统思维的角度出

发，结合课程体系的建构、内容的安排、方法的选择和手段的更新，抓住与少数民族预科素质教育相关的热点和焦点来有针对性地选择适合少数民族预科生的教学和教育内容。

另外，民族预科素质教育有别于普遍意义的素质教育，就文化素质的培养而言，不是高中知识的简单重复，也不似高等教育那样复杂，而是要达到高等院校本科、专科教育的入学水平。因而在智能、技能的培养，课堂的教育教学中，民族预科教师要充分发挥课堂优化的作用，对教学目标、教学内容、教学过程要进行合理的优化，坚持“把握精髓、优化内容、改进方法、重在入脑”的原则，充分调动课堂各要素的积极性，增强教学内容的关联性、综合性和实效性，以更好地利用课堂开展素质教育。

（三）发挥教育方式、方法选择者和创新者的作用，对少数民族预科生进行因材施教，使全体学生都有机会得到全面的、更好的发展

教育的效果并非完全决定于教师单方面的活动，它还以学生的“心理背景”与“知识基础”为转换。素质教育要求发挥学生主体性的地位，作为主导作用的民族预科教师，在开展素质教育的过程中要充分调动学生的生动性、积极性和主动性，采用多种方式的教育方法开展素质教育。

由于少数民族预科生多来少数民族聚集地区，不同的少数民族地区由于自然条件及历史等相关原因，发展很不均衡，不同民族又有着各自不同却显著的特点，这也导致来自全国各地不同少数民族地区的民族预科生之间显著的差异，因而教师在开展素质教育活动的过程中不能采用一样的教学、教育方式和方法，而应依据少数民族预科生的心理发展水平和学生现有的知识状况，尤其要考虑他们的民族特点以及个别学生的差异而采取与之相适应的教育内容和方式。

“因材施教”自孔子提出至今有1 000多年的历史，是当代素质教育的重要指导思想。作为民族预科素质教育的重要执行者，民族预科教师应通过对预科生课堂内外和日常生活的观察，“视其所以，观其所由，察其所安”，尽可能地掌握预科生各自细微的外部行为表现，调查他们的内心世界和知识、技能、思想、品德等方面的状况，了解学生在知识技能上的个别差异、心理活动与心理发展状况，把握学生认知、情绪、意志及个性方面的特点，依照这些心理特点、接受能力、知识经验和个别差异，恰当地选择教学措施，采取有针对性的教学。当然，在教育教学过程中，民族预科教师要善于将照顾预科生的个性特征与发挥教师主导作用有机结合起来，不能一味地“迁就”或“迎合”学生，应对学生提出可望且通过努力又可即的教学目标，帮助学

生设计今后的发展方向，提高学生的学习兴趣，全面发展学生的个性，促进学生向更高水平发展。

（四）发挥活动组织者与协调者的作用，协助学校丰富校园文化生活，使民族预科生在为校园文化建设贡献力量的同时得到德智体美劳各方面的全面发展

在少数民族预科素质教育活动中，丰富的校园文化生活是一大显著特色，这跟少数民族学生传承的多才多艺的特点有着密切的关系。也可以说校园文化是民族预科教育培训基地的课程体系中一个重要组成部分，其育人作用在民族预科素质教育中有着举足轻重的地位。开展社会实践报告会、演讲、辩论赛、歌唱、舞蹈比赛、书法、朗诵比赛等都有助于民族预科生独特个性特长的发挥，独立活动、操作能力的提高，团结协作精神的培养，竞争意识的加强等。而在这些校园文化活动中，教师起着组织者和协调者的重要作用，因此教师应充分发挥这些作用，协助学校丰富校园文化生活，使民族预科生在为校园文化建设贡献力量的同时得到德智体美劳各方面的全面发展。

（五）发挥检测者和评价者的作用，科学准确地给民族预科生以评价，调动他们自我发展的积极性与主动性

任何教育都需要在得到一定的反馈和评价的基础上，方能展现出教育的成果及实效。因而在整个少数民族预科素质教育的活动中，教师的主导地位还应体现在检测和评价的作用之中。而教师评价结果的科学与否、准确与否、态度端正与否，都在很大程度上影响学生潜在智能的挖掘与学习积极性的发挥。民族预科教师对学生的评价若处理不当，将直接影响民族预科素质教育的整体效果，因而教师要合理科学地发挥检测者和评价者的作用，注重对民族预科生创新能力的考查与培养，抛弃陈旧知识，倡导利用现代高科技手段解决问题，在创新能力的培养上起到应有的导向和激励作用。

总而言之，通过分析少数民族预科素质教育的内涵及要求，并结合其在民族教育中的重要意义，我们知道在开展少数民族预科素质教育活动的过程中，教育者在尊重民族预科生主体性和主动精神的基础上，可从思想道德、课程整改及课堂优化、教育方式方法的选择、活动组织与协作以及最终对学生综合素质的检测与评价等方面发挥主导作用，充分调动学生的主动性与积极性，促进学生综合素质的全面提高。民族预科素质教育是对民族预科教师传统教育理念的严峻挑战，教师应不断地提高自身的素质，经常性地反思自身，正视现实，才能与时俱进，更好地开展少数民族预科素质教育教学工作。当然时代在发展，相应的理论还会进一步成熟，相关的制度也会不断完善，

相信素质教育的成效会越来越明显。

参考文献

[1] 刘宏丽. 浅谈素质教育下高校教师主导作用的内容和要求 [J]. 黑龙江科技信息, 2008 (6).

[2] 王向东. 浅谈推动少数民族预科素质教育 [J]. 西昌师范高等专科学校学报, 2004, 16 (2).

[3] 张春香. 浅谈民族预科教育与学生民族观的培养 [J]. 中国校外教育 (下旬刊), 2013 (5).

[4] 范雪岩. 素质教育背景下教师角色的定位 [J]. 新校园: 理论版, 2011 (7).

强化礼仪教育，提高民族预科生的综合素质

孙艳君

[摘　要] 中国自古以来一直有“礼仪之邦”的美誉。在大力提倡社会主义精神文明建设的今天，讲文明、讲礼仪、讲礼貌是每一位公民必须具有的社会公德。在应试教育向素质教育转轨的今天，加强礼仪教育，提高学生的文明素质，教育学生学会做人是素质教育的当务之急，也是校园文明建设乃至社会主义精神文明建设的重要课题。本文着重探讨当代民族预科生礼仪修养的重要性和当代民族预科生的礼仪现状对民族预科生综合素质的影响。

[关键词] 礼仪教育　民族预科生　综合素质

随着社会主义政治、经济、文化的发展，社会对人才的要求逐渐提高。民族预科生是新形势下社会发展和创新的强大主力军，社会迫切需要综合素质较高的民族预科生。高等院校作为培养民族预科生的园地，更是肩负着巨大的责任和使命，如何提高民族预科生的综合素质和能力，已经成为高校教育的重要课题。

讲究礼仪，遵从礼仪规范，可以有效地展现一个人的教养、风度与魅力，更好地体现一个人对他人和社会的认知水平和尊重程度，可以使个人的学识、修养和价值得到社会的认可和尊重。适度、恰当的礼仪不仅能给公众以可亲可敬、可合作、可交往的信任和欲望，而且会使人与公众的合作过程充满和谐与成功。一个知书不达礼、知识水准和道德水准严重不协调的学生，不可能成为一个优秀人才。一个优秀人才，不仅应当有高水平的专业知识，还必须有良好的道德品质修养。礼仪是良好品德修养的表现形式，也是良好道德品质养成的重要途径之一，良好的道德品质需用彬彬有礼的方式去体现。然而近几年来，部分民族预科生的综合素质不高导致他们在融入社会时遇阻的现象时有发生。纵观校园不文明、低素养的现象也时有所见。当民族预科生走向社会时，一些用人单位抱怨如今有的学生过于傲气和散漫，大事做不来，小事不愿做，自身修养、文明素质令人失望。在应试教育向素质教育转轨的关键时期，加强礼仪教育，提高学生的文明素质，教育学生学会做人是素质

教育的当务之急，也是校园文明建设乃至社会主义精神文明建设的重要课题。

一、民族预科生礼仪素养不高原因分析

（一）家庭环境的影响和礼仪教育的欠缺

家长是孩子文明礼仪教育的第一任教师，礼仪教育应当从小抓起。遗憾的是，当前大多数家庭都是独生子女，父母将孩子视为“掌上明珠”“小皇帝”，对其百依百顺，爱心泛滥成为“溺爱”，造成孩子心中无别人，养成了以“我”为中心、“唯我独尊”的思想。这与礼仪教育的核心如尊重他人、关爱他人、平等合作、严于律己的思想理念是格格不入的。另外，有的家长本身不注意礼仪，没有给孩子起到示范作用，致使家庭礼仪启蒙失去了内在的根基。同时，应试教育使得父母过于关注孩子的学习成绩及以后的升学和就业，忽略甚至放弃了包括礼仪教育在内的道德品质及审美教育。

（二）学校礼仪教育的不足，中学时代应试教育的副作用

在应试教育这个层面上，家长、教师乃至整个教育体系都负有不可推卸的责任。高考指挥棒的魔力使中小学的教育是以“分数”和“考试”为中心的教育，德育和美育长期受到冷落。学生把分数看成“命根”，老师把分数看成“法宝”，家长只看孩子的成绩，不关心孩子心理和品格的全面发展。在我国片面追求升学率的大背景没有改变的情况下，中小学的主要工作是如何提高升学率和学生的应试水平。学校形成了以考试为中心的教育模式，从小考、月考、期中考试到升学考试，使学生、教师将全部精力投入到文化课程的学习、教授上面，根本无暇顾及礼仪等方面的教育。能考入大学的学生，在小学至高中的学习过程中大多成绩优良，受到家长、老师、同学乃至社会的更多关注、偏爱和包容，学习好的优点容易掩盖失礼的日常行为，这在一定程度上助长了学生的个人主义并使其自我意识畸形膨胀，同时也给高校思想道德教育带来更大的压力。而到了大学，思想道德教育的内容往往围绕培养拥有正确人生观、价值观这一核心任务开展，直接将教育基点放在民族预科生的理想信念教育和人生观、价值观的塑造上，容易忽略“礼仪”这一反映道德意识、道德关系和道德活动的最直接、最根本的表现形式，造成对民族预科生思想道德教育逻辑上的断层，表现出礼仪规范的缺失。如现在的一些民族预科生无视课堂秩序，旷课、迟到、早退还心安理得，在课堂上随便说话、玩手机、上网、玩游戏、吃东西，甚至呼呼大睡；上自习时在教室内大声喧哗、接打手机、污损书刊桌椅；在日常生活中乱丢果皮纸屑、浪费水电、随地吐痰、排队加塞、不尊敬师长，在公共场合行为不端、穿着不得体等；更

令人不安的是有的同学无视校规，行为放荡不羁，只顾自己不顾他人，他们强烈要求别人尊重自己，却不尊重别人，难以建立良好的人际关系……这些现象折射出学生礼仪规范和公德意识的缺失。

创造良好的文化氛围，提供正确的舆论导向，对民族预科生规范自身行为、克服不良习惯、逐步提高自身的礼仪素养是十分必要的。高校可以通过开展丰富多彩的文体活动指导民族预科生提高人际交往水平。通过定期举办讲座、沙龙、各类文体竞赛、演讲、文艺演出等给民族预科生提供人际交往的机会，使学生在实践中学会做人、学会做事，不断提高自身的礼仪素养；通过网站、报纸、广播、宣传栏等媒介介绍名人的修身逸事，树立优秀的学习榜样，在校园内流行文明修身之风，形成人人学礼仪、处处用礼仪的风气；通过举办校园不文明现象评选，对校园内不懂礼仪、不讲礼仪的丑陋现象进行披露，引起大家的重视，不断提高学生的认知水平，使学生认识到自身的不足并及时改正，使不文明行为无处藏身；制定相应的校园礼仪规范，规范学生的行为，指导学生的交际活动，使学生养成良好的行为习惯；要鼓励学生积极参与各种礼仪活动和社会活动，不断积累礼仪实践经验，最终将学生培养为知书达礼的“礼仪之人”。

（三）社会不良风气的影响

社会上有很多不良风气，如某些大学教授抄袭他人的学术论文被揭露，有些教师为了创收而对上课敷衍了事……另外，社会上的凶杀、色情、受贿、贪污、蒙骗……凡此种种，如果不加以正确引导，会直接影响当代民族预科生正确礼仪观念的形成，影响高等学校的信誉，所以，必须引起每个教育工作者的高度重视，否则，将会贻误学生的成长和社会的发展，污染良好的育人环境。因此，对民族预科生应加强礼仪教育，把礼仪教育纳入教书育人、管理育人、服务育人的全过程。加强礼仪教育要充分发挥民族预科生自我教育、自我修养的作用，开展丰富多彩的校园礼仪活动，营造良好的校园氛围，围绕礼仪教育主题，做到环境育人、文化育人、风气育人，引导学生学会做人、学会生存、学会审美，通过美化、净化、绿化校园，让学生置身于整洁、清新、优美又有文化氛围的环境中，受到潜移默化的文化熏陶，净化心灵，有助于民族预科生树立正确的人生观。其实，不知道民族预科生们是否曾想过：当你在社会交往中用礼貌的语言与人交谈、用文明的举止与人交往、用得体的文书与人交流时，人们一定会感到彬彬有礼的气度、落落大方的气质、文明的道德修养，人们都会对你生出几分敬意。优雅合理的谈吐、亲切得体的仪容，会使人感到如温馨的春风吹来，有一股热情洋溢周身。

二、当前民族预科生综合素质培养的主要途径

从20世纪90年代开始我国全面推行素质教育以来，特别是随着高等教育的产业化以来，高校越来越重视民族预科生综合素质的培养，对综合素质内涵的认识也在不断深入，从思想道德素质、专业素质延伸到政治理论素质、思想道德素质、心理素质、身体素质、人文素质、专业素质和创新素质七个方面，而且培养途径也在日益多样化：

（一）以课堂教育为主渠道

大学课堂是当前学校提升学生综合素质、传播知识的主渠道，是大学教学的基本形式。当今的大学课堂已经逐步摆脱了填鸭式的教学模式，其教学组织形式日益多元化，教学手段也日益丰富，它始终是民族预科生素质培养的主渠道。

（二）重视心理健康教育

关注民族预科生的协调发展，心理健康教育是当前高校素质教育的重要环节，特别是随着“独生一代”大量走入高校，心理问题日益凸显。很多高校都建立了心理健康教育与辅导中心，系统地加强对民族预科生的心理健康教育和危机干预，比如新生入学初的心理普查、特殊时期的心理辅导、个案跟踪关注和就业心理疏导等。

（三）开辟“第二课堂”，通过课外活动来提高民族预科生的综合素质

课外活动主要指学校有目的、有组织的常规课堂教学以外的教育活动，是学校引导学生充分利用课余生活全面发展自身素质的有效形式。校园活动丰富了学生的课余生活，拓宽了思想政治教育的空间，对增强思想政治教育的时效性具有重要意义，正成为课堂教育最直接和最有效的补充。校园活动涉及科技、文娱、体育等各个方面，这些活动不仅发展了学生的个性特长，而且培养了学生良好的道德情操、意志品质和生活情趣。

（四）深入开展社会实践活动，拓展民族预科生的素质

把理论和实践有机结合，在实际操作中提升学生的动手能力、团队协作和服务精神。如今社会实践越发受到了各高校的重视、学生的青睐和社会的欢迎。特别是民族预科生志愿服务更是如雨后春笋，各学校利用寒暑假和节假日，广泛组织学生参加社会调查、专业技术咨询、社会扶贫帮困等活动。学生通过参加志愿服务等社会实践活动，能够从实际行动中逐步体会到它对自己的帮助。这种对己、对人、对社会都有影响的活动是提高业务素质的有

效方式，是民族预科生素质培养的有效途径。礼仪贯穿在人际交往的始终，为交往服务，不重视礼仪，必然会影响交流的深度和交往的持久性。由于礼仪的缺憾而影响交往实在是因小失大。即使不单独对外交往，我们民族预科生在日常生活中也要重视礼仪，养成习惯，使其自然成为一种修养，这也有助于提高自己的品位。

总之，礼仪修养是判断一个人思想觉悟、文化教养、精神风貌的重要标志，也是判断一个国家、一个民族的文明程度、社会风尚和道德水准的重要标志。民族预科生是国家的未来和希望，加强礼仪教育，提高当代民族预科生的礼仪修养，是继承和弘扬我国“礼仪之邦”传统，建设社会主义精神文明的重要途径，也是树立我国文明形象，培养 21 世纪具备良好的综合素质人才的重要途径。

加强预科生网络安全教育，办好少数民族预科教育

李红颖

[摘　要] 少数民族预科教育是党和政府根据我国法律设立的普通高等教育的一个特殊层次，少数民族预科教育是民族高等教育的重要组成部分，是加速民族高等教育的改革与发展，使之适应民族地区经济发展和社会发展的重要措施，是加快少数民族地区人才培养所采取的重要手段，它的作用是其他任何形式的教育所不可替代的。北京理工大学秦皇岛分校作为少数民族预科教育基地之一，对预科生实施全面的素质教育。本人联系工作实际，论述对预科生进行网络安全教育的必要性，引导预科生正确使用网络，使自己成为网络的驾驭者。加强网络安全教育，使预科生懂得如何在网络中保护自己，不轻信他人，树立良好的网络道德。

[关键词] 民族预科教育　网络安全教育　网络安全意识

一、网络安全教育现状分析

根据社会大环境及我国目前的实际情况，对当代的大学生进行网络安全教育的紧迫性、重要性有如下几点：

（一）信息网络化的安全危机

互联网的发展和应用给人们带来了无数的便利和巨大的财富，有力地推动了人类社会的进步和繁荣，其影响已渗透到社会的各个方面。然而黑客对网络的攻击，计算机病毒对互联网的威胁，犯罪分子借助互联网进行的高科技犯罪，有害信息（反动、色情、赌博、暴力、封建迷信和欺诈性等信息）在网上的泛滥，对计算机信息的窃取、改变、伪造以及互联网本身存在的问题，等等，都严重影响到了人们的安全。网络安全已涉及经济、政治、文化、军事等各个领域，大至国家、民族的兴衰，小到单位、个人的损失，其损失程度是无法用金钱来衡量的，因此，网络安全问题日趋突出。

（二）高校网络安全的隐患

由于计算机网络系统的通信快捷和信息资源共享的特点，近年来，全国高校计算机网络飞速发展，计算机已被广泛地应用于高校的各个领域，极大地提高了人们对信息资源的开发、获取、处理和利用的能力，更是给教学、科研、管理带来极大方便。但是，不容忽视的是，由于信息网络化为各种思想文化的传播提供了更便捷的渠道，大量的信息通过网络进入社会的各个角落，网络已成为当今文化传播的一个重要手段和领域，成为新的思想文化阵地和思想政治斗争阵地。国际敌对势力不仅利用网络窃取我国情报，而且利用网络进行西化渗透与破坏、颠覆活动。高校作为人才培养的重要基地和科技项目研究的储存地，是国际敌对势力进行渗透、破坏、颠覆活动的重要领域。因此网络的发展给高校安全工作提出了新的挑战，成为当前高校安全工作的新课题。我们必须及早加强对保证网络安全工作的对策研究，及早着手进行网络安全防范和教育工作。

（三）部分民族预科生网络安全素质较差

部分民族预科生对网络的兴趣浓厚，但是他们在网上不知道怎样保护自己，网络安全素质较差。表现在以下几点：

（1）网络安全知识缺乏，不懂得什么是网络安全以及怎样防护自己。

（2）网络安全意识薄弱。大学生容易受到网上交流、传递的非法活动信息的鼓动和教唆，如网上黑客攻击网络的经验，很容易吸引大学生出于好奇心而模仿，导致违法行为的发生。近年来，大学生因有意无意访问色情网点，遭受“黄毒”侵害，甚至走上堕落和犯罪道路的案件也时有披露。

（3）自我管理能力弱。对于网络安全，大学生往往在思想上重视不够，他们在网上的语言毫无顾忌，想干什么就干什么，不加控制，不计后果，上网的时间毫无节制，明知不对，但却经不住诱惑，不能完全控制自己的行为，这是大学生的普遍特点。

（4）网络安全防范能力差。许多大学生不懂得如何使用网络安全防范技术，不知道如何维护网络安全和保护自己不受侵害。加之大学生对计算机网络信息安全保密观念比较淡薄，对计算机网络保密的重要性缺乏认识，对计算机网络泄密特点缺乏防范，因此涉及计算机信息领域泄密、窃密事件屡有发生。学生因网上有害信息而受到伤害甚至发生违法犯罪的事件也不断出现，网上有害信息对大学生的危害日趋严重，到了必须严加对待的时候。

（四）涉及网络安全的法规不健全

目前世界各国为保护大学生免受有害信息的腐蚀，采取了各种措施。由于我国在信息安全与大学生保护方面的工作刚起步，因此还有很多工作要做。我国现有的《青少年保护法》《预防未成年犯罪法》对大学生在传统领域中的保护非常有效，但是这些法律在保护大学生在网络中的安全时却显得力不从心，操作极为困难。因此，网络安全工作还有待于加强立法，并制定实施细则。在这种情况下，加强大学生网络安全教育，提高大学生的网络安全素质，培养大学生的自律能力显得尤为紧要。

（五）网络安全教育的缺失

网络安全已成为人们普遍关注的问题。大多数国家往往忽视网络安全教育，都以安全技术和法律作为网络的主要保护屏障，投入了大量的人力、物力进行技术开发和应用，以确保网络安全。但是由于技术和法律具有相对滞后性，当发生网络安全事故时，危害已经造成。所以仅仅是技术上的防卫和法律上的完善已难以适应日趋严峻的网络安全问题，网络安全教育显得十分重要和必要。然而，网络安全教育也是我国高校教育的薄弱环节。高校的网络安全教育普遍存在着认识不足、内容不全、形式单一等问题，有些高校虽然制定了各项管理制度，但宣传教育的力度不够，师生法纪和责任意识淡薄，自我保护意识差和自我管理能力弱。忽视网络安全教育给人才培养和高校稳定带来极大损失，网络安全教育势在必行。

二、网络安全教育的主要内容

网络安全问题从互联网开始产生时就已经存在，它不仅不会随着科技和网络的发展而消失，而且网络安全问题将越来越突出。网络安全问题对高校的教育和管理工作提出了新的挑战，为了全面提高大学生的素质，创造良好的教书育人环境，确保高校的安全与稳定，我们必须进行网络安全教育，并根据时代的新要求，不断丰富其内容。

（一）网络伦理道德和责任意识教育

由于产生网络安全隐患的原因最主要还是人为的因素，是由于人的网络道德行为严重失衡所引起的，而法律的强制和技术的屏障对于维护网络安全、保护用户不受侵害总是有一定的局限性和滞后性，并且至今还未形成系统的网络法律规范，网上行为和网络安全主要取决于网络用户的道德素质和社会责任感。再加上网络行为的虚拟性、隐蔽性，使得人们的道德法律观念和自律能力逐渐弱化。因此，近年来国外对网络道德问题的研究非常重视，以期从道德教育着手来解决网络安全问题。对我国高校大学生进行网络安全教育尤其应以网络伦理道德和责任意识教育为重要内容，增强大学生的道德素质和网络安全责任意识。

（二）计算机法律、法规基本知识教育

互联网以自由著称，但互联网里的自由也同现实世界中的自由一样，是有限度的自由，是理性的自由，是以遵守法律为前提的。我国的法律以及有关互联网的规定条例为维护网络安全提供了法律依据和保障。网络安全教育要以计算机法律、法规基本知识教育为基础，要加强大学生对《刑法》《计算机软件保护条例》《中华人民共和国计算机信息系统安全保护条例》和《计算机信息网络国际联网管理暂行规定》《中国公用计算机互联网国际联网管理办法》《关于加强中国公用计算机互联网 Chinanet 网络安全管理的通知》《中华人民共和国计算机信息网络国际联网暂行规定》《计算机信息网络国际联网安全保护管理办法》《计算机信息系统国际联网保密管理规定》的学习。

（三）网络安全知识和安全意识教育

发生在大学生中的一些网络安全问题与其缺乏网络安全知识和防范意识薄弱有着密切的关系，针对这一情况，网络安全教育要加强对大学生的网络安全知识教育，让大学生了解什么是网络安全，网络安全所涉及的内容有哪些，影响网络安全的环境因素等。还要对大学生进行网络安全技术防卫知识的普及，增强网络安全意识。长期以来，网络安全问题一直没有引起大学生足够的重视，安全意识不强是一种普遍的现象，这样就给不法分子留下了空间，从而带来了网络安全的危机。所以，加强大学生的网络安全意识教育显得更为迫切。

（四）国家安全意识和保密观念教育

当今世界，传统的国家安全概念发生了很大的变化，国家安全不单纯是军事安全，而是涵盖政治、经济、军事、科技及社会安全的综合性安全，特别是电子信息技术和国际互联网的发展，在给国家政治、经济、文化带来了飞速的发展同时，也带来了安全隐患。所以，要加强国家安全意识和保密观念教育。

（五）身心健康教育

互联网深深吸引着大学生长时间淹没于过量的良莠不齐的信息中或者沉迷于网络游戏和富有挑战性的虚拟社会中，使得一些人逐渐失去对现实生活的关注和对现实生活的感受，产生对现实生活的消极情绪，严重影响其参与正常的人际交往和社会实践活动，诱发“互联网瘾综合征”。更为严重的是，互联网上的有害信息和不健康的文化毒害大学生的思想，严重地影响大学生的身心健康，导致安全隐患。因此，我们有必要对大学生进行科学用“脑”、文明上网的身心健康教育，针对网络“瘾君子”以及有心理问题倾向的学生，进行有针对性的心理干预和心理健康教育。

三、民族预科生网络安全教育对策

（一）加强民族预科生网络法制教育

互联网的开放、自由给人们的生活带来了巨大的好处，但是这种自由不是绝对的，是有度的，这个度就是国家的相关法律法规。因此，学校可以通过专题学习、法律演讲、案例展示等形式进行网络法制教育及宣传教育，使学生认识到哪些行为在网上是非法的，是法律严令禁止的。

（二）加强民族预科生的网络道德教育

网络道德是指以善恶为标准，通过社会舆论、内心信念和传统习惯来评价人们的上网行为，调节网络时空中人与人、人与社会之间关系的行为规范。网络道德教育也是学生综合素质教育的一项重要内容，学校应大力加强网上道德教育，树立良好的上网风气。

（三）加强民族预科生网络安全意识教育

学校应该在讲授计算机课程时渗透网络安全的相关知识，同时辅导员也要对民族预科生进行网络安全教育，实现全员育人的效果。加强网络安全教育，使民族预科生懂得如何在网络中保护自己，不轻信他人，不随意接受他人的邀请或将个人信息告知他人，避免上当受骗。

（四）丰富网络教育载体，创新网络教育形式

引导民族预科生正确使用网络，使自己成为网络的驾驭者，而不是成为网络的奴隶。比如开展网络征文、网络辩论、知识竞赛、网上论坛等校园文化活动，正确认识网络生存与现实生活的关系，弘扬健康积极向上的网络文化。创新网络教育形式，为“网络成瘾”的学生建立个人信息档案，进行心理干预和辅导，主动关心其学习和生活状态，经常与其交流，加强其对网络虚拟生活的认识，引导他们把注意力转移到现实生活中来。

参考文献

[1] 丁龙召，李晶．民族理论与民族政策［M］．呼和浩特：内蒙古大学出版社，2007.
[2] 邓英．浅谈大学生网络道德教育［J］．高等教育研究，2008（6）.
[3] 陈联娇，温金应．浅谈当代大学生网络安全教育的策略［J］．法制与社会，2008

(12).
[4] 周济. 提高认识、加强管理，以对学生极端负责的精神做好学校安全工作 [R]. 中国教育报，2003.
[5] 顾海良. 重视与加强大学生安全教育 [J]. 中国高教研究，2003 (7).
[6] 贾廷秀. 网络安全教育探析 [J]. 经济与社会发展，2003 (4).